文科大学生科技创新教育

(第二版)

李奋生　白秀银　许传新　主编

科学出版社

北京

内 容 简 介

本书是四川省高等学校省级创新创业教育示范课程"文科大学生科技创新教育"配套教材,本书围绕增强文科大学生创新精神、创新意识和创新能力这一主题,针对文科大学生参加"挑战杯"全国大学生课外学术科技作品竞赛、申报国家级大学生创新创业训练计划项目和参加中国国际"互联网+"大学生创新创业大赛的需要,设立创新思维与方法训练,科研选题、研究设计和文献利用,社会调查方法,社会调查资料的收集与处理,调查报告的撰写,学术论文的撰写,国家级大学生创新创业训练计划项目申报指南,"挑战杯"全国大学生课外学术科技作品竞赛,中国国际"互联网+"大学生创新创业大赛申报流程与技巧九个专题。

本书既有文科大学生科技创新理论和方法的阐述,也有具体的案例分析,还有相应的实训模板。全书内容丰富,可读性和应用性较强,可以作为普通高等学校文科大学生通识课程教材,也可以作为哲学社会科学工作者的参考书。

图书在版编目(CIP)数据

文科大学生科技创新教育/李奋生,白秀银,许传新主编. —2版. —北京:科学出版社,2024.6

ISBN 978-7-03-078473-5

Ⅰ.①文… Ⅱ.①李… ②白… ③许… Ⅲ.①科学教育学—高等学校—教材 Ⅳ.①G40-05

中国国家版本馆 CIP 数据核字(2024)第 087795 号

责任编辑:郑述方 李小锐/责任校对:彭 映
责任印制:罗 科/封面设计:墨创文化

科学出版社 出版
北京东黄城根北街 16 号
邮政编码:100717
http://www.sciencep.com

成都锦瑞印刷有限责任公司印刷
科学出版社发行 各地新华书店经销

*

2018 年 8 月第 一 版　开本:787×1092 1/16
2024 年 6 月第 二 版　印张:11 1/2
2024 年 6 月第三次印刷　字数:273 000
定价:52.00 元
(如有印装质量问题,我社负责调换)

《文科大学生科技创新教育》
（第二版）
编委会

主　编　李奋生　白秀银　许传新

副主编　肖云忠　陈多闻　谢大欣

编　委　李宏伟　茆长宝　周新梅　杨　一　李　捷　何志华
　　　　　庞甲光　杨　川　朱　涛　王丽茹　阿苏晓庆　曹　萌

再 版 说 明

本教材第一版2018年由科学出版社出版以来，一直被普通高等院校相关文科专业大学生作为科技创新教育的教材使用，2019年修订过一次，先后重印过两次。

新文科内含创新特质，其要义就是创新，这为文科类专业开展科技创新教育指明了方向。顺应新文科突破传统文科思维模式的要求，文科大学生科技创新教育以社会需求为导向，通过专业交叉融合，实现从适应服务转向支撑引领。充分发挥新文科专业的社会服务功能，探索新时代文科大学生创新教育教学模式的改革，培养堪当民族复兴大任的新时代文科人才，大学生创新创业教育大有可为。

由于本教材出版发行已近6年，故需要根据新文科发展和大学生科技创新教育变化实际进行修改再版，以便更好地满足文科大学生科技创新教育教学的需要。第二版修订工作由李奋生教授、白秀银副教授负责。新增内容由白秀银副教授负责撰写。

在第二版中，修改内容主要包括：

(1) 每一章开头新增了教学目标、教学重难点两部分内容。

(2) 对各章的部分案例进行了更新，使其更能符合教学的需要，也更贴近文科大学生科技创新的最新发展。

(3) 增加了第九章中国国际"互联网＋"大学生创新创业大赛申报流程与技巧。

(4) 对书中部分文字进行了修改订正。

本书编委会

2024年5月

第二版前言

《诗经·大雅·文王》有云:"周虽旧邦,其命维新。"商汤《盘铭》亦有"苟日新,日日新,又日新"之语。这两句话充分说明创新精神是中华民族固有的文化基因,创新始终是中华民族发展进步的不竭动力。2013年10月21日,习近平总书记在欧美同学会成立一百周年庆祝大会上的讲话中指出,创新是一个民族进步的灵魂,是一个国家兴旺发达的不竭动力,也是中华民族最深沉的民族禀赋。在激烈的国际竞争中,惟创新者进,惟创新者强,惟创新者胜。2015年3月5日,李克强总理在政府工作报告中提出推动大众创业、万众创新。2017年10月18日,习近平总书记在十九大报告中指出,创新是引领发展的第一动力,是建设现代化经济体系的战略支撑。

人才是第一资源,创新是第一动力。推进科技创新,需要建设一支规模宏大、结构合理、素质优良的创新人才队伍。为了培养富有创新精神、创新意识和创新能力的创新人才,近年来本书作者所在的成都理工大学积极贯彻落实《国务院办公厅关于深化高等学校创新创业教育改革的实施意见》(国办发〔2015〕36号)精神,全面深化创新创业教育改革并取得明显成效。2017年7月,成都理工大学入选全国第二批深化创新创业教育改革示范高校。2018年7月,成都理工大学入选2018年度全国创新创业典型经验高校50强。

本书作者大多是"挑战杯"全国大学生课外学术科技作品竞赛、中国国际"互联网+"大学生创新创业大赛的指导教师或国家级大学生创新创业训练计划项目的指导教师。其中第一主编获得第十二届"挑战杯"全国大学生课外学术科技作品竞赛"优秀指导教师奖",2013年6月,被共青团四川省委、四川省科学技术协会、四川省教育厅等单位聘为"四川省大学生课外学术科技作品暨创业计划大赛指导老师",近年来共指导国家级大学生创新创业训练计划项目10项。本书作者在多年指导"挑战杯"全国大学生课外学术科技作品竞赛、国家级大学生创新创业训练计划项目的基础上,积极开展教学研究、课程建设和教材建设。2014年,"以文科本科生科研活动推动创新型人才培养的实践模式研究"教改项目获得四川省高等教育人才培养质量和教学改革项目立项,2017年,"文科大学生科技创新教育"在线开放课程获四川省高等学校首批省级创新创业教育示范课程立项,"文科大学生科技创新教育"课程列入成都理工大学本科生通识课程,《文科大学生科技创新教育》教材入选成都理工大学"十三五"本科规划教材,2019年,"文科大学生科技创新教育的理论与实践探索"教改项目获得四川省高等教育人才培养质量和教学改革项目立项。通过多年的努力,实现了项目建设、课程建设和教材建设三位一体的目标。

本书围绕增强文科大学生创新精神、创新意识和创新能力这一主题,针对文科大学生参加"挑战杯"全国大学生课外学术科技作品竞赛、中国国际"互联网+"大学生创新创业大赛和申报国家级大学生创新创业训练计划项目的需要，设立创新思维与方法训练；科研选题、研究设计和文献利用；社会调查方法；社会调查资料的收集与处理；调查报告的撰写；学术论文的撰写；国家级大学生创新创业训练计划项目申报指南；"挑战杯"全国大学生课外学术科技作品竞赛；中国国际"互联网+"大学生创新创业大赛申报流程与技巧九个专题。

本书由成都理工大学李奋生教授设计总体框架、撰写提纲、负责统稿、校稿，许传新教授、陈多闻教授、谢大欣副教授协助校稿。各章作者具体分工如下：第一章由陈多闻教授、杨一副教授撰写；第二章由李宏伟副教授、茆长宝副教授、许传新教授、李捷撰写；第三章由肖云忠教授撰写；第四章、第五章由许传新教授撰写；第六章由周新梅讲师、谢大欣副教授撰写；第七章、第八章由李奋生教授撰写；第九章由白秀银教授撰写。

第二版修订工作由李奋生教授、白秀银教授负责。一是对书中重复的相关章节内容进行了修改。如删除原第三章第二节"选择调查课题"，将相关内容分别归并到第二章第二节和第三节；二是对相关内容进行了补充完善。如第八章第二节增加了"现状、问题及原因分析"和"作品写作"两部分内容，增加了第九章；三是对书中部分文字错漏进行了修改订正；四是每一章开头，增加了教学目标、教学重难点；五是对各章的部分案例进行了改写和更新。

《左传·襄公二十四年》有云："太上有立德，其次有立功，其次有立言。虽久不废，此之谓不朽。"曹丕在《典论·论文》中也说："盖文章，经国之大业，不朽之盛事。年寿有时而尽，荣乐止乎其身，二者必至之常期，未若文章之无穷。"静夜无眠须读史，繁华落尽始著书。著书立说虽是学者不朽之盛事，但培养人才方是高校教师第一要务。十年树木，百年树人。本书作者们作为高校教师，将始终以培养一流创新创业人才为己任，自觉将创新创业教育融入本科人才培养全过程。积极探索建立健全融课堂教学、自主学习、结合实践、指导帮扶、文化引领为一体的高校创新创业教育体系，实现人才培养质量显著提升，学生的创新精神、创新意识和创新能力明显增强，投身创新实践的学生人数显著增加的目标。如果本书的出版，能为我国创新创业人才培养起到积极的推动作用，将是作者的无上光荣！

感谢成都理工大学教务处的大力支持，使本书能入选成都理工大学"十三五"本科规划教材并得以公开出版。本书在撰写过程中，参考了大量相关著作和论文，还参考了"挑战杯"官方网站（http://www.tiaozhanbei.net/）上的相关资料和案例，在此对所有文献的作者或机构表示衷心的感谢！

由于作者水平有限，教材中还存在不够完善之处，恳请各位专家和读者多提宝贵意见，以便今后教材修改完善。作者联系邮箱：lifensheng@163.com。

编者

2024 年 5 月 1 日

目 录

第一章 创新思维与方法训练 ·········· 1
 第一节 创新的相关概念 ·········· 1
  一、创新 ·········· 1
  二、创新精神 ·········· 2
  三、创新能力 ·········· 3
  四、学以致用：一份行动建议 ·········· 4
 第二节 创新思维与创新意识概述 ·········· 5
  一、创新思维的内涵 ·········· 5
  二、创新思维的形成条件 ·········· 6
  三、创新意识 ·········· 7
  四、学以致用：一份行动建议 ·········· 8
 第三节 创新思维训练 ·········· 9
  一、发散思维训练 ·········· 10
  二、逆向思维训练 ·········· 11
  三、关系思维训练 ·········· 11
  四、直觉和灵感训练 ·········· 12
  五、学以致用：一份行动建议 ·········· 13
 第四节 创新方法概述 ·········· 15
  一、创新方法的演化和类型 ·········· 15
  二、检核表法 ·········· 16
  三、六何分析法 ·········· 16
  四、头脑风暴法 ·········· 16
  五、功能模拟法 ·········· 17
  六、缺点列举法 ·········· 17
  七、鱼骨图法 ·········· 18

第二章 科研选题、研究设计和文献利用 ·········· 19
 第一节 社会研究导论 ·········· 19

  一、社会研究的概念 ··· 19
  二、社会研究的特征 ··· 20
  三、社会研究的类型 ··· 20
  四、社会研究中的变量关系 ··· 21
  五、社会研究的指导原则 ··· 22
 第二节　科研选题 ··· 23
  一、选题的意义 ··· 23
  二、选题的原则 ··· 24
  三、选题的类型 ··· 25
  四、选题的过程 ··· 25
  五、选题的程序 ··· 26
  六、选题的途径 ··· 27
  七、选题的方法 ··· 29
 第三节　研究设计 ··· 29
  一、研究设计概述 ··· 29
  二、实验研究设计 ··· 31
  三、调查研究设计 ··· 34
  四、实地研究设计 ··· 36
  五、文献研究设计 ··· 38
 第四节　文献利用与科研选题 ··· 41
  一、文献概述 ··· 41
  二、文献检索 ··· 44
  三、重要检索系统的介绍及其使用 ····································· 45
  四、文献回顾与选题 ··· 51

第三章　社会调查方法 ··· 53
 第一节　社会调查概述 ··· 53
  一、社会调查的定义和特征 ··· 53
  二、社会调查的类型和题材 ··· 54
  三、社会调查的优点和不足 ··· 55
  四、社会调查的一般过程 ··· 55
 第二节　设计调查方案 ··· 56
  一、说明调查课题的目的和意义 ······································· 56
  二、说明调查内容 ··· 56
  三、说明调查范围、调查对象和分析单位 ······························· 56

四、说明调查的理论假设 ……………………………………………………… 57
　　五、说明调查方案 ……………………………………………………………… 57
　　六、说明调查人员的组成与培训 ……………………………………………… 57
　　七、说明调查的时间进度和经费使用安排 …………………………………… 58
　第三节　抽样 …………………………………………………………………………… 58
　　一、抽样的含义与作用 ………………………………………………………… 58
　　二、非概率抽样 ………………………………………………………………… 59
　　三、概率抽样 …………………………………………………………………… 60
　　四、样本规模与抽样误差 ……………………………………………………… 63
　第四节　测量 …………………………………………………………………………… 64
　　一、测量概述 …………………………………………………………………… 64
　　二、操作化 ……………………………………………………………………… 65
　　三、量表 ………………………………………………………………………… 65
　　四、测量的信度与效度 ………………………………………………………… 66
　第五节　问卷设计 ……………………………………………………………………… 68
　　一、问卷的结构 ………………………………………………………………… 68
　　二、问卷设计的基本要求 ……………………………………………………… 69
　　三、问卷设计的步骤 …………………………………………………………… 70
　　四、问卷设计的具体方法 ……………………………………………………… 71

第四章　社会调查资料的收集与处理 …………………………………………………… 76
　第一节　资料收集方法的分类与特点 ………………………………………………… 76
　　一、资料收集方法的分类 ……………………………………………………… 76
　　二、自填问卷法的优缺点 ……………………………………………………… 77
　　三、结构访问法的优缺点 ……………………………………………………… 78
　第二节　自填问卷法 …………………………………………………………………… 79
　　一、个别发送法 ………………………………………………………………… 79
　　二、邮寄填答法 ………………………………………………………………… 80
　　三、网络填答法 ………………………………………………………………… 82
　　四、集中填答法 ………………………………………………………………… 84
　第三节　结构访问法 …………………………………………………………………… 86
　　一、当面访问法 ………………………………………………………………… 86
　　二、电话访问 …………………………………………………………………… 88
　第四节　资料收集的程序与技巧 ……………………………………………………… 89
　　一、资料收集前的准备 ………………………………………………………… 89

二、接触调查对象 …………………………………………………… 91
　　三、提问与记录 ……………………………………………………… 91
　　四、资料收集过程中的控制 ………………………………………… 92
　　五、结束调查 ………………………………………………………… 93
　第五节　资料的整理与分析 …………………………………………… 94
　　一、资料整理 ………………………………………………………… 94
　　二、资料分析 ………………………………………………………… 95

第五章　调查报告的撰写 …………………………………………… 99
　第一节　调查报告的类型与特点 ……………………………………… 99
　　一、调查报告的类型 ………………………………………………… 99
　　二、调查报告的特点 ………………………………………………… 101
　第二节　调查报告的撰写要求与步骤 ………………………………… 102
　　一、调查报告的撰写要求 …………………………………………… 102
　　二、调查报告的撰写步骤 …………………………………………… 103
　第三节　应用性调查报告的结构与写作 ……………………………… 105
　　一、标题 ……………………………………………………………… 106
　　二、导言 ……………………………………………………………… 107
　　三、调查报告的主体部分 …………………………………………… 107
　　四、结尾部分 ………………………………………………………… 108
　第四节　学术性调查报告的结构与写作 ……………………………… 108
　　一、导言 ……………………………………………………………… 109
　　二、方法 ……………………………………………………………… 110
　　三、结果 ……………………………………………………………… 113
　　四、讨论 ……………………………………………………………… 113
　　五、小结 ……………………………………………………………… 114
　　六、参考文献 ………………………………………………………… 115
　　七、附录 ……………………………………………………………… 115
　第五节　调查报告撰写中应注意的问题 ……………………………… 115
　　一、行文要则 ………………………………………………………… 115
　　二、引用与注释 ……………………………………………………… 116

第六章　学术论文的撰写 …………………………………………… 118
　第一节　学术论文的种类、层次和价值 ……………………………… 118
　　一、学术论文的种类 ………………………………………………… 118

二、学术论文的层次 ································· 120
　　三、学术论文的价值 ································· 120
第二节　学术论文撰写前的准备 ···························· 122
　　一、资料的搜集和记录 ································ 123
　　二、资料的分析研究和论点的确立 ······················ 123
　　三、谋篇布局 ······································ 124
　　四、学术论文结构的基本类型 ·························· 124
　　五、学术论文常用的几种结构形式 ······················ 126
　　六、拟订提纲 ······································ 127
第三节　学术论文的写作过程 ······························ 128
　　一、学术论文初稿的写作过程 ·························· 129
　　二、学术论文写作的论证方法 ·························· 129
　　三、学术论文的修改 ································· 130
第四节　学术论文的规范格式 ······························ 133
　　一、前置部分 ······································ 133
　　二、主体部分 ······································ 135
　　三、后置部分 ······································ 136

第七章　国家级大学生创新创业训练计划项目申报指南 ············ 138
　第一节　国家级大学生创新创业训练计划简介 ················ 138
　　一、计划背景 ······································ 138
　　二、计划内容 ······································ 138
　　三、计划目标 ······································ 139
　　四、经费支持 ······································ 139
　　五、组织实施 ······································ 139
　第二节　国家级大学生创新训练项目申请书填写注意事项 ······ 140
　　一、项目选题 ······································ 140
　　二、项目组构成 ···································· 141
　　三、项目概况 ······································ 141
　　四、项目设计论证 ·································· 142
　　五、经费预算 ······································ 145

第八章　"挑战杯"全国大学生课外学术科技作品竞赛 ············ 146
　第一节　"挑战杯"全国大学生课外学术科技作品竞赛简介及历届回顾 ··········· 146
　　一、"挑战杯"全国大学生课外学术科技作品竞赛简介 ········· 146

二、"挑战杯"全国大学生课外学术科技作品竞赛历届回顾 …………… 147
第二节 "挑战杯"全国大学生课外学术科技作品竞赛的注意事项 ……… 150
 一、选题 …………………………………………………………………… 150
 二、摘要和关键词 ………………………………………………………… 153
 三、国内外研究现状述评 ………………………………………………… 153
 四、理论支撑与创新点 …………………………………………………… 154
 五、现状、问题及原因分析 ……………………………………………… 154
 六、对策思考 ……………………………………………………………… 155
 七、作品写作 ……………………………………………………………… 155
 八、原始资料 ……………………………………………………………… 155
 九、现场展示 ……………………………………………………………… 155
 十、指导教师 ……………………………………………………………… 155

第九章 中国国际"互联网＋"大学生创新创业大赛 ………………………… 157
第一节 中国国际"互联网＋"大学生创新创业大赛历届大数据 ………… 157
 一、中国国际"互联网＋"大学生创新创业大赛简介 ………………… 157
 二、中国国际"互联网＋"大学生创新创业大赛历届大赛回顾 ……… 158
第二节 中国国际"互联网＋"大学生创新创业大赛申报技巧 …………… 165
 一、中国国际"互联网＋"大学生创新创业大赛选题原则 …………… 165
 二、寻找选题、团队和导师 ……………………………………………… 165
 三、商业计划书的撰写 …………………………………………………… 167

参考文献 ……………………………………………………………………………… 169

第一章 创新思维与方法训练

教学目标

通过本章的学习,使学生了解创新、创新思维、创新意识的相关概念及其表现;识记创新思维的内涵、种类,培养创新思维能力;重点掌握创新方法概述,把握各方法内涵特征并进行区分,为科技创新打下坚实的基础。

教学重点和难点

- 创新思维、创新意识、创新能力的内涵
- 创新思维、创新意识、创新能力的关联
- 创新方法及其使用

纵观人类发展历史,世界经济大国的兴衰,无不与创新能力强弱相关。面对新一轮科技革命和产业变革的纵深推进,以及全球科技创新呈现的新态势、新特征,我们必须把创新摆在国家发展全局的核心位置。创新包括理论创新、制度创新、体制创新、人才创新、科技创新和文化创新等。其中,理论创新是其他创新的先导。理论创新不仅要具有勇于创新的思想意识,还必须要有科学的思想方法。本章重点介绍创新思维和创新方法,目的是让文科大学生学习和掌握创新所需要的基本理论和方法,为科技创新打下坚实的基础。

第一节 创新的相关概念

创新,作为人类特有的一项实践活动,其诞生的历史跟人类一样悠久。根据达尔文在《物种起源》里的描述,300多万年前,南方古猿中的一支攀树猿群突然来到陆地,可能是那片原始森林已经不再适合它们生存,也可能是厌倦了树上的生活向往外面世界的精彩。降临陆地的这支攀树猿群需要尽快适应全新的生活,要生存下去首先需要解放双手学会直立,就这样,它们每天都在学习和探索,不断与传统的生活习惯告别,不断创造出新的生活技能,才逐渐从猿转变为人。而后,人类又依靠创新,制造出了绚烂多彩的人类文明和日新月异的物质世界。创新对于人类来说不可或缺,已经融入人类活动的方方面面。现在,就让我们来走进创新,了解创新吧。

一、创新

创新是一个外来词,源自古拉丁文,最初的词源形式是"innovare",有三层含义:

一是指原来的物品取得了新的形式，旧物换新颜；二是物品跟原来比有了新的改变，今非昔比；三是发明制造出了原来并没有的物品。后来演化为我们今天所熟知的英文形式innovation。20世纪初，经济学家约瑟夫·熊彼特首次在学理上给出了创新的概念界定。他在《经济发展理论》一书中指出创新就是要"建立一种新的生产函数"，就是要把一种从来没有过的关于生产要素和生产条件的"新组合"应用到生产体系中，目的是实现新的潜在利润，包括新产品的引进、新方法的采用、新市场的开辟、新来源的发现以及新组织的实现等。可见，熊彼特是从经济学的视角来界定创新的。我国在20世纪90年代引入"创新"一词，在科技界迅速出现"知识创新""科技创新""制度创新""理论创新""方法创新"等各种提法，进而渗透到社会生活的方方面面。根据李正风的考察，我国使用的"创新"有两种基本含义：一是熊彼特的经济学创新含义——进行新组合去实现新利润；二是日常生活的含义——发现和创造新的东西或新的用法。前者是企业界的创新含义，后者是老百姓的创新含义。目前随着研究的深入，学者们对创新的内涵和外延理解各不相同，学界对创新的概念界定也莫衷一是。在本书中，我们将创新定义为：创新就是对已有思想、领域、方法、产品等的突破，在以前的基础上重新组合或者加入新的要素，从而使其得以更新与发展的过程。

从创新源的角度看，创新主要有三种类型：自主创新、模仿创新和组合创新。自主创新，也叫原始创新，是创新主体自己构思、自己设计、自己掌握核心技术并能不断加以完善的创新。这种创新是最难的，但也是最有价值的，一旦成功就可以申请专利，得到法律的保护。模仿创新，也叫跟随创新，是创新主体在已有自主创新的基础上加以扩展、改良或变动的创新方式，因为核心技术是别人的，所以第一步就是引进核心技术，在此基础上不断挖掘和开拓，在外围技术上有所突破。组合创新，也叫集成创新，是将已有的单一技术按一定的规则组合起来，从而形成一种新技术或新产品的创新。组合创新看似简单，实则不然，它绝非简单的堆砌也非随意的拼凑，而是对已有技术的有机整合，需要开阔的视野和辩证的思维，是一种难能可贵的综合创新。

所以，创新的特征，第一是新，始于新也终于新，新思路、新思维、新方法造就了新物品或具有新功能的物品；第二是要有价值，或者是实用价值，满足了人类的衣食住行需求，或者是艺术价值，满足了人类的精神需求。创新对于人类来说非常重要，从宏观上讲，创新不仅是国家兴旺发达跻身世界先进之林的筹码，也是国家与国家之间实力较量的核心；从中观上看，创新不仅是企业发展之道，也是企业生存之本；从微观上看，创新不仅是人的特质，也是人的本性。创新并不是含混晦涩的哲学理念，也并非虚无缥缈的空中楼阁，而是既有仰望星空的远大目标，也有脚踏实地的实干精神。

二、创新精神

创新是人类所特有的精神文化现象，始于人类的生存诉求和发展需求，依托于人类的观察能力和认识能力，实现于人类勇于探索并不断尝试的实践能力。创新已经成了人类精神的主旋律，不管是自主创新、模仿创新还是组合创新，都在各自的领域大放异彩。有同学说："创新的重要性我知道，我也有创新的意愿，但是创新太难了，那是天才的事情。"这位同学说得对不对呢？在回答这个问题之前，先来认识一位人物——哥伦布。

哥伦布全名克里斯托弗·哥伦布(Cristoforo Colombo)，是意大利人，他的主要历史功绩就是发现了新大陆并开启了大航海时代。但是成名之前，哥伦布是一个非常普通的小人物，只是在年幼时就酷爱冒险，受《马可·波罗游记》的影响，神往印度和中国。长大成人后，哥伦布越来越深信地球是圆形的假说并立志于环游世界，他四处寻求资助却屡屡碰壁，直到西班牙女王与之达成协议同意资助，他才得以一展宏图，从此踏上了全新的探险之旅。哥伦布曾说过，即使是简单的事也需要有人去发现，去证实。站在后面指手画脚是无用的，关键在于谁能够最先突破。因此，哥伦布式创新就成了创先式创新的代名词，也就是指做某事的第一人，别人没想到或者别人想到了但并没有付诸行动，你第一次做了此事，那你就是第一个吃螃蟹的人。

第一个吃螃蟹的人是创新，第一个用工具吃螃蟹的人也是创新，第一个抹芥末吃螃蟹的人还是创新。因此，并不是天才善于创新，而是创新成就了天才。翻开人类的科学发现史和技术发明史，凡是对历史做出卓越贡献的人都富有创新精神。这是一种无惧失败、不惧世俗、勇于创新、敢于创新的精气神，它既展现为一种意气风发的精神面貌，也表现为一种生机勃勃的精神活力，更能化身为一种破土而出的精神力量。创新精神追求独特、新颖，但前提是遵守科学规律和社会需求；创新精神青睐质疑偏好批判，但却是以事实为依据以科学为准绳；创新精神虽然提倡独立思考，但并不是闭门造车、孤芳自赏，而是反对人云亦云；创新精神虽然不惧失败，却并不是莽撞懵懂，而是深信失败乃成功之母；创新精神虽然不迷信书本也不盲从权威，但并不是就此把他人的经验和成就拒之门外，而是海纳百川，有容乃大……

总而言之，创新精神是指在创新行为主体进行创造时，形成新知识、创造新方法和构建新理论所表现出来的意识、思维活动和自觉的心理特征。创新精神属于思想的范畴，集中体现了对创新行为具有导向和调节作用的智力因素和非智力因素的优化组合。一个人的创新精神主要表现为敢于打破常规的首创精神、勇于接受挑战的进取精神、不迷信书本和权威的自信精神、敢为人先的探索精神、不怕失败百折不挠的奋斗精神以及严谨务实的求是精神。创新精神属于信念层面，是极其可贵的，它是我们能够不断披荆斩棘、乘风破浪的内在支撑和潜在动力。"只有具有创新精神，我们才能在未来的发展中不断开辟新的天地。"[①]

三、创新能力

对于想要创新成功的人来说，仅仅富有创新精神还不够，还必须拥有实实在在的创新能力。创新能力，简单地说就是主体创新的能力，是人类诸多能力之中最为高级的能力。"创新"一词在前文已经定义，而什么是能力呢？心理学认为，能力指人们在顺利地完成某一项任务时所表现出来的必备的心理特征，它是个性心理品质的综合表现。当某一个人想顺利完成某项活动时，总要有一定的心理和行动方面的条件作为基础，所必需的这些基本条件就属于能力的心理特征。

---

① 徐长发.创新始于劳动 魅力源于技术：全国中小学劳动技术、通用技术教育优质课教学设计方案选编[M].北京：教育科学出版社，2014.

"创造力组合模式"（combined model of creativity）是美国心理学家特丽萨·M.艾曼贝尔(T. M. Amabile)在其代表作《创造性社会心理学：一种组成成分观念》中提出的，有助于我们进一步理解什么是创新能力。艾曼贝尔认为，不管在人文科学领域还是自然科学领域，创造力都由三种成分交互作用组合而成，这三种成分就是领域相关技能、创造性相关技能和任务动机。领域相关技能是指个体在某一相关领域所具备的所有实际知识、专门技能以及特殊"天赋"等可以供个体进行加工的"原材料"，它是特定领域中任何活动的基础。创造性相关技能是诸如灵感、顿悟等与创造力有直接关联的技能，它往往决定着问题能否顺利解决，包括有助于探索新的认知途径的认知风格、启发性知识和工作风格等。创造性相关技能除了取决于训练外，还与创造个性有关。任务动机是指决定个体完成某一任务的机动变量，它决定着一个人对特定工作的态度，既包括个体基本的工作态度，也包括个体对参与该工作动机的认知。艾曼贝尔指出，这三种基本成分共同作用，既彼此牵制，又相互促进，最终决定着创新力水平的高低和创新程度的深浅。可见，艾曼贝尔把创新能力大致分解为两大块——技能和动机。

在此基础之上，本书把创新能力界定为一个人在原有知识经验的基础上，通过创新活动获得具有经济价值、社会价值、生态价值的创新性成果的过程中所表现出的综合素质和技能。或者，简单地说，创新能力就是创新主体会创新、能创新、擅创新的素质和本领。这种素质和本领总是与鲜活的实践紧密相连，实践既给创新主体展示其创新能力提供了舞台，也为创新主体发展其创新能力创造了机会，实践性也就成了创新能力的第一个鲜明特征。创新能力的第二个鲜明特征就是综合性，创新能力从来不是单打独斗，而是由一系列的能力有机建构而来，包括学习能力、分析能力、综合能力、想象能力、批判能力、创造能力、解决问题的能力、实践能力、组织协调能力以及整合多种能力的能力。根据创新的三种类型，创新能力也就可以分为自主创新能力、模仿创新能力和组合创新能力。自主创新能力就是创新主体提出新思想、建构新理论、制造新产品的能力；模仿创新能力就是创新主体围绕已有的产品和理论进行深加工的能力；组合创新能力就是创新主体获取、整理相关知识信息并在此基础上进行整合的能力。

需要指出的是，创新能力虽说是一种多因素共同作用、相互影响而形成的复合能力，是一个人各方面素质的综合展现，但创新能力并不是先天就有的，而是后天培养锻炼的结果。因此，对创新能力的培养要从多方面进行。在现实生活中，每个人遇到同样的事物，因知识技能高低、创新精神有无、创新思维差异、创新方法不同等因素，其创新能力是不一样的。唯一不能否认的是人人都是具有创新能力的，千万不要把自己的想法扼杀在摇篮中，每一个奇思妙想都是自己的发明创造。其实，每一个人都能成为创造者、发明家。

四、学以致用：一份行动建议

走进大自然吧，那里是创新的源头。

大自然不仅孕育了人类，还是人类最好的老师和最忠实的朋友，她总是会让人们惊奇不已。大自然在人类诞生之前就已经万物并育、生机勃勃，在人类诞生之后就成了人类栖息的家园。大自然里的植物、动物乃至微生物，每个都是技艺超群的工程师，它们在自然界里存在了亿万年，早已学会如何趋利避害，如何根据变化的环境保全自身。人类的许多发明创造都是来自大自然的启发。我国古代著名的能工巧匠鲁班就善于从自然界汲取营养，他模仿荷叶造出了雨伞，模仿飞鸟制造了木鸟。有一次鲁班去深山砍柴，不小心被一种有齿植物割伤了，他停下来仔细打量这种植物，最终发明了带齿的锯子。影响了人类历史进程的科学巨人牛顿在23岁时就苦苦思考月亮为什么会绕着地球转，地球又为什么绕着太阳转，他博览群书仍旧毫无头绪，最后却受益于苹果树上落下的一个砸到自己的苹果，发现了万有引力定律。

不仅如此，青蛙的眼睛启发了电子蛙眼的发明；鲸身体的流线造型启发了轮船的改进；小鸟启发了飞机的发明；蓝藻启发了仿生光解水装置的发明；水母的顺风耳启发了风暴探测仪的发明；苍耳启发了尼龙搭扣的发明；海豚的回声定位启发了声呐的发明；蝙蝠启发了雷达的发明；蜻蜓启发了直升机的发明；鱼类和海豚启发了船和潜艇的发明；野猪鼻子启发了防毒面具的发明；变色龙启发了军事伪装装备的发明……被誉为设计鬼才的亚历山大·麦昆曾由衷地感慨道："没有比自然更好的设计了。"实际上，也没有比自然更好的创新了。

所以，"不要把自然当作材料供应源，而要当作创意和灵感的宝藏库"①。我们要善于向大自然学习，因为它总是能在我们倍感困扰的时候让我们脑洞大开，总是能在我们黯然伤神的时候让我们豁然开朗，永远能给我们提供新的素材和新的思路。常去大自然的怀抱沐浴阳光雨露吧，放下心里的牵绊，卸下胸中的烦恼，躺在大自然五彩斑斓的草地上，认真观察，仔细聆听。只是要记得随身携带小本子，养成随手记下头脑中小火花的习惯，星星之火，可以燎原！

第二节 创新思维与创新意识概述

"人不过是一株芦苇，是自然界中最脆弱的东西；可是，人是会思维的。要想压倒人，世界万物并不需要武装起来；一缕气、一滴水都能置人于死地。但是，即便世界万物将人压倒了，人还是比世界万物要高出一等；因为人知道自己会死，也知道世界万物在哪些方面胜过了自己，而世界万物一无所知。"② 这是思想家帕斯卡尔的著名论断，其间洋溢着对人类思维的自豪感。世界上最美丽的花朵是思维着的精神，它意味着智慧，象征着力量，也成了诗人们、文学家们想要日夜讴歌热情赞美的对象。从创新到创新思维，这是一个从感性到理性的飞跃。下面，让我们走进创新思维、认识创新思维吧。

一、创新思维的内涵

创新思维是在人类思维的基础上深化而来，是人类思维和创新能力的有机结合，属于人类智慧结晶的高级形态。创新思维是指向解决问题新方法、新途径、新思路的思维

---

① 罗德·贾金斯. 学会创新：创新思维的方法和技巧[M]. 肖璐然，译. 北京：中国人民大学出版社，2017.
② 帕斯卡尔. 思想录[M]. 谭善明，译. 陕西：陕西人民出版社，2005.

方式，指思维主体运用已有的知识，根据已有的经验，创造性地解决问题从而取得进展突破的思维形式。创新思维既可以理解为一种状态，也可以理解为一种能力，作为状态的创新思维即创新着的思维，是指思维主体一直处于发现新问题并解决新问题的准备状态；作为能力的创新思维即创新的思维能力，是指思维主体所具备的面对新问题提供新思路和新方法的能力。也有学者将创新思维界定为一种思维活动，有狭义和广义之分①，狭义的创新思维是指建立新的理论，产生新的发明、发现或塑造新的艺术形象的思维活动，强调社会认可和社会效益，有利于激励和保护创新主体为社会提供有价值的思维成果；广义的创新思维是指思考自己所不熟悉的问题，且没有现成的思路可以完全套用的思维活动，强调思维新颖和思路开拓，有助于推进和调动创新者勇于创新、善于创新的积极性。

创新思维不仅强调"新"，还强调"思"，有机整合了多种思维形式，具有批判性、独创性、能动性、科学性和综合性等鲜明特征。一是具有批判性，指的是思维不受传统习惯和权威人物的禁锢，敢于合情合理地挑剔和质疑已有的一切，用怀疑的眼光审视已有的一切，要想创新必须先破，破除思维定式，打破常规，拉瓦锡的氧化理论就始于对燃素说的批判；二是具有独创性，在破的基础上要有立，破才有意义，立的过程就是一项开拓性的工作，要想前人所没有想的，或者前人想了却没有想通想透的，这样才能有所创造，有所前进，拉瓦锡的氧化理论是开拓性的，使他获得了"近代化学之父"的美誉；三是具有能动性，徐悲鸿画马之前，胸中已有桀骜不凡、自由奔放、欢快振奋的马儿奔腾驰骋；齐白石画虾之前，虾的形态、活泼、灵敏、机警了然于心，创新主体最终能成功，是积极能动的结果；四是具有科学性，创新思维并非胡思乱想，而是以科学为依据，不能违背事物发展本身的自然法则和社会规律，只有满足了科学性，创新思维才可能取得成果；五是具有综合性，指的是创新主体善于按事物内在的、必然的、本质的联系把整个事物在思维中整体再现，实现事物各个部分、侧面和属性认识的有机整合，不是随意拼凑，也不是机械相加，阿波罗计划就充分展现了创新思维的综合性。

二、创新思维的形成条件

创新思维是创新主体所进行的一项极其复杂的思维探索活动。创新思维的重要性是不言而喻的，要真正了解创新思维，还得进一步剖析它形成的条件有哪些抑或它需要什么样的环境。为此，接下来聚焦创新思维的形成条件，从外部条件和内部条件两个方面展开论述，以探索创新思维的生成条件。

所谓外部条件，是相对于创新主体来说的，即以创新主体为核心的一切外部因素，包括家庭环境、学校环境和社会环境。人从出生开始便处在一定的环境之中，虽然人后天能通过自己的努力创造环境，但环境一旦形成之后，又能反过来影响人，进而塑造人。人类的创造力时时刻刻要受到外在环境的影响和制约。首先是家庭环境，父母是孩子的第一任老师，人的一生中身心发展最快的阶段是幼儿时期，这个时候的人可塑性最强，

---

① 宫承波. 创新思维训练教程[M]. 2版. 北京：中国广播影视出版社，2016.

对外界事物充满了好奇，也十分愿意去探索未知的世界。家庭的教养方式大致有三种，即家长权威型、放任自流型和民主平等型，民主平等的教养环境最有利于孩子养成独立、尊重、自由、开朗、喜欢探索、擅长合作等创新型人格特征。其次是学校环境，我国实行的是九年义务教育制度，不算幼儿园，小学和初中阶段目前是必须在学校度过的，这个阶段学校的教学理念、教育方式和师资水平等都会影响到孩子们的创新思维。相比之下，素质教育比应试教育、启发式教学比填鸭式教学更有利于创新思维的培养。最后是社会环境，人本来就是社会关系的总和，迟早要融入社会中去，尊重劳动、尊重知识、尊重人才、尊重创造的社会环境会极大地调动人们的创造力和积极性。

所谓内部条件，就是创新主体自身所具备的心理素质、知识结构、行为习惯、兴趣动机、气质性格等内在因素，大致可以分为智力因素和非智力因素两大类。创新主体想要获得创新的成功，除了"必要的智力因素，还要有优秀的非智力因素"[1]。智力因素就是通常所说的智商，是大脑理性客观地评价、判断和剖析外在事物的能力，是不断地去粗取精、去伪存真、由此及彼、由表及里的能力，在创新思维中承担着认知、编辑、加工、管理和组织的功能。非智力因素就是通常所说的情商，是大脑所具有的与认知没有直接关系的需求、欲望、情绪、信念、抱负、兴趣、动机等情感表现，在创新思维中发挥着智力因素所无法取代的情感调控作用，事关一个人的创新意愿、创新动机，甚至会影响到这个人的创新人格，如能否积极倾听、是否豁达幽默、能否全神贯注、是否怀有好奇之心、是否喜欢冒险挑战、是否坚持不懈等。有学者将创新思维所需要的非智力因素归结为五大精神，即开拓进取的探索精神、追求卓越的拼搏精神、科学理性的独立精神、热情洋溢的合作精神、坚持不懈的学习精神[2]。

三、创新意识

创新从来就不是一蹴而就的事情，创新思维的形成当然也不例外。从创新思维的萌芽到创新思维的实现是一条布满荆棘的道路，充满了艰难险阻，其间也不乏停滞不前甚至后退。这条道路的起点就是创新主体的性格心态，应该是渴望改变而不是墨守成规，是兼收并蓄而不是故步自封，是乐观自信而不是悲观自卑，是迎难而上而不是逃避害怕，是锐意进取而不是抱残守缺……因为，唯有前者才是创新思维孕育和萌发的沃土，而后者只会抹杀斗志，是永远也不可能萌发创新思维的。

有这样一个耐人寻味的小故事，在一个欧洲小镇里，烈日炎炎下有三个水泥工正在一堵高墙前面汗流浃背地辛勤工作着。有个好奇的路人忍不住问道，"你们这是在修什么呀？"第一位水泥工不耐烦地回答道："没看到我们是在砌墙啊。"第二位水泥工叹了一口气，抱怨着说："我们工作一个小时只有 20 块钱的报酬，太累了！"唯独第三位水泥工眼中闪烁着期待与自豪，仰头看着天空开心地说道："我们正在修教堂，一座金碧辉煌、受人敬仰的大教堂！"多年以后，第一位和第二位水泥工碌碌无为，依旧过着平庸的日子，但是第三位水泥工则不再是水泥工，而是摇身一变成为举国闻名的建筑师，得以一展自

---

[1] 宫承波. 创新思维训练教程[M]. 2版. 北京：中国广播影视出版社，2016.
[2] 冯立杰，冯奕程. 创新方法研究[M]. 北京：科学出版社，2016.

己的理想和抱负。可见,即使是做同一件事情,从事同一份工作,心态不同就会产生完全不同的结果。从平凡的水泥工到一流的建筑师,可谓华丽的蜕变,而这个华丽的蜕变,就是始于力求有所突破、有所进步的意愿和动机。

可见,创新意识是创新思维的第一步。创新意识是指人们根据社会和个体生活发展的需要,引起创造前所未有的事物或观念的动机,并在创造活动中表现出的意向、愿望和设想[1]。可见,创新意识一方面是"想创新",人们具有创新价值观念,对创新已经具备了一定的认识和感知,包含心理、感受、感知、思维和情感等因素,不仅具备了创新动机,也具备了创新意向、创新愿望、创新设想等;另一方面是"要创新",是指人们开展创新行为的自觉程度,具有创新意识的人总是力争在日常生活中有所行动、有所突破、有所创造。可以说,创新意识这两个方面的含义相辅相成,缺一不可。创新意识非常重要,有了这一步便足以开启创新的思维之路。第二步就是发现问题以确定自己的目标,"最蹩脚的建筑师从一开始就比最灵巧的蜜蜂高明的地方,是他在用蜂蜡建筑蜂房以前,已经在自己的头脑中把它建成了"[2]。人类意识所具有的目的性和计划性使得创新思维一开始就有所指向——总是为了解决某个具体的问题。第三步就是获取知识,围绕目标尽可能地收集相关资料并积累相关知识,做好开启创新思维的知识储备。第四步是在知识储备基础之上不断寻求解决路径,并不断地实践以建立切实可行的思维方案。

国学大师王国维曾经用三句脍炙人口的宋词刻画了人生成功者必须经过的三重境界。第一重境界是"独上高楼,望尽天涯路",最初探索时还没有确立有价值的目标,寻寻觅觅之中难免迷茫,无尽的孤独将自己团团围着,唯有登高望远方能一缓心中的郁结;第二重境界是"衣带渐宽终不悔,为伊消得人憔悴",有了明确的创新目标之后便踏上了漫漫征程,披荆斩棘,虽然有说不尽的艰辛、道不明的险阻,但依旧执着于心中所思所想;第三重境界也是最高境界,"蓦然回首,那人却在,灯火阑珊处",坚持不懈的努力终于换来了瞬间的顿悟,刹那间,一切都豁然开朗,苦苦寻求的答案终于找到。

所以,简单地说,创新思维的实现过程就是创新意识—确定目标(观察与发现问题)—分析问题(整理与理解相关资料)—在试错中不断寻求解决方法—取得有价值的思维成果。

四、学以致用:一份行动建议

创新思维和其他思维一样,都是人类大脑特有的功能。人的大脑分为左脑和右脑,根据科学家的研究,左脑管智商,具有逻辑思考、判断推理、管理知识等功能,所以又被称为知性脑或文字脑;右脑管情商,具有自动演算、想象灵感等功能,所以又被称为艺术脑或图像脑。创新思维的生成,既离不开智商,也离不开情商。现在市面上已经有很多开发左右脑的书籍,但大多数是针对儿童设计的。因为在心理学家和教育学家看来,左右脑的开发越早越好,越是在童年时期,开发效果越好,也越容易积累。作为大学生,

---

[1] 陈敬全,孙柳燕. 创新意识[M]. 上海:上海科学技术出版社,2010.
[2] 马克思,恩格斯. 马克思恩格斯全集(第二十三卷)[M]. 中共中央马克思恩格斯列宁斯大林著作编译局,译. 北京:人民出版社,1972.

左右脑已经发育成熟，是不是情商和智商就木已成舟无法提升了呢？答案当然是否！人生没有太晚的开始，现在永远是最好的时机，立志于创新的我们，从现在开始，就要有意识地训练思维能力。

开发右脑是为了提升情商。以下方法可以帮助开发右脑：多进行左身体运动，根据心理生物学家、哲学博士斯佩里的解剖实验，右脑掌管着左手、左脚、左耳等人体的左半身神经和感觉，故而，左半身体的运动有利于右脑发育。因此，可以在日常生活中有意识使用左手或左脚，如用左手拿水杯、用左手打球、用左手完成洗脸刷牙等洗漱行为、用左手写字削水果剪纸画画、用左脚单腿跳跃等；尝试左右身体的协同合作，如左手和右手同时写字，从简单的阿拉伯数字和英文字母开始，到一个字一个词语再到一段文字，左手右手也可以同时进行绘画活动，从简单的线条到花草树木再到人物头像；进行图像冥想练习，经常闭目养神，任由思绪飞扬，并尽量把所想之事转化成图像呈现，每天都抽出一定的时间坚持图像冥想，久而久之会激发人们的想象力和创造力。

开发左脑是为了提升智商。下列方法可能帮助开发左脑：多思考，遇到问题时善于把问题写在纸上，并列出细节，逐一加以分析，将问题之间的逻辑关系梳理清楚，养成分析推理的好习惯；善计划，在做一件事情之前，把任务目标写出来，一定要区分总体目标和阶段目标，并做好实施细则，锻炼条理性、组织性和控制力；勤阅读，精细阅读一些逻辑性强的文章，锻炼复杂语言逻辑的分析理解能力；常计算，这个计算不是算计，而是一种数学能力，特别是文科的同学，一定要在这方面下功夫，多学学数理化知识。

在我国，由于传统的教育理念和教育实践造就了左脑思维倾向，开发右脑的任务要更加艰巨和紧迫，"很有必要加强右脑的开发"，以"助力创新思维"[1]。当然，创新思维的实现需要左右脑分工协作、密切配合，绝对不能厚此薄彼，在有针对性练习基础上，左右脑的开发要同时进行，保持一种动态的平衡，这样才能为创新思维的绽放创造最好的条件。

第三节　创新思维训练

"人们与生俱来的先天禀赋为创新提供了前提，而后天的环境、经历、教育及其主观努力等对创新能力的形成和发挥产生着巨大的影响，所以，创新能力在通过后天训练与培养后可大幅度被激活和提升。"[2] 王竹立在其著作《你没听过的创新思维课》里也以亲身经历阐释了后天训练的重要性。他本来是一个循规蹈矩的老实人，一直以来反应都比较迟钝，靠的是勤奋和努力才上了大学读到研究生。偶然的一次机会他接触了创造力训练方面的书籍，有意识地学习和练习一段时间之后，思维变得异常活跃，成为一个善于进行创新思维的人。王竹立担任教师以后，他在学校开设的创新思维课程成了最受同学们欢迎的课程之一。王竹立指出，创新，不是虚无缥缈，而是有法可依的，只要愿意创

---

[1] 宫承波. 创新思维训练教程[M]. 2版. 北京：中国广播影视出版社，2016.
[2] 冯立杰，冯奕程. 创新方法研究[M]. 北京：科学出版社，2016.

新，可以通过持之以恒的训练，使自己飞得更快更高更远。① 所谓创新思维训练，就是为了激发自己的创新思维进而提升自己的创新能力，按照一定的方法有目的、有意识地反复加以练习的过程。创新思维训练就是要打破阻碍创新的定式思维模式，学会多角度分析问题并能另辟蹊径地提供解决问题的思路，训练的内容包括发散思维训练、逆向思维训练、关系思维训练、聚合思维训练、直觉和灵感训练、换位思维训练、辩证思维训练和横向思维训练等。囿于篇幅，下面主要介绍发散思维训练、逆向思维训练、关系思维训练、直觉和灵感训练。

一、发散思维训练

训练人的发散思维能力是培养创造力的一种方法，创新思维训练开启于发散思维训练。发散思维又被称为放射思维、扩散思维、辐射思维等，是相对于聚合思维而言的一种思维方式，以某个问题为中心向四周扩展，不断延伸出丰富多彩的内涵。根据宫承波的考证，发散思维作为一个概念最早是由美国学者吉尔福特在《人类智力的性质》中提出的，明确将其界定为："从给予的信息中产生信息，其着重点是从统一的来源中产生各种各样的为数众多的输出。"② 可见，发散思维有两个要义：一是强调多，多种思路、多种方法、多种目的、多种视角、多种结果等；二是具有中心，虽然追求多但绝不是无的放矢，而是有的放矢，立足于某一中心向四周扩展。发散思维在生活中比较普遍，如常说的一书多读、一题多解、一物多用、一文多写等谈论的就是发散思维，目的是要培养发散能力，其基本模式就是从一到多，具有多维性、开放性、变通性等特点。

发散思维训练应有意识地使自己的思维保持活跃，对自己所遇到的问题学会全方位、多层次、多角度地去思考，并不断地加以拓展，事事勤于实践，久而久之就会拥有自发自觉的发散思维。例如，"一个苹果掉下来，碎了"，运用发散思维，多角度、多学科分析分别会形成如下问题。

社会问题：苹果掉下来是一个安全问题，是否需要做一个安全警示牌？经济问题：苹果掉下来，碎了，还能卖吗？物理问题：苹果是按照自由落体运动掉下来的吗？它掉下来的速度、动能是多少？生物问题：苹果掉下来是不是正常现象？是不是营养不足了？苹果碎了是因为果肉过熟吗？数学问题：苹果自己掉下来的概率是多少？砸中人的概率是多少？碎的概率是多少？心理学问题：我走到苹果树下会不会被苹果砸到头？历史问题：一个苹果成就了牛顿，一个苹果成就了乔布斯，这一个苹果会让我成为一个伟人吗？美术问题：碎了的苹果是什么形状？会有汁肉碎末在一起的艺术美吗？行为艺术问题：下次我要不要做一个碎苹果的行为艺术展览？是一个一个往下摔碎还是做一堆碎果肉？政治问题：一个外国元首在果园散步，结果掉下来的苹果砸晕了这位外国元首，由此引发是不是暗杀的争论，甚至引发两国战争。

从上述问题可以看出，一个简简单单的"一个苹果掉下来，碎了"的小事情，就能发散出不同问题。有序的、整合的发散通常能够获得有效的新观念、新方法，发散思维

---

① 王竹立．你没听过的创新思维课[M]．北京：电子工业出版社，2017.
② 宫承波．创新思维训练教程[M]．北京：中国广播影视出版社，2016.

的训练有很多，主要集中在材料发散、功能发散、结构发散、形态发散、组合发散、方法发散以及因果发散七大方面。

二、逆向思维训练

逆向思维又被称为"反向思维"，是相对于正向思维而言的一种思维方式。人的思维总是有方向性的，有起点也有终点，由此及彼、由表及里、由因到果就是人们惯常的思维方式，属于正向思维。自古以来，正向思维是人们遇到问题时习惯采用的思维方法，这种思维方法能够解决大部分常规问题，因此也被人们认为是有效的、实用的思维。如有人落水了，使溺水者离开水便是一种正向思维。这种思维方法也经常能取得预期的效果，溺水者离开水后便脱离了溺亡危险。但是这种思维方式在"司马光砸缸"这个故事里却无法奏效。司马光7岁时，跟一帮年龄相仿的小伙伴嬉戏玩耍，一个小伙伴不小心掉进了一个装满水的大水缸里，小伙伴们因为年龄缘故都无法使落水者离开水，有的不知所措，有的便风风火火地跑去喊大人帮忙，唯有司马光情急之下用石头砸烂了大水缸，使水离开了人，落水者也同样得救了。在这里，"使水离开人"和"使人离开水"便是两种方向的思维方式，相对于"使人离开水"，"使水离开人"便是一种逆向思维。所以，逆向思维就是反其道而行之，由彼及此、由里及表、由果及因，从事情的对立面或相反面来分析问题并解决问题的一种思维方式，它既相对于正向思维又独立于正向思维，是正向思维有益的、必要的、不可替代的补充。

逆向思维源于事物本身的双重性和相对性，具有普遍性、批判性、新奇性和突破性等特点。基于事物的复杂性和多样性，逆向思维也具有多种类型，如因果逆向思维、过程逆向思维、位置逆向思维、功能逆向思维、缺点逆向思维、心理逆向思维等。逆向思维训练的要点就是遇事善于转换视角和交换位置，变不利为有利，或者变废为宝。逆向思维的训练很简单，可以融入每天的日常学习生活中，觉得教师的讲课枯燥无味，不妨想象如果自己是教师，会怎么授课？遇到讨厌的人，不妨找找他的优点；碰到烦心的事情，不妨挖掘下变烦心为开心的方法……值得注意的是，在运用逆向思维时，一定不能违背科学原则和辩证原则。所谓科学原则就是事物发展的内在规律，逆向思维并非随心所欲，而是建立在尊重事物本质和规律基础之上才能奏效。所谓辩证原则就是指逆向和正向本就是辩证统一的，无法泾渭分明，切忌机械地套用，而是要在逆向和正向之间灵活转换。我国古代的圣贤老子所言"有无相生，难易相成，长短相形，高下相倾，音声相和，前后相随"就闪烁着思辨智慧，这种将不可能变成可能、将劣势变优势的思维方式，对工作、生活都非常重要，也非常实用。

三、关系思维训练

关系思维是相对实体思维而言的一种思维方式，实体思维建立在眼见为实的基础之上，关系思维则打破了眼见为实的界限，设想一切事情都处于一个关系网中，或直接或间接地相互作用、彼此联系。关系思维蕴含了三个法则：一是联系法则，任何事物都无法孤立存在，而是存在于与其他事物的关联之中；二是生成法则，这是自然界万事万物运行的法则，自然界不是存在着，而是生成着，有生必有亡；三是过程法则，世界不是既有事物的集合，而是过程的集合，凡是事物的产生、发展和灭亡，必有其过程。关系思维的训练具体体现在联想训练和想象训练两个方面。

所谓联想，就是由一事物或者过程想到另一相关事物或过程的思维活动。举一反三、触类旁通的过程就是联想的过程。大千世界物种繁多，表面上看各不相同，却又有着奇妙的相通之处，似乎有一张无形的网把万物连接起来。联想相似的事物很容易，如由电想到电视机、电话、电灯、电冰箱等，但是联想不相干的事物却需下一番功夫才行，如电和苹果、电和石头等。历史告诉我们，越是能将两种看似不相干的事物联系起来，就越有可能做出创新。联想的训练主要有两种，一种是自由联想训练，也就是在规定时间内联想与某个词汇相关的词汇，如在60秒内联想跟圆有关的词汇，联想到的词汇多多益善，越多说明思维速度越快，这种训练着眼于锻炼思维的速度和深度；另一种是强制联想训练，也就是围绕两个风马牛不相及的词汇，找到它们的相似之处或内在关联，如蛇和棒棒糖、牙膏和蜗牛、乌龟和汉堡、花椰菜和兔子等，这种训练则立足于锻炼思维的广度和跨度。

所谓想象，就是根据头脑中已有的形象和知识建构出一种全新的形象和知识的思维活动，即主体在已有知识储备的基础上，根据某些科学事实，任思维自由驰骋，不断整理、加工、改造和组合头脑中已有的知识碎片和元素，最终有所领悟的过程。前面谈到的联想还局限于已有的事物和已有的知识，想象则会突破已有的事物和知识，瞬间将我们引入一个虚拟而新奇的世界，并可能实现事物和知识的奇妙结合。伟大的科学家爱因斯坦毫不避讳对想象的推崇，他说："想象力比知识更重要，因为知识是有限的，而想象力却能环绕世界，推动着进步，并且是知识进化的源泉"[1]。实际上，爱因斯坦正是因为充满想象力才在20世纪初的物理学革命中脱颖而出，成为领军人物，给世人树立了善于想象的榜样。当然，想象也离不开经验、技能和事实，只有与鉴别力和判断力相结合才能开出美丽的花朵，最终结出甘甜的果实。想象思维有一个孪生姐妹，那就是意象思维，意象指的是人脑对事物的空间形象与印象、信息所做的构成与重构的描述[2]，就是思维者以现实景象或物体为原型，融入自己主观情感的思维过程。不管是想象还是意象，其训练要义就是闭上眼睛，任由思绪飞扬，多做"白日梦"。

四、直觉和灵感训练

直觉和灵感是创新思维中最道不清说不明，然而又非常有效的两种思维方式。道不清是因为它们无迹可寻，无法加以分析和推理；说不明是指它们的到来没有征兆，是突然性的、一瞬间的，直觉和灵感都是摆脱了逻辑规则的约束而一瞬间领悟事物本质和规律的思维形式。所谓直觉，可以简单理解为直接的感觉，也就是通常所说的第六感。不管是在学习工作中，还是在日常生活中，我们都容易出现直觉，特别是在面对诸多选择没有思路的时候，我们往往会根据内心的倾向做出抉择，这时候直觉就开始发挥作用了。所谓灵感更是一种神奇的感觉，指突然之间得到的顿悟，常常产生于我们对一个问题苦

---

[1] 宫承波. 创新思维训练教程[M]. 2版. 北京：中国广播影视出版社，2016.
[2] 伊延波，张建设. 意象思维与创意表达[M]. 北京：北京大学出版社，2013.

苦思考了一段时间毫无进展便中断思考,身心完全放松下来后的灵光一闪,之前久久思考的问题迎刃而解。灵感虽然也具有与直觉类似的特征如迅捷性、飞跃性等,但直觉并不一定就准确,有时候甚至是错误的,而灵感往往是准确的,具有解决问题的有效性和神奇性。

直觉和灵感虽然道不清说不明,却也绝不是人类先天就有的一种禀赋,它们的获取仍旧需要有意识地努力和准备。直觉和灵感的产生看似突然,其实是建立在已有的知识和经验基础之上,跟平时的思维习惯、知识结构、文化背景、价值理想、行为方式等息息相关。如美国化学家鲍林正是运用量子力学等知识借助直觉创立了关于化学键的共振论,鲍林回忆道,"我怀着一种好奇心———一种直觉,感到可以用化学键来解释物质的性质"[1]。又如,爱因斯坦在创立狭义相对论时曾深受难以解决间断的质点力学与连续的电磁场理论之间矛盾的困惑,虽冥思苦想而未得真谛,但突然灵感显现,最终在短短一个月内完成了科学史上的不朽篇章——《论动体的电动力学》(1905年6月发表于《物理年鉴》)。所以,我们虽然无法预测直觉和灵感,也无法规划直觉和灵感,但可以从现在做起,从我做起,从细节入手,为直觉和灵感的到来创造条件,做好准备工作。

赫尔姆霍兹-彭加勒模式为我们理解直觉和灵感提供了极好的借鉴。赫尔姆霍兹-彭加勒模式是在赫尔姆霍兹提出的创造活动的三个阶段上发展而来的经典模式。赫尔姆霍兹根据自己的研究经验概括了创造活动的三个阶段:第一阶段是最初的一种持续不断的研究,直至不可能再进行下去;第二阶段是一段时间的休息,然后再恢复研究;第三阶段是一个突然的意想不到的答案的出现。之后法国科学家彭加勒又在这个基础上补充了第四阶段,也就是"启迪之后的再一次有意识努力,以证实所获得的认识",从而使创造活动三阶段论扩展为创造活动四阶段论。由此看来,在这四个阶段中,能够把控的至少有四点:第一要求知若渴,不断积累丰富的知识和经验;第二要善于发现,找到待解决的真问题;第三要集中精力,一直全力以赴致力于解决问题;第四要在持续高强度工作不得进展之后,全身心放松,让潜意识和遐想自由驰骋。这样,幸运女神来敲门的时候,才不至于因为没有准备好而无法开门从而错失良机,后悔终身。

五、学以致用:一份行动建议

遇到问题时,请画画思维导图;解决问题时,请戴戴六顶帽子。

人的一生就如同在过马路,会不断地经过许多十字路口,朝前?朝后?左转?右转?前途未知,故而难以抉择。那么,有没有一种有效的思维方式可以解救大脑于困惑和混沌中呢?如果有,会是什么呢?50年前,有一个叫托尼·布赞的大学生在图书馆里博览群书,想要探求一种毫无头绪时可以有效而正确地开发大脑取得进展的思维工具。书本里并没有现成的方法,但是托尼·布赞却意外发现了达·芬奇极富创造力的奥秘——他喜欢使用各种符号、代码和线条。以此为契机,托尼·布赞转而研究脑科学、心理学、生理学、语言学、神经学等相关学科,发现如果能综合利用大脑的各种技巧将事半功倍,

---

[1] 冯百跃. 科学思维技巧与科学训练理念拓展[J]. 体育与科学. 2007,28(6):9-17.

如将颜色和文字结合会极大地提高记忆力。逐渐地,托尼·布赞依据人脑的整体功能设计出了至少被3亿人所使用的思维导图。思维导图是一种极其有效的综合思维工具,整合了联想思维和想象思维,也同时融合了发散思维和聚合思维(图1-1)。

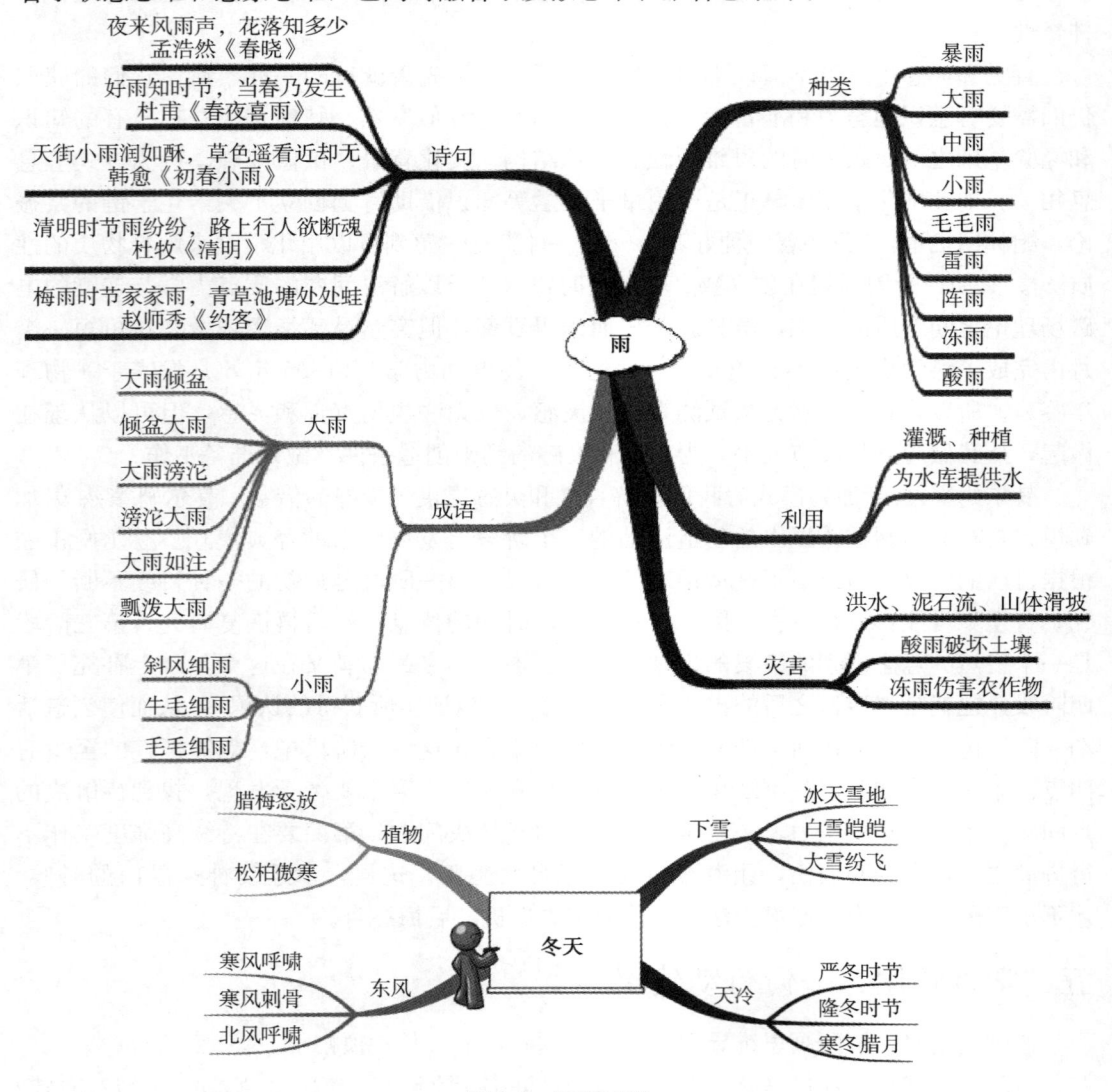

图1-1 思维导图

可见,思维导图围绕一个中心朝四周扩展,由线条、图形、文字等汇集而成,能够促使大脑愉快地高效工作,找到问题所在。

六顶思考帽则由被誉为"创新思维之父"的爱德华·德·波诺博士所提出。所谓六顶思考帽,是以白、黄、黑、红、绿、蓝六种颜色各异的帽子来代表六种基本的思维模式。这六顶帽子简单易戴,人人都可以有效使用。其中,白色意味着客观和理性,戴上了白色帽子就要避免主观情绪的影响,保持中立,用数据和事实说话;黄色表示正能量和肯定,戴上了黄色帽子就要避免负面情绪,积极、健康地提出建设性意见;黑色是批判、质疑的色彩,戴上了黑色帽子就要怀疑一切,鸡蛋里面挑骨头,不断地予以否定和批判；红色表达着热情和感性，戴上了红色帽子就要任由负面情绪表达，尽情宣泄直觉和感受；绿色象征着希望和生命，戴上了绿色帽子就要打破禁制敢于想象，富有创造力和想象力；蓝色寓意逻辑和管控，戴上了蓝色帽子就要认真思考帽子的出现顺序，对整个过程予以规划和调控，并得出负责任的结论。六项帽子代表了六种角度的思维，有收有放，有聚有散，被誉为最有效的创新思维训练工具。

第四节　创新方法概述

进行创新，需要掌握一定的方法。方法（method）的词源可以追溯到古希腊语的 μετοδ，它由两部分组成：μετα（meta-，意为"在后"）和 οδος（hod，意为"路"）。因此，method 的字面意思是"跟随"、"探询"或"找到"，它最初指的是有条理的、有组织的方式或程序。在我国，墨家最先关注和提出方法这个词，本来指的是度量方形之法，后来延伸为知行的办法、门路、程序等。创新方法也就是人们在进行创新活动时所运用的手段、工具和程序等，创新作为人类的一项极其重要的实践活动，有什么方法、用什么方法、如何使用这些方法至关重要。

一、创新方法的演化和类型

人类的创新实践孕育了创新方法。所谓创新方法，是人类对创新规律认识的知识结晶[1]，具有现实性、有效性、多样性等特点。如前所述，创新和人类的历史一样悠久，故而在祖先们探索自然界过程中就懵懵懂懂地开启了创新模式，经验、技能等不断积累，慢慢有了最原始的方法。如石器的打磨加工方法、打猎的方法、保存和使用火种的方法等。但当时还谈不上有科学的创新方法，主要是自然科学还没有从哲学中分化出来，而哲学还处在思辨的直观感觉中。到了古希腊，数学有了一定的发展，这时候才出现了简单的创新方法，如毕达哥拉斯学派的数的和谐方法、欧几里得的公理化方法以及亚里士多德的三段论式演绎法。到了近代，创新方法得到科学家的重视和推崇，在现代则大放异彩，爱因斯坦的科学概念方法和思想实验方法在第二次物理学革命中拔得头筹，法国数学家彭加勒直接断言要进行科学创造必须先创造方法。现如今，各种边缘科学、综合科学、横断科学的产生，为创新方法提供了新的内容，实验方法和数学紧密结合，出现了探索复杂性的创新方法。

人们已经概括出数百种创新方法，涉及各门各类各行各业，仅北京理工大学现代组织管理研究中心根据一定的客观指标认定的创新方法就多达 312 种。这 312 种创新方法有定义、有出处、有原理、有流程、有应用。创新方法虽然五花八门，但却只有两种最基本的类型，一种是逻辑创新方法，另一种则是非逻辑创新方法，这是因为创新过程从本质上说就是逻辑思维与非逻辑思维分工合作并交互作用的过程。一般情况下，非逻辑

---

[1]　侯光明，李存金，王俊鹏．十六种典型创新方法[M]．北京：北京理工大学出版社，2015．

思维负责打开视野和拓展思路，逻辑思维负责最终完成创新。逻辑思维与非逻辑思维往往交织在一起，你中有我，我中有你，有时候很难将两者区分开来。创新方法一定是具体的、规范的、可操作的，这样才能有章可循。接下来让我们一起学习和了解几种典型易操作的创新方法。

二、检核表法

检核表法是根据需要研究的对象的特点列出有关问题（越细越好），形成检核表，然后一个一个地来分析核对，不断加以讨论，从而发掘出解决问题的大量设想的方法。亚历克斯·奥斯本的检核表法（简称奥斯本检核表法）是其中最著名的代表。该检核表法容易操作，应用也极其广泛，主要用于新产品的研制和开发。奥斯本检核表法设计了一系列问题以引导创新主体不断思考，帮助开启创新主体的思路和想象空间，是不断挖掘新设想、新方案的方法。奥斯本检核表法围绕9个大问题展开[①]：①有无其他用途；②能否借用；③能否改变；④能否扩大；⑤能否缩小；⑥能否代用；⑦能否重新调整；⑧能否颠倒；⑨能否组合。这9个问题又可以层层剖析为无数个小问题，如能否缩小这个大问题又可以细化为能否密集、是否减少、可否压缩、可否浓缩、可否聚合、可否微型化、可否变窄、可否去掉、可否分割、可否减轻等小问题。检核表法使用程序有5个不可省略的关键步骤：第一步，确定产品和方案目标；第二步，提问；第三步，解答问题；第四步，形成综合方案；第五步，完善方案。

三、六何分析法

有一户人家的电视机坏了，维修人员过来检查后发现是电阻问题，于是就更换了电阻。可是过了几天电视机又坏了，维修人员再次更换了电阻。反反复复经历了三次后，维修人员终于意识到不是更换电阻就可以解决的，所以进一步检查是什么导致了电阻会坏，最终发现是电视机设计有问题，这种设计导致电流过高超过了电阻所能承受的限度。所以，很多时候，知其然远远不够，还必须知其所以然才能真正解决问题，这就凸显出六何也就是5W1H分析法的重要性。5W1H分析法就是通过连续提出六个问题以打破惯性思维，求得突破。这六个问题就是Why（为何，即创新是为了什么）、What（何事，即什么是创新的对象）、Where（何地，即从哪里着手）、Who（何人，即谁来实施创新计划）、When（何时，即什么时候开始）和How（如何，即具体的实施过程）。后来人们在使用中结合实际情况又增加了第七个问题，也就是How much（成本，即成本条件）。教育家陶行知进一步将其扩展为6W2H法，增加了一个W——Which（目标，选择哪一个对象），并戏称其为让人聪明的"八大贤人"。6W2H现在也被称为"八何分析法"，是一种行之有效的创新方法。当有一个好点子的时候，不妨追问下这"八何"，以启发创新。

四、头脑风暴法

现在是知识大爆炸时代，知识更新速度非常快，技术产品的生命周期越来越短，技

[①] 侯光明，李存金，王俊鹏．十六种典型创新方法［M］．北京：北京理工大学出版社，2015．

术创新的周期也越来越短，个人所拥有的知识越来越有限，创新活动也就越来越依靠集体的力量。诗人萧伯纳曾经感慨道："你有一种思想，我也有一种思想，如果我们交换的话，我们每个人就都拥有了两种思想"。这句话揭示了头脑风暴法的雏形。1938年，创造学家亚历克斯·奥斯本正式提出了头脑风暴法，这是一种极其有效又有趣的集体智慧激发方法，任由各种奇思妙想自由碰撞，在混沌中、激战中催生新思想、新方法。正如奥斯本所呼吁的那样，"让头脑卷起风暴，在智力激励中开展创造！"头脑风暴法有四个最基本的原则：一是自由思考，如果有了想法，即使它再荒诞不经、再不成熟都要放心大胆地表达出来，彻底解放头脑，任其天马行空、无拘无束；二是延迟评判，对于他人提出的想法，不要急于表态，也切忌品头论足，不管你认为他人的想法多么幼稚可笑或者多么精准出彩，都不要进行任何异议或附和，只是尊重和倾听；三是以量制胜，尽量创造轻松的探讨氛围，鼓励参与者发散思考，提出的设想越多越好，多多益善；四是结合统一，在参与者大胆设想的基础上，鼓励彼此完善，或者进行结合统一，将类似的设想合二为一。

五、功能模拟法

功能模拟法是得益于控制论的一种模拟方法，它把大自然生命有机体的功能作为自己的模拟对象，意欲制造出具有类似功能的工具或机器。功能模拟法所蕴含的最主要思维原理就是移植原理，把某一学科领域的概念、原理或方法推广应用到另一个学科领域，这样就容易产生跨学科的创新，简单地说就是将A事物的材料、特性、方法等移植到B事物上。如"同性相斥、异性相吸"本来是磁性物质之间的作用原理，但一旦将其运用到机械设计中，就碰撞出了磁悬浮列车这样的创新产品。功能模拟法有四个重要的步骤：第一步，确定想要模拟的有机功能；第二步，分解有机功能的步骤功能；第三步，设计具有该步骤功能的客体结构；第四步，建立功能模型。如果想要设计一款产品可以代替清洁工人，首先就要观察清洁工人如何进行清洁工作，将其清洁活动分解为侦测、控制、移动和清扫四种功能，然后构想能完成这四种功能的物理结构——探头，传感器，驱动轮，刷头和吸尘器等，再把这四种结构予以综合，就完成了一个扫地机器人的雏形。

六、缺点列举法

缺点列举法，顾名思义，就是针对某个技术产品，就其功能、材料、颜色、结构、造型、性能等各方面拿着放大镜去挑刺，尽量寻找其不足之处的方法。受到我国的传统思想中报喜不报忧、说好不说坏的影响，缺点列举容易被人误认为是吹毛求疵、鸡蛋里面挑骨头，故而不是很招人喜欢，但它却易操作、易理解、易见效，在创新方法中有自己的一席之地。缺点列举法实际上是一种精益求精的改善方法，它坚信一个产品，不管设计者花费了多少心思，总是有可以提升的空间。以人体温度计为例，使用过的人都可以轻而易举罗列出一大堆缺点：使用之前甩的力度不容易掌握、只有一面可以读数且容易读错、计体太光滑容易掉落、玻璃外体容易破碎、冬天表面太过冰冷、要紧紧夹在腋下测量不方便、里面的液体是有毒的水银一旦泄漏会污染环境、夜晚无法查看测量结果、至少要五分钟的测量时间、小孩容易排斥害怕等。缺点列举法的操作程序一般为：针对已有产品进行使用,在使用中寻找其缺点;列出缺点并一一分析造成这些缺点的原因;针对原因提出各种可能的解决办法;综合各类解决办法制定现实可行的方案,最终改善产品。这些程序里面最核心的就是找到缺点。

七、鱼骨图法

鱼骨图法又名因果图法,是一种以鱼的骨架来梳理问题、分清主次,进而发现问题根本原因之所在的分析方法。鱼骨图法的主线就是鱼的脊椎骨,也就是连接鱼头骨和鱼尾骨的主骨,鱼头骨寓意想要实现的目标,鱼尾骨表示遇到的问题或现有形势,脊椎就是创新主体所能想到的相关影响因素以及步骤。鱼骨图法在使用过程中还衍生出一种具体的企业经营方法——5M因素法。所谓5M就是Man(人员)、Machinery(机器)、Material(材料)、Method(方法)和Milieu(内外环境)。这5个M构成了鱼骨的主刺,主刺又由许多小刺构成,密密麻麻,极为复杂,任何一根小刺处理不及时不到位就会卡住咽喉,让人痛苦不堪。鱼骨图法的制定流程就是先画脊椎主骨(主要问题),再画大骨(影响因素),再依次延伸出中骨、小骨和孙骨,最后在此基础上逐一探究其根本原因。

【思考与练习】

(1)回忆一下,自己从小到大做过哪些有创意的事情,描述最精彩的事情是如何发生的。

(2)留心身边人、身边事,有什么让你印象深刻难以忘怀的?

(3)伸出自己的左手,先用笔在纸上绘制出自己的掌形,然后以五个手指形状代表自己想要实现的近期目标,并对这五个目标进行创意介绍。

(4)甄别最能激发自己创新意识的情境是什么,并做出努力,使自己能够常常沐浴于这种情境之中。

(5)请对古诗《春晓》进行多种形式的改写。

(6)试着以"我"为核心词绘制思维导图,概括一下与自己人生相关的人和物。

(7)试着用不同的方法构建自己想要实现的创新计划。

(8)从现在开始,从自己开始,你可以做出哪些改变,从而让自己的每一天都是独特的?

第二章　科研选题、研究设计和文献利用

教学目标

通过本章的学习，要求学生了解社会研究的内涵、特征及指导原则；了解选题的重要性；重点掌握选题的主要途径与方法，提升确立选题的科研实践能力；区分各研究方法的特性，能够根据实际情况进行选择；熟悉研究设计步骤及方法要求，掌握进行研究设计的能力；了解文献、文献检索的相关概念、类型；重点学习提高操作文献检索平台的实践能力。

教学重点和难点

- 社会研究方法
- 科研选题的方法
- 研究设计的步骤
- 文献检索的方法

社会研究与自然科学研究相比，既有共性，也有个性。科研选题就是发现和提出科学问题的过程，是科学研究的第一步，具有战略性和全局性的特点。确定了研究课题也就是确定了研究所要达到的目标，怎样完成既定的目标就是研究设计的任务。文献是科学研究的基础。任何一项科学研究都必须广泛搜集文献资料，在充分阅读资料的基础上，分析资料的种种形态，探求其内在的联系，进而作更深入的研究。本章对社会研究、科研选题、研究设计和文献利用进行介绍。

第一节　社会研究导论

一、社会研究的概念

社会研究是一种由社会学家、社会科学家，以及其他一些寻求有关社会世界中各种问题答案的人们所从事的研究类型。如果要给社会研究下一个明确的定义，可以说，社会研究是一种以经验的方式，对社会世界中人们的行为、态度、关系，以及由此形成的各种社会现象、社会产物进行的科学的探究活动①。从这一定义可知，社会研究是科学

---

① 风笑天. 社会研究方法[M]. 4版. 北京：中国人民大学出版社，2013.

研究的一个部分，它的目标是探索和理解人们生活于其中的社会世界。

二、社会研究的特征

社会研究作为一种特定的科学研究类型，具有以下三个方面的基本特征。

(一)研究的主题是社会的，而非自然的

研究的主题指的是研究所涉及的现象领域或范畴。社会研究的主题首先必须是有关社会的。这一特征意味着社会研究的对象必须包括作为社会主体的人、人的社会行为，以及由人们的行为所构成的各种社会现象。它涉及人们如何行动，如何与他人交往；涉及人们如何思考，有何感受；它也关注由人们所组成的各种社会群体、各种社会组织、各类社区；关注个人与个人、个人与群体、个人与社会、群体与群体、群体与社会之间的各种社会关系；关注人们如何与不断变化的社会相互适应等。总之，社会研究的主题十分广泛，它涉及人类生活的方方面面，涉及社会世界的各个角落。

(二)研究的方式是经验的，而非思辨的

社会研究只对那些可以看到、听到、接触到的东西感兴趣。例如，人们烧香拜佛的行为；人们所发表对天堂和地狱的看法；现实社会存在的寺庙、教堂等。研究者所收集的大量类似的经验资料，反映了更大规模的社会现象的某些部分，将这些部分所有的资料合起来，就可以"经验地"认识社会现象的整体。例如，通过观察人们烧香拜佛的行为，或询问人们对天堂和地狱的看法，就可以回答"人们为什么会信仰宗教"这样的问题。又如，在美国，可以直接观察到占地好几英亩①的富人豪宅，看到在城市郊区地带的中产阶级住宅区，也可以看到在政府提供的公共住房和分租房屋中穷人狭窄的套间，从而"经验地"看到了美国社会结构中的分层现象。

(三)研究的问题是科学的，而非判断的

科学不可能回答一切问题，社会研究也不可能回答一切有关社会现象的问题。社会研究中所探讨的问题必须是可以由科学来回答的，即社会研究者不应该去探讨某一现象"是否应该如此"的问题，而应该去探讨某一现象"状况究竟如何"，或"为什么如此"的问题。这种区别的关键在于所提问题是科学的还是非科学的。例如，"哪些人相信有天堂和地狱存在？""为什么随着现代化的发展，家庭规模在逐渐变小？"是科学的问题，而"是否应该相信有天堂和地狱存在？""家庭应该存在吗？"是非科学的问题。②

三、社会研究的类型

社会研究可以根据不同的标准划分成不同的类型。根据研究性质分为理论性研究和应用性研究；根据研究方式一般分为实验研究、调查研究、实地研究、文献研究；根据

---

① 1英亩≈4047平方米。
② 风笑天. 社会研究方法[M]. 4版. 北京：中国人民大学出版社，2013.

研究的时间性分为横剖研究和纵贯研究；根据研究目的分为探索性研究、描述性研究和解释性研究。对于大学生来说，重点需要掌握的是按研究目的进行的研究分类。

(一) 探索性研究

探索性研究是指通过对所要研究的社会问题或社会现象进行试探性的考察，以获得初步的印象和感性认识，或者为更深入、更系统、更全面的研究提供线索和方向的研究类型。简而言之，探索性研究主要关注社会问题或社会现象"是什么"的问题。

一般在两种情况下，探索性研究十分必要。第一，研究者本人对拟研究的问题或现象不熟悉，如研究的是一个与原专业或领域不同的问题或现象；第二，研究所涉及的问题、现象或对象比较特殊，少有人涉及。

(二) 描述性研究

正确认识与解释社会现象或社会问题的前提在于对其全面系统地描述。描述性研究的目的就是通过收集资料来发现情况并提供信息，特别是从杂乱的现象中，描述出所研究的社会现象或社会问题的主要规律和特征。或者说，描述性研究主要关注"怎么样"的问题。描述的对象可以是某一变量的分布特征，如某类人群的环保意识、环保行为等；也可以是两个变量之间的关系，如学历层次与环保意识及行为的关系等。但无论是哪种描述性研究，都要求反映出社会现象或社会问题总体及各个组成部分呈现的较为普遍现象。因此，描述性研究的样本规模较大，样本选取严格遵循随机抽样的原则，具有全面、系统的特征。

(三) 解释性研究

解释性研究的目的是要说明社会现象发生的原因，或者解释社会现象之间的相互关系和因果关系，进而探索社会现象的发展趋势、寻找社会问题的答案。

解释性研究通常是根据一定的理论，提出明确的研究假设，并对相关概念进行操作化，进而设计测量指标，然后根据测量指标设计问卷，在此基础上开展调查。解释性研究也可以在个案研究的基础上，通过个人的主观判断，运用理论分析的方法，解释社会现象之间的相互关系和因果关系及其变化发展。但无论采用哪种方法，其目的都是要探求社会现象或社会问题背后的原因。例如，对"刑满释放人员社会融入"这个主题，描述性研究只要调查刑满释放人员在重新融入社会过程中遇到的问题和障碍，描述这一人群的主要特征分布；而解释性研究则需要深入地探讨刑满释放人员在重新融入社会过程中遇到问题和障碍的原因，并且进行理论层面的解释和分析。

四、社会研究中的变量关系

社会研究的基础是概念。概念是指人们在认识过程中，对观察到的事物的共同特点进行的概括和抽象。概念反映了客观事物一般的、本质的特征。概念往往包括若干个子范畴、属性或亚概念，它们反映出概念所指的现象在类别、规模、数量、程度等方面的变异情况。社会学中一般采用"变量"来反映这种变异情况。所谓变量，就是具有一个以上不同取值的概念。例如"受教育程度"是一个抽象的概念，可以用文盲或半文盲、小学文化、初中文化、高中文化、大学及以上等不同的取值反映。所以"受教育程度"就是一个变量。而那些只有一个固定不变的取值的概念，则称为常量。

社会研究中一般是通过反映不同社会现象的概念之间的关系来探究现象之间的因果关系，也即从变量之间的相互影响和相互关系来分析现象产生的原因和结果。社会研究中变量关系一般分为相关关系和因果关系。相关关系又分为正相关关系、负相关关系或者无相关关系。例如，家庭收入水平与消费水平一般呈正相关，吸烟数量与健康状态呈负相关，汽车保有量的变化和大学生的学习意愿没有相关关系等。

在因果关系中，变量主要分为自变量和因变量。引起其他变量变化的变量称为自变量，由于其他变量的变化而导致自身发生变化的变量称为因变量。当一个变量影响另一个变量，或者说一个变量的变化引起或导致另一个变量的变化时，就形成了某种因果关系。

五、社会研究的指导原则

(一)客观性原则

客观性原则是社会研究不能违背的准则。社会研究相较于自然研究，没有严格的实验方法和精确的观测数据，只能通过人的主观理解对大量的个别事实进行探究，总结一般规律，增大了社会研究客观性原则的难度；"个人精神"贯穿于社会研究的全过程，研究主体的价值观会影响社会研究的判断，研究客体的主观意志也会有意无意影响其真实行为的表达，易导致研究本身和研究资料失去准确性和真实性。这就要求社会研究的主体，进入研究程序后，要尽可能地抛弃个人主观的价值喜好和价值判断，保持价值中立，遵从社会研究的客观性原则。

(二)重复性原则

通过对大量的经验事实进行重复性的检验，在方法论层面尽可能地向自然科学研究看齐，以实现所得资料数据更为具体、准确，进而弥补社会研究主观性强的不利因素。因此，遵从重复性原则提升社会研究的客观性，提取研究所求的一般规律。

(三)实践性原则

认识世界，是为了改造世界。社会研究的目的，是要正确地理解和准确地预测社会现象的变化。社会是一个多元的、复杂的、缤纷而又矛盾的世界，对社会的研究可以帮助人们透过日常社会现象，了解社会现象背后的本质问题，联系理论与实践，充分发挥社会研究的作用，指导社会更好地调节社会关系，缓解或解决社会矛盾，创造更好的社会世界。

(四)历史性原则

对社会现象的正确理解和准确预测不是凭空产生的，而是基于研究主体对社会现象的认真观察。社会是发展着的社会，一定时期的社会现象，或许在另一个时期是不存在的，新的社会现象随着社会的发展也在不断地出现。同样地，一定社会时期的社会研究规律，与一定时期的社会制度、规范相联系，并不具有永恒的真理性，社会的历史性特质要求社会研究必须遵从历史性原则。

(五)社会性原则

社会研究的社会性原则首先体现在研究的范围涵盖了人类所有的社会活动，或者说社会生活中没有哪一个领域是社会研究所没有涉及的，没有哪一类社会现象是社会研究所不能研究的，社会研究研究的是社会的所有方面。其次，社会研究是处在一定的社会环境下进行的，除了遵从自身研究的原则外，不可违背政治、经济、文化、伦理等方面的社会性原则。例如社会研究中的伦理准则有"自愿参与原则""对参与者无害原则""匿名与保密原则"等。

第二节 科研选题

一、选题的意义

一项具体的社会研究始于对研究问题的选择。选题就是选择研究问题，明确研究任务、研究对象与范围，是人类社会认识发展的阶梯，并且体现和影响社会调查的水平与质量。因此，应该高度重视社会研究的选题。是否能提出有创见的、合适的科研课题，对于科研工作的顺利开展并获取有价值的成果至关重要。

研究问题是社会研究要回答的具体问题，是一个可以通过研究来进行回答的问题。研究主题是社会研究所涉及的现象领域或问题领域，比研究问题的外延宽，一个研究主题可以包含多个不同的研究问题，从宽泛的研究主题开始缩小到研究问题。社会生活的多层次性决定研究主题的多样性，而从主题中选择问题有水平高低之分，这是由研究者的理论、方法、思维、生活经验等因素决定的，如何选择好研究主题和研究问题非常重要。

(一)选题反映了研究者的研究水平

研究者的专业理论知识、对研究方法和技术的掌握、生活阅历及对生活的洞察力、对社会问题的敏锐程度都会影响选题，这些是构成研究者研究能力的主要方面。

(二)对课题的选择决定了研究的方向或目标

研究课题一旦确定之后，就具体地规定了研究范围、研究对象、研究内容等。例如，一项关于城市居民二孩生育意愿的研究，研究者要确定研究的地域范围，是包括全国所有城市，还是限定在其中几个特大型的城市；城市居民是指具有城市户籍的，还是指常住人口，是否包括在城市化过程中纳入城区的郊区人口；在确定课题后还要考虑研究内容具体包括哪几个方面，如二孩生育意愿的人口特征分布、影响因素等。

(三)一项研究课题的选择和确定影响到研究的过程及方法

例如,对上述城市居民二孩生育意愿的研究,为了分析生育二孩的人口特征分布及影响因素,采用以问卷调查为主的调查研究方式就比较合适;如果研究刑满释放人员的社会再融入问题,采用具有"深描"特征的个案调查则能够取得较好的效果。

二、选题的原则

社会科学研究的选题一般要遵循重要性、创新性、可行性以及合适性等原则。

(一)重要性

重要性是指选题应当具有的理论意义与实践意义。理论意义体现为该研究问题对一门学科的发展、对某种理论的形成或检验、对社会规律的认识、对社会现象的解释所做出的贡献。如费孝通的《江村经济》[①] 描述了江村经济结构、农民生活,探讨了农民入不敷出的原因,实践意义是该研究对解决现实问题所提供的方法、对策、建议。

(二)创新性

创新性是指选题所具有的新意,一种情况是填补空白;另一种情况是在研究思路、研究角度、研究对象、研究内容和理论依据等方面有所突破,这是最常见的创新形式。如社会学专业的一位学生借鉴江村经济研究范式对自己的家乡——福建海门岛社区进行研究,另一位学生运用社会交换理论分析腐败行为的成因与对策。

(三)可行性

可行性是指是否具备进行或完成某一研究课题所需要的主客观条件。一项研究能否取得成功,不仅取决于研究者的研究能力,还受到研究经费,研究者的时间、精力,研究组织的团队合作,研究对象资料可获得性等条件的制约。不仅如此,社会研究还受到经济、政治、文化和道德等各种社会因素的影响。例如,对刑满释放人员、同性恋等特殊群体的研究可能因涉及隐私而难以进行。

(四)合适性

合适性是指所选择的研究问题最适合研究者的个人特点,解决的是研究的最佳问题。研究者应尽量选择自己熟悉的社会生活领域中的相关问题。在校大学生选择与大学生相关的研究问题,如女大学生不良恋爱行为的原因分析、当前大学生就业难的原因与对策分析,这些问题比较适合大学生的生活环境与生活感受。

在选题的四个原则中,重要性是最基本的原则,创新性是在重要性基础上的新原则,可行性是决定性原则,合适性是在前三个原则基础上更进一步的原则,四个原则层层深

---

① 费孝通. 江村经济[M]. 北京:北京大学出版社,2012.

入,将一个研究问题从最初众多不成熟的想法、思路和问题雏形中逐渐分离出来。

三、选题的类型

选题就是要确定研究的方向、范围、对象和探讨的主要问题。在进行科研选题时,应当将选题与社会现状和社会问题相结合。从研究目的、受控程度、研究时限等多种角度对选题进行透视,对选题的类型进行多重鉴定,这有利于研究者在选题之初明确所选题目的类别表征,在把握、细化研究方向时具有重要意义。

(一)按研究目的分类

在课题研究过程中,研究者所持研究目的不同,有的希望通过研究解决人们在社会中遇到的社会现象或热点问题;有的希望通过研究对学科发展现存问题或在以往研究中的疏漏进行补充,从而完善相关理论。按研究目的对选题进行分类,可分为理论性课题和应用性课题。理论性课题是以揭示社会现象的本质及其发展规律为主要目的,应用性课题则旨在提出解决社会实践问题的具体方案或对策。但理论性课题和应用性课题并没有明确的分界,在实际操作过程中,会经常出现所选题目同时具有上述两种特点,这种题目称作综合性课题或理论应用性课题。

(二)按研究深度分类

科学研究作为一种具体的社会认知活动,会有研究深度的深浅之别。按照研究深度对选题进行分类,可分为描述性课题、解释性课题和预测性课题。

描述性课题通过厘清社会现象存在的原因并对社会现象的真实情况做出准确、具体的描写和叙述的研究,回答"是什么"的问题,这是最浅显、最简单的研究。解释性课题是在描述性研究的基础上,通过对所研究问题中存在的各种关系和产生机制做解释说明,回答"为什么"的问题,研究难度和复杂程度较描述性课题有所提高。预测性课题是在解释性研究的基础上在把握问题产生的原因、机制后,对所研究问题的发展趋势和发展结果进行推测,回答"会怎样"的问题,研究难度最大也最为复杂。

(三)按研究时限分类

进行课题研究时应当充分考虑研究时限的长短,合理地根据研究时限进行选题。按照研究时限对选题进行分类,可分为短周期课题和长周期课题。短周期课题是指选定课题、实施研究至最终获得成果的时间短,其研究规模小,适于小项目的研究。长周期课题指难度大,或受各种因素制约,或实施长期追踪性研究,耗时长久。

四、选题的过程

选题过程是指在选题阶段需要进行的程序和工作,包括:了解理论发展和社会实践中需要解决的问题,初步选择研究题目,论证研究题目的意义,确定研究的范围、层次和内容,论证研究项目的可行性。

(一)了解理论发展和社会实践中需要解决的问题

在确定研究题目时要有一定的科学理论依据和事实依据，使选题既有科学的理论基础，又有科学的实践基础。科学的理论基础是指在确定选题时应当以现有的学科研究发展状况为基础，利用对所选问题的研究现状来确定选题方向。如果选题没有科学理论依据，则必然存在研究起点低、盲目性大的问题。

科学的实践基础，是指所选问题应当是从社会生活中产生的，具有强烈的时代感和针对性。社会生活中出现的问题是理论指导生活中所产生的偏差，实践在检验理论的同时又为新理论的诞生和发展提供了深入研究的依据。理论基础和实践基础为选题指明方向，影响着选题的科学性和合理性。

(二)初步选择研究题目

在初步选择研究题目时表述必须具体明确，明确界定研究范围，不应贪大而选择超出研究能力和研究时限的题目。过于笼统、空泛的研究难以对问题有清晰透彻的理解，在初步选择研究题目时提倡选择"具体""新颖"的题目。

(三)论证研究题目的意义

在初步选题后对课题进行分析、预测和评价，确保研究的题目具有实际意义。首先明确所研究问题的来源，再分析选题性质和类型，之后通过研究所选问题目前已有哪些研究成果和研究动向提出本研究的切入点和突破点，最后分析所选问题的实际意义，其中包括对已有理论研究的完善和促进意义，以及对解决现实问题的价值。

(四)确定研究的范围、层次和内容

在论证了研究题目的意义后应该对研究的范围进行划分，确定研究的整体框架，找出拟研究的总体范围，确定拟观察的个案对象。一般来说研究内容包括属性、状态、社会行为。属性是事物的基本特征，状态是事物的表现形态，社会行为是主要的研究内容。

(五)论证研究项目的可行性

选题的最后一步是论证研究项目的可行性。其中包括现状分析、研究必要性、实施方案、进度与计划、项目的主要评价指标。现状分析是指对选题背景、理论应用现状和所研究问题的发展情况进行分析。研究必要性分析要求说明为什么要立项研究、在研究中对理论和实际有什么帮助、在研究之后能达到什么样的效果等。在阐明实施方案时应明确项目研究的实际操作将如何实施。在描述进度与计划时应当细化主要研究过程的时间分配，对研究进度进行把握。最后对项目的主要评价指标进行阐释，说明通过哪些指标对研究结果进行衡量。

五、选题的程序

在选题时要对整个研究工作进行严谨的规划和安排，应该遵循以下基本程序。

(一)课题调研

调研是指对有关所选问题的历史沿革、发展现状及发展趋势进行调查研究，要掌握前人对有关课题已经进行了哪些研究，还存在什么问题，问题的关键在哪里，已经得出什么结论，有什么经验和教训。在充分调研的基础上避开已经研究透彻的内容，以便在新的起点上选择课题。

(二)课题选择

在文献调研和实地调研的基础上，运用科学概念和名词术语，对事物和现象进行正确表述、总结概括并提出多个科学问题，认真分析其在研究发展和社会问题中的地位、作用，并充分考虑可获取资源和数据的情况以及其他制约科研能否顺利进行的因素。不可以贪大而选择无法获取资料甚至无法研究的题目。另外，在课题选择时应当选取一些备选题目。

(三)建立假说

假说是指一种根据观察到的事实材料，在一定理论的指导下，运用比较、分析、综合和概括等方法，或是应用类比、想象、抽象等方法，提出现象之间具有的某种普遍性联系是如何形成的假定。确定了初步选题后，应当在充分调研的基础上对所选问题的发展现状、产生机制、因果关系等方面建立科学、合理的假说。在研究时应当根据现实理论和数据修正假说内容并验证假说正确性。

(四)课题论证

论证是指对选题进行全面的评审，看其是否符合选题的基本原则，并分别对课题研究的目的性、根据性、创造性和可行性进行论证。在论证时要对核心概念进行界定即研究主要概念(关键词)的定义、含义以及特征以确定选题的正确性。

(五)课题确定

经过课题论证后，该选题若通过，即题目确定。若没通过，该选题则被淘汰，需再按照选题的程序和原则，对备用选题进行逐步审查直至课题确定。

六、选题的途径

具体而言，科研选题主要包含以下几个途径。

(一)导师指导选题

相较于大学生，导师一般学历高，专业知识基础深厚，从事科学研究和做论文的经验丰富，熟悉前沿科研项目，科研经历丰富，对各自领域内的相关问题能做到较为精准的把握，在导师的指导下，科研选题可少走弯路。此外，导师对学生具有的科研能力掌握较好，为学生制定的选题一般来说比较适合学生各自的特点，通过的概率较高。

(二)从阅读的文献材料中获得选题灵感

已发表的文献实际上代表了前人对相关问题的研究程度,包含研究的视角、方法、地区以及结论上的差异。这些研究尚存在哪些不足,未来就这个问题还有哪些可以研究的内容,即未来的研究趋势是什么?以上种种皆可通过文献阅读、文献综述得到灵感,在此基础上确定选题。

(三)从社会实践中发现问题

因为基础知识积淀以及机会等问题,从社会实践中发现问题对大学生来讲并不容易,但并不意味着完全没有可能。首先,积极参加教师的社会实践调查活动,在调查活动过程中发现问题;其次,在日常接触社会的过程中,要善于观察社会,发现有趣的社会现象、社会问题,并从这些现象、问题中选取自己感兴趣的方向,确定研究的选题。美国心理学家特里普利特发现自行车集体项目的成绩比个人计时赛的成绩要好得多,于是提出研究假设:其他人的行为是一个人行为的动力,即人的行为动力渊源问题。接着他用绕线实验进行验证,把40个儿童分为两部分,一部分单个绕线,另一部分在一起进行绕线比赛。结果证实了假设,即一起比赛的孩子比单独比赛的孩子绕线的速度要快得多。这表明其他人的活动能够影响到行为的个体。

(四)从集体讨论中获取选题灵感

一个人的力量是有限的,而集体的力量则是无穷的。可以通过类似于学习兴趣研讨小组,经常性地集体讨论一些大家感兴趣的话题、社会现象,或者就大家观察到的社会现象、问题进行汇总,选取大家感兴趣的现象或问题进行讨论,发掘可行的研究选题。此外,有机会可以参加学术会议,或者参加由教师组织的学术性相对较强的小组学术研讨,从中获取选题灵感。

(五)个人经历

个人经历和经验是人们参与社会生活的特定记录,也是对社会生活的认识、感受的积累和沉淀,成为观察理解事物的独特视角和出发点。发生在社会研究人员身边的一件事、他与朋友进行的一次交谈、他所参加的一次活动,都有可能成为一个研究问题产生的最初火花。如一个人从小生长生活在农村,对邻里、亲戚互助有深刻感受,于是决定研究新农村建设中的家族行动策略问题;一位大学生到一所小学做兼职,在面试时因为自己的头发染成黄色,遭到校方拒绝,于是决定研究头发颜色与价值观的关系问题。

(六)阅读相关文献

研究者可以到《中国社会科学》《社会学研究》《青年研究》《社会》等杂志和相关专业书籍中去寻找研究问题。这就需要研究者始终带着审视的、提问的、评论的眼光阅读文献,同时进行广泛的联想,从中产生灵感,发现并提出研究问题。

七、选题的方法

选题方法是指选取研究课题的办法。一般有同步选题法、阶段分析法、边界选择法、机遇线索法等。

(一) 同步选题法

同步选题法是指科研选题要顺应科学技术发展的趋势,要和科技发展的主流相同步。从选题的需求看,科研选题事实上是在某一时期人类社会发展过程中面临的各种各样急需解决的问题,这种选题具有很强的与时代同步的特性。从具体的内容上看,科学技术是按照以下趋势向前发展的:由宏观层次向微观层次,由低能量水平向高能量水平,由专一性向综合性发展。科研选题也应该符合科学技术的这种发展趋势,体现同步性。

(二) 阶段分析法

阶段分析法是指根据文献统计,确定某一学科所处的发展阶段,然后依据学科的成熟情况来选题。如果说同步选题法主要用来确定一个国家或研究部门的科研主攻方向,那么阶段分析法则更多地适用于选择具体的研究课题。一门学科的发展,一般要经历学科诞生、学科发展、学科成熟、学科相对饱和四个阶段。在不同发展阶段,人们对所研究对象认识的深度是不同的,有待研究的主要内容以及相应采用的研究方法也不尽相同。所以,选题时首先要了解该学科或专业的发展历史,分析它现在处于什么样的发展阶段。

(三) 边界选择法

边界选择法是指在不同学科交叉点的边缘地区选题。随着研究的深入、细化,学科与学科之间的边界会变得越来越明晰,在这些边界之中可能存在诸多课题,甚至有些重大的发现通常发生在多个科学领域交汇的历史时期。但是,需要强调的是,边界的清晰并不意味着学科间的联系中断,恰恰相反,学科间的综合,即利用其他学科的思维或方法解决本学科内的问题,已成为时下选题的一个重要趋势。

(四) 机遇线索法

机遇线索法是指能够敏锐及时地感触、发现社会生活中出现的新现象。在探索纷繁复杂的未知世界时,许多理论都是伴随新社会现象的产生而产生的。从事科研的学者要不失时机、敏锐地抓住这些新现象,开展相关研究,以期通过合适的选题,在理论、实践应用方面实现突破。

第三节 研究设计

一、研究设计概述

社会研究通常都有具体、明确的目标,一般可以归纳为三种类型:探索型研究——

探索新话题；描述型研究——描述社会现象；解释型研究——解释事物发生的原因。确定了研究课题也就是确定了研究所要达到的目标，怎样完成既定的目标就是研究设计的任务。正如艾尔·巴比(Earl Babbie)在《社会研究方法》一书中所定义的那样："研究设计是指对科学研究做出规划，即制订一个策略去探索某种事物。"[1] 换言之，研究设计就是为了解决问题或推动研究目标的完成。当研究者选择、确定了要研究的课题后，就要对研究课题的意义、性质、方式、设想、研究过程和研究方法进行详细说明，或者说研究设计是根据研究课题的目的和任务所量身制订的研究方案和计划。有时做社会研究就像在完成一个推塔游戏，可以把研究者想要研究的问题看作是需要被推掉的塔防。理想状态下，推掉塔防会有多条路径和多种策略选择，一份合理的研究设计就是在考虑到现实中各种困难和障碍的前提下，从各种不同的路径中选择最优的路径，再制订具体的研究方案以实现推掉塔防的目的。所以，研究设计不单单是一份简单的研究计划书，它一方面产生于研究问题选择和文献回顾的过程中，是对有关研究设想的阐述；另一方面又对研究路径、研究方法做了最优选择和详细的规划，这些规划最终都将影响到研究的实施和结果的形成。因此，要完成一份高质量的研究计划书必然要有充分的理论支撑和经过审慎的权衡考量，即做一份研究设计需要历经三大步骤：首先是研究资料的整理；其次是研究路径的权衡；最后完成研究计划书的撰写。

(一)研究资料的整理

研究设计可以展现研究者对研究目的、方式、设想、过程和方法的把握程度，而研究者对研究课题的把握很大程度上来源于对相关文献资料的归纳与总结。所以，做一份研究设计，整理相应的研究资料应该是研究者的首要工作。互联网时代，不仅可以根据研究课题去查阅线下相关的专著、教材、档案资料、报纸杂志，还可以在 CNKI 和万方数据等知识服务平台下载相关的电子文献资源。资料收集得越丰富，研究思路就越活跃，整体的研究计划也就越详细。当然，获取资料只是第一步，研究者还需要在挖掘文献资源的过程中弄清以下问题：目前学界有哪些学者研究了相关问题？他们采用什么方法进行研究？已经取得了哪些结论或成果？还存在哪些不足或问题？……对这些问题的回答将有利于研究者快速理清研究思路，也便于下一步研究路径的选择。

(二)研究路径的权衡

做社会研究就好似旅行，研究者从问题走向答案，会面临多条路径选择，而且这些路径不全都是直接顺畅的，有很多是蜿蜒曲折的。研究者进行研究设计的主要任务就是根据前期相关文献资料的整理结果对所有可能的路径进行权衡和考量，因为研究设计由研究问题决定，而且"研究路径虽大相径庭，但每一条研究路径都具有产生回答问题的能力"[2]，所以，做研究设计的重点就在于研究者需在充分权衡达到目标的直接性、准确性和可行性等社会现实条件后，去选择一条切实可行的、路程距离尽可能短、障碍尽可

---

[1] 艾尔·巴比. 社会研究方法[M]. 李银河，译. 成都：四川人民出版社，1987.
[2] O'Leary Z. The essential guide to doing research [M]. London：Sage，1987.

能少、发生意外的代价可承受、所得结果又比较理想的路径。

(三)研究计划书的撰写

所谓研究计划书,就是研究者将自己的研究问题、研究设计和研究计划以恰当的语言和形式向相关机关或专家进行报告时所采用的一种文本①。在研究计划书中,研究者不仅要描述研究问题的目的和意义,分析前期整理的国内外研究现状,还要将自己在权衡利弊后选择的研究视角、研究思路和研究框架充分地展现出来,让他人可以通过这份研究计划书一目了然地了解该研究的目的和策略。同时,研究计划书也是对研究设计的精细化呈现,它将帮助研究者理清自己的研究思路,使得研究者能够严格按照研究设计的路径一步一步展开研究。

根据研究目的和研究者自身情况的不同,采用的研究策略也将不同。下面分别针对四种较为常见的研究方式——实验研究、调查研究、实地研究和文献研究设计进行介绍。

二、实验研究设计

(一)实验研究的概念及其特征

社会科学实验研究法,也称实验调查法,是定量研究的一种特定类型。阿特斯兰德将实验研究定义为:"一种在有控制的条件下可重复的观察;其中一个或更多的独立变量受到控制,以使建立起来的假设或者所确定的因果关系有可能在不同的情景中受到检验。"② 风笑天在此基础上将实验研究解释为:"一种经过精心的设计,并在高度控制的条件下,通过操纵某些因素来研究变量之间因果关系的方法。"③ 也就是说,实验研究法的主要特征是通过引入、控制或操纵情景和变量来研究社会行为和社会现象的变化,以建立变量间的因果关系;据此,不难发现,实验研究与其他社会研究方式相比,具有以下明显的优势:第一,研究者可以通过控制研究对象、研究环境、研究条件等变量,减少或排除外部因素对实验结果的影响和各种误差的产生。因此,实验研究更有利于明确研究对象与研究变量之间的因果关系;第二,实验研究具有可重复操作性,这种重复既有助于研究者获得更可靠的结论,也便于他人在后期对研究成果进行检验。

(二)实验研究的适用研究问题

在社会科学研究中,实验法适用于一般的解释型研究,即概念和命题相对有限的、定义明确的研究项目以及假设检验,如罗森塔尔效应实验等。同时,由于实验法在研究个体的行为方式或心理活动时具有明显优势,所以,实验法也较常用于社会心理学和小群体的研究,如著名的斯坦福监狱实验和小阿尔伯特的条件反射实验等。

---

① 风笑天.社会研究设计与写作[M].北京:中国人民大学出版社,2014.
② 彼得·阿特斯兰德.经验性社会研究方法[M].李路路,林克雷,译.北京:中央文献出版社,1995.
③ 风笑天.简明社会学研究方法[M].北京:华文出版社,2005.

(三) 实验研究设计的一般步骤

实验设计从确定实验的目的开始，首先根据要研究的问题形成实验假设；随后，选取对实验有用的信息和数据来决定是采用简单实验设计还是多组实验设计。简单实验设计是指只有一组或两组(一个实验组和一个控制组)的实验，所验证的是单项假设，即一个自变量与一个因变量之间的关系，并且事先假定自变量是因变量的原因。而多组实验设计则需要将变量间的主次关系、交互作用与最佳组合都考虑进去，所以设计过程相对复杂。[1] 确定了实验的指标和规格后，就要根据确定的实验剖析流程设计研究的自变量、因变量和额外变量。如无法确保所筛选的因素是稳定的，可考虑在实验过程中增加随机化、区组化的要求。然后，完成实验的稳健设计，即为了避免一些干扰因素的影响，在实验过程中增加抗干扰的控制因素。最后，设计合理的分析方法对实验结果进行评价。

(四) 实验研究设计的案例

这里举一个运用实验研究方式开展研究的例子，以具体说明实验研究设计的若干要点。

择偶研究是一个复杂的社会、心理、文化研究。不同性别的人在择偶过程中最看重什么？是看重长相还是人格标签。学者王雨晴等通过实验研究，考察了面孔吸引力、人格标签对于男女择偶偏好的影响[2]。

1. 研究的问题

该文研究者通过对前期文献的梳理，提出通过在实验室中操纵男性面孔和女性面孔的吸引力程度，以及与资源有关的人格标签，考察二者对不同性别被试择偶意愿的影响。围绕这一问题，提出以下四个研究假设。

(1)面孔吸引力对男性择偶意愿的影响要比对女性择偶意愿的影响大。

(2)人格标签对女性择偶意愿的影响要比对男性择偶意愿的影响大。

(3)预期重复出现"好即美"的结果，也就是人格特质是否积极会影响被试者对面孔吸引力的判断。

(4)如果存在"好即美"的影响的话，预期面孔吸引力和人格特质将对择偶意愿产生叠加效应。

2. 实验设计

1)被试

通过张贴广告招募的72名(男、女生各36名)中山大学本科生参加了本实验。为了甄别被试的同性恋倾向，被试在正式实验结束后需要完成一个同性恋倾向的9点量表。将自评同性恋倾向达到或超过5的被试去除后，剩下最终被试60名(男、女生各30名)。男性平均年龄为20.00岁，分布在17~22岁(标准差为1.21)；女性平均年龄为19.33

---

[1] 邹农俭. 社会研究方法通用教程[M]. 北京：中国社会出版社，2002.
[2] 该小节下的所有引用均来自王雨晴，姚鹏飞，周国梅. 面孔吸引力、人格标签对于男女择偶偏好的影响[J]. 心理学报，2015，47(1)：108-118，有改动.

岁，分布在 18～23 岁(标准差为 0.96)。实验前所有被试自愿参加，实验结束后被试获得了一定的报酬。

2) 实验材料

共有 48 张原始成人面孔照片。其中，24 张中国男性面孔照片，24 张中国女性面孔照片。每种性别的面孔中普通人面孔和明星面孔各半。普通人面孔是某大学的大学生面孔，明星面孔来自网络，所有面孔都是中性表情。用 Photoshop 软件对所有面孔照片进行处理，保证图片灰度一致，只保留面部和少量头发。同性别的普通人面孔和明星面孔随机组合成 24 对。将每对原始面孔渐变生成 10 张面孔，以 10% 的差距依次从漂亮面孔占成分 95% 降到漂亮面孔占成分 5%，最后得到 240 张面孔图片。让 30 名男大学生对女性面孔图片，30 名女大学生对男性面孔图片进行吸引力的评分后，最后选取每对面孔中占漂亮面孔比例为 55%(高吸引力组)和 15%(低吸引力组)的面孔，去掉两对吸引力最高的女性面孔和两对吸引力最低的男性面孔，最后得到男女面孔各 10 对作为正式实验材料。

3) 实验自变量

本实验共有四个自变量，一是目标面孔的类型(漂亮、不漂亮)；二是人格词汇的维度(外倾性、随和性、尽责性、情绪稳定性、开放性)；三是人格词汇的词性(积极、消极)；四是被试性别。对于同性面孔，只有一个吸引力评价作为因变量。而对于异性面孔，有两个因变量，一是吸引力评价，二是成为情侣的意愿。

4) 实验程序

每个被试单独在实验室电脑前完成任务。指导人员告诉被试："实验中将一次出现一张面孔以及一个形容词。该词是该人所具有的性格特征。4s 后会出现一个 9 点量表。请结合面孔与性格特征，认真回答问题，在键盘上按相应的数字键。"被试需要对 40 张面孔进行评价，其中同性面孔 20 张，需要评价的是吸引力；异性面孔 20 张，需要评价的是吸引力、成为情侣的意愿。一种性别一个组块(block)。性别组块的顺序在被试间平衡。每个组块内的 20 张面孔随机呈现。每次面孔与人格词汇同时出现 4s，面孔位于屏幕正中，人格词汇在面孔下方。4s 后需要评价的问题出现在人格词汇下方。吸引力问题是"你觉得该面孔有吸引力吗？"，下方出现一个从"非常没有吸引力"到"非常具有吸引力"的 9 点量表。下方提示"请在键盘上按相应的数字键"。成为情侣的意愿的问题是"如果有可能，你是否想成为这个人的男/女朋友？"下方是一个从"非常不愿意"到"非常愿意"的 9 点量表，以及按键提示。面孔及词汇一直出现在屏幕中，直至被试评价完该面孔的所有维度。吸引力和成为情侣的意愿这两个维度的问题随机出现。

对于 4 类面孔(男性高吸引力、女性高吸引力、男性低吸引力、女性低吸引力)，每类有 10 张面孔，各自独立地随机匹配 10 个人格词汇。所以对于每个被试，10 个人格词汇全部出现 4 次。为了甄别出具有同性恋倾向的被试，在正式实验结束后被试需要在一个 9 点量表(从 1～9，表示"完全没有同性恋倾向"到"极强的同性恋倾向")上自评同性恋倾向。

3. 实验研究结果

通过实验研究，得出以下结果。

(1)对于漂亮异性,男性与其成为情侣的意愿显著高于女性;而对于不漂亮的异性,男性与其成为情侣的意愿明显低于女性。

(2)对于积极词汇标签下的异性,女性与其成为情侣的意愿显著高于男性;而对于消极词汇标签下的异性,女性与其成为情侣的意愿显著低于男性。

(3)与消极词汇标签比较,积极词汇标签使被试更愿意与其成为情侣,但这种意愿的提高在相对漂亮的面孔上表现得更加明显。

(4)大五人格的五个维度对成为情侣的意愿都有影响,影响力依次为尽责性、随和性、开放性、情绪稳定性和外倾性。女性更喜欢外向的男性,但女性是否外向对男性择偶无影响。

三、调查研究设计

(一)调查研究的概念及其特征

调查研究又称为观察性研究,是指在未施加任何干预措施的条件下,客观地观察和记录调查对象的现状及其相关特征,客观反映或呈现调查对象的实际情况。其中,调查对象是指根据研究目的需要被调查的总体。例如,某高校大学生婚恋观研究中,某高校的大学生是需要被调查的总体,即是该研究的研究对象。

为了保证调查的客观性,研究者必须做到以下两点。

(1)一定规模的随机抽样,即从研究对象的总体中随机抽取一部分对象构成样本。了解某高校大学生的婚恋价值观的研究案例,随机抽样可以是各学院各专业各班级学号尾数为奇数的学生。

(2)统一的标准化测量和结构性询问,即使调查对象尽可能精确地反映在一套统一的、标准化的测量工具上,或者严格按照统一的标准对调查对象进行人对人的询问。上述案例中,可以设计一份问题合理、形式统一的调查问卷,发放给学生填写。随机抽样和统一测量标准也正是调查研究最为关键的特征。由于具有快捷和便于收集、整理汇总资料等优点,所以,在社会研究中,调查研究通常是应用最为广泛的一种方式。

(二)调查研究的适用研究问题

首先,调查研究适合于那些以了解和描述总体概况为主要目的的研究问题,以及那些希望将研究结论推广到一个大的总体中去的研究问题。也就是说,当研究对象是大规模的总体时,调查研究常常会被采用。其次,调查研究适合那些可以通过被调查者的自我报告来收集相关资料的研究问题,如研究高校大学生在日常生活中使用移动支付的情况,就比较适合用调查研究的方式。最后,调查研究适合那些需要在很短的时间内得出研究结果、很快了解社会现实状况的研究问题。这方面突出表现为人们对社会热点问题的态度和倾向性意见的调查研究,如研究一段时期内的社会民意和舆情反映,或是企业要开发新产品时的市场调研。

(三)调查研究设计的一般步骤

一项完整的调查研究设计首先要根据研究目的确定调查对象和观察单位,进而确定调查方法和所选取样本量并进行抽样设计，在这一过程中研究者需注意四点：抽样的随机性问题、总体的界定问题、样本设计的问题和样本规模的问题。在抽样设计的过程中，研究者需谨记一点——平衡，即在抽样设计中需要综合考量各种因素，最后通过设计使得各因素呈现交相辉映的局面。紧接着通过概念的操作化将观察指标转化为调查项目的具体指标，并将这些指标设计成调查问卷中的具体问题，然后完成调查问卷的设计和调查队伍的组织和培训，再设计资料收集、录入的方式和整理分析资料的计划，最后设计调查组织计划以及调查质量控制措施。

(四)调查研究设计的案例

这里我们举一个运用调查研究方式开展研究的例子，以具体说明调查研究设计的若干要点。

1. 研究问题与背景

第七次人口普查数据显示，中国流动人口规模达到3.76亿。其中，流动人口家庭化迁移趋势明显，夫妻共同流动比例高，子女随迁较为普遍，老年父母随迁增加。职住关系是流动人口城市生活的重要维度，家庭化迁移对流动人口职住关系有何影响？这一问题引起学者的关注。据此，文萍、周素红发表的《家庭化迁移对流动人口职住关系的影响——以广州为例》[①] 研究论文，对上述问题展开讨论。

2. 研究设计

(1)数据来源

本研究数据主要来源于2013年4～6月在广州市开展的城市居民日常出行调查。该调查首先基于2010年第六次人口普查数据，利用社会区分析方法将广州市各街道划分为旧城旧机关社区、普通商业社区、高教育旧单位社区、郊区城镇社区和远郊农业社区五大类，并结合区位因素在前四类非农社区中各选择4～6个最典型的社区开展入户问卷调查。基于社会区的分层抽样方法较全面地覆盖了广州市不同类型的社区，对户籍人口和流动人口均有较好的代表性。尤其对流动人口而言，基于社会区分层抽样的样本，比常见的基于流动人口居住或就业集聚区进行抽样的样本，类型更为全面，更能体现流动人口家庭化迁移和职住关系的多样化特征。调查最终获得1403个有效样本，基于本研究需要，选取其中户籍不在本市的16～65岁在业人口作为研究对象(流动人口样本，398人)，同时选取16岁之前已拥有本市户籍的16～65岁在业人口作为参照组(本地市民样本，832人)。

(2)变量选取及操作

此项研究中，职住关系为因变量，并选择职住空间、职住区位作为职住关系的替代变量。其中，流动人口的职住空间是指职住距离(直线距离)，职住区位是指就业地和居住地分别距市中心的直线距离。家庭化迁移作为自变量，根据研究设计，将单身与父母、夫妻、夫妻与子女、三代人共居作为家庭化迁移的不同阶段程度。除此以外，为了精确

---

① 文萍，周素红. 家庭化迁移对流动人口职住关系的影响——以广州为例[J]. 地理研究，2022，41(4)：1212-1226.

地评估家庭化迁移对流动人口职住关系的影响，研究还将人口学特征变量(年龄、性别、婚姻状况、教育)、经济变量(家庭月收入)、单位变量(私营企业、股份制或外资企业、国有或集体企业、机关及事业单位)、择居原因等作为控制变量。

(3)分析方法

利用SPSS软件，根据变量特征和研究目的选择最小二乘估计的线性回归进行拟合，对职住距离、居住地距市中心距离、就业地距市中心距离、住房面积等几个偏态分布的连续变量进行取自然对数操作，以量化家庭化迁移对流动人口职住关系的影响。

3. 研究结论

广州市流动人口职住临近特征明显，但随着家庭化迁移程度提高，职住距离增加，并接近本地市民水平。相较于个体单独迁移，夫妻共同迁移由于难以同时实现职住临近，职住距离更长；子女和老人随迁情境下，流动人口职住区位郊区化特征明显，因为郊区能以较低成本满足家庭生活对住房和住区环境的更高要求，但该情境下整体职住距离增幅较小且不显著。多数家庭化迁移的流动人口仍存在不稳定流动特征，以租房为主，租金规避需求与环境提升需求并存，需要相关政策加以关注。

四、实地研究设计

(一)实地研究的概念及其特征

实地研究又被称为现场研究或田野工作。有学者认为实地研究是指不带有理论假设而直接深入到社会生活中，采用观察、访问等方法去收集基本信息或原始资料，然后依靠研究者本人的理解和抽象概括从第一手资料中得出一般性结论的方法[1]。还有学者将实地研究解释为："是一种深入到研究现象的生活背景中，以参与观察和非结构访谈的方式收集资料，并通过对这些资料的定性分析来理解和解释现象的社会研究方式。"[2] 不同于实验研究、调查研究和文献研究，实地研究是处于方法论和具体的方法技术之间的一种基本研究方式，它规定了资料的类型，既包括收集资料的途径和方法，又包括分析资料的手段和技术。因此，它是一种定性研究。相较于其他研究方式，实地研究的深入观察具有较高的效度，即研究者可以设身处地地感受理解测量的概念或现象，而且在研究过程中，可以根据研究现象的变化及时修正自己的研究计划。所以，操作灵活、弹性较大也是实地研究的突出特征。

(二)实地研究的适用研究问题

首先，实地研究比较适合那些不便于用简单的问卷调查等定量研究方式进行研究的社会现象和问题。其次，实地研究者所寻求的是一种更有情感性和人文主义类型的资料，他们与研究对象之间的关系更亲密。因此，实地研究也适用于研究涉及体会、理解或描

---

[1] 林聚任，刘玉安. 社会科学研究方法[M]. 济南：山东人民出版社，2004.
[2] 风笑天. 简明社会学研究方法[M]. 北京：华文出版社，2005.

述某个互动组中的人群的情况①。这样的情况主要分为两类：一是与自然情境下人们对一段时间的社会事件或社会过程的态度和行为有关的议题，如研究人们对最近网约车价格战的看法和态度；二是与某些特定的社会群体或组织的内部结构有关的议题，如研究当前清真寺与回族乡村社会之间关系的议题。实地研究还适用于对少数有代表性或独特的社会单位进行详细深入考察，特别是对那些只有在现场才能很好理解的事件、过程和行为进行的研究，如费孝通的《江村经济》、严景耀的《中国的犯罪问题与社会变迁的关系》、怀特的《街角社会》等著作都是运用实地研究方式开展学术研究的典范。

(三) 实地研究设计的一般步骤

如前所述，实地研究的结构性东西很少，弹性较大。因此，实地研究的设计相较于定量研究方式的设计也更灵活。从实施的程序上看，实地研究设计一般从选择研究背景开始，进而选择合适的研究环境，思考如何获准进入研究地点并与调查对象建立良好的关系。紧接着是最重要的环节，即资料收集方式的设计，主要是对参与观察法和无结构访问法的设计。因为观察和访谈是实地研究最常见的两种收集资料的形式。由于此环节涉及的都是实实在在的人，出现变化或意外的风险也较大，所以研究者要注意处理好细节的设计，如具体的观察方法、访谈方法、观察者的角色和记录方式等设计都要反复斟酌。最后，相较于实验研究、调查研究和文献研究，实地研究发生伦理问题的风险更大，其中较为常见的问题有欺骗和泄密等。因此，在做实地研究设计时，研究者要始终贯彻对研究对象的无伤害原则和保密原则。

(四) 实地研究设计的案例

这里举一个运用实地研究方式开展研究的成功案例，以具体说明实地研究设计的若干要点。

1. 研究问题与背景

过去 20 多年间，中国的信息与通信技术产业迅猛发展，尤其是互联网经济实现了爆发式增长。互联网产业不仅改变了亿万人的生活方式，而且创造了大量新职业与岗位。在高度市场化的互联网行业，青年劳动者在企业间的流动已成为互联网行业中雇佣关系的常态。在此背景下，李晓天利用实地研究方法，撰写了"当'流动'成为'常态'：互联网行业青年劳动者的职业选择②"一文，对互联网时代青年职业选择问题展开研究。

2. 研究设计

该研究对实地研究过程进行了较为详细的说明：该研究的经验数据来自 2018～2020 年间作者对 98 位互联网行业青年劳动者的半结构式访谈(其中包括 3 个非正式访谈)。这些访谈对象通过作者的田野调查、个人社交网络、滚雪球和线上招募等方式获得。受访

---

① 劳伦斯·纽曼. 社会研究方法：定性和定量的取向[M]. 5 版. 郝大海, 译. 北京：中国人民大学出版社，2007.
② 李晓天. 当"流动"成为"常态"：互联网行业青年劳动者的职业选择[J]. 中国青年研究，2022 (6)：5-13, 19.

者的工作地点包括北京、深圳、上海和杭州，所有受访者都有在互联网行业工作或实习的经历。受访者普遍拥有大专及以上学历，其中不乏国内名校毕业生和海外留学归国人员，反映了互联网行业劳动者相对年轻、受教育程度较高的特征。访谈以面对面或电话访谈形式进行。在 2018~2019 年，因为受访者在其他城市或受访者主动要求，有 15 个访谈采取了电话访谈形式(15/75)；2020 年，受特殊情况的影响，大部分访谈(21/23)以电话形式进行。访谈话题涵盖了受访者的工作经历、日常工作体验、职业规划与性别差异等议题。所有访谈均在受访者同意的情况下录音并全文转录。引文经过作者的编辑以方便阅读，作者还改动了受访者信息的一些细节，以保证匿名性。

3. 研究结论

此项研究揭示了青年劳动者如何借助"自我为企业"的比喻理解流动对职业发展的意义。在这种认识下，特定的工作经历，特别是巨头企业中的工作不再被视为"稳定就业"的选择，而是提升个人"可雇佣性"的手段，最终指向劳动者更高的市场价值。但是高度市场化预示着长期职业发展的高度不确定性，劳动者同时考虑以退回体制内工作(逃避市场化)和自主创业(高度市场化中的成功)两种方式应对这种高度不确定性。

五、文献研究设计

(一)文献研究的概念及其特征

文献研究又称非介入性研究或无回应性研究，很多人会将它简单地定义为通过对现有文献资料的收集、整理并对研究的内容、框架、思路进行分析、总结的研究方式。事实上，文献研究是指包括内容分析、二次分析、现存统计资料分析等在内的，利用各种信息资料进行系统的且主要是量化的研究方式的总称[1]。一般而言，文献研究主要是利用各种信息载体或二手资源进行分析，研究者的研究行为不会和社会成员发生直接联系。所以，文献研究具有非常明显的间接性、无干扰性和无刺激性。马克思的《资本论》、美国社会学家托马斯所作的波兰农民的研究等都采用了大量的文献研究[2]。相较于其他研究方式，文献研究具有不受研究对象的反应影响、涵盖范围广、所含信息量大、设计成本低廉以及适于作历史纵贯分析的明显优势。可以说，文献研究是作为社会研究以及科研课题极其重要的一部分而存在的。

(二)文献研究的适用研究问题

文献研究有不同的类型，当前社会研究者较为常用的文献研究方法有内容分析、二次分析和现存统计资料分析。其中，内容分析的适用面最广，一般用于研究那些跨越一段社会时期的社会现象或不同时期中某一社会现象的变化，还适合研究在报刊、网络论坛等大众传媒中有着大量记载、反映和传播的社会现象和问题。例如，中国学者谭深运用百余封书信对"打工妹"的关系网络、转厂、寄钱回家、情感和婚姻、对外出的看法

---

[1] 风笑天. 社会研究设计与写作[M]. 北京：中国人民大学出版社，2014.
[2] 李志，潘丽霞. 社会科学研究方法导论[M]. 重庆：重庆大学出版社，2012.

五个话题进行了内容分析，特别注重性别的分析角度，指出了"打工妹"的处境、经历和态度形成中的性别原因①。二次分析方法的发展得益于互联网时代下各种数据库资源的开发与应用，因此，只要是存在合适的原始调查数据的研究基本上都适用于二次分析法。现存统计资料分析主要应用于需要研究者采用或挖掘政府报告或大型科研组织的信息等相关研究。例如，法国社会学家涂尔干对自杀的研究就是利用官方自杀统计资料进行学术研究的典范。

(三)文献研究设计的一般步骤

文献研究的方式不同，其设计步骤也不同。其中，内容分析方法的设计与上述调查研究设计类似，也是从明确研究问题开始，根据研究目的，确定要查找的文献和所选取样本量并进行抽样设计。由于一般的内容分析涉及的文献数量都很大，难免会出现研究者混淆文献内容的问题。因此，研究者在这一过程的设计中需要注意区分分析单位和抽样单位。同时，一般的内容分析还会涉及文献的编码，所以在设计中，研究者还要时刻关注编码的对象、方式和质量等方面的问题。紧接着设计文献收集、录入的方式和整理分析文献的方式。与之相比，二次分析与现存统计资料分析的设计步骤就相对简单了。首先，确定研究的问题，再从研究的问题中导出或确定研究的关键变量，然后去现有的数据库，或政府、行业协会、学术团体以及科研机构所编纂的各种报告中收集相关资料，进而利用各种统计方法对数据资料与变量间的关系进行比较分析或统计分析，最后得出研究问题的结论。

(四)文献研究设计的案例

这里举一个运用文献研究的方式开展研究的例子，以具体说明文献研究设计的若干要点。

1979年，中国产生特定计划生育政策标记的"独生子女"。据统计，1979年全国首批独生子女人数就达到610万人。到2015年"全面二孩"政策实施、独生子女政策结束时，全国已有0~44岁的独生子女人口2亿左右。40多年来，国内不同学科的学者分别从各自专业的特定视角出发，围绕着一代独生子女及其父母所面临的以及产生的各种现象和问题，开展了广泛深入的研究。有学者著文"一个时代与两代人的生命历程：中国独生子女研究40年(1980—2019)②"，对学界针对独生子女现象及问题的探讨进行了文献研究。

1. 研究问题与意义

回顾40年来学术界伴随两代人的生命历程所开展的主要研究，总结现有研究的结论和成果，对于在刚刚到来的"后独生子女时代"中，依旧存在，但在性质、内涵、特征

---

① 谭深. 打工妹的内部话题——对深圳原致丽玩具厂百余封书信的分析[J]. 社会学研究，1998(6)：63-73.
② 风笑天. 一个时代与两代人的生命历程：中国独生子女研究40年(1980—2019)[J]. 人文杂志，2020(11)：22-36.

等方面却有所不同的独生子女人口及其问题，开展相关的研究，无疑具有重要的参考价值和借鉴意义。

2. 文献收集及学科分布

（1）文献收集。作者利用中国知网（CNKI）对1980～2019年这40年之间发表的、题目包含独生子女的中文论文进行检索，共得到论文数量为2055篇，年均51篇。文献大体上可以分为三个大的阶段：1980～1993年为第一阶段，论文发表数量为210篇，年均15篇，是独生子女研究的起步阶段；1994～2005年为第二阶段，共发表论文686篇，年均57篇，几乎是第一阶段年均发表数量的4倍，形成了独生子女研究的第一个小高峰；2006～2019年为第三阶段，发表论文的数量达到了1159篇，年均高达83篇，形成了独生子女研究的第二个更大的高峰。

（2）文献的学科分布。统计中国知网的相关数据表明，40年中，大量的研究主要来自社会学、教育学、医学、心理学以及体育学5个学科。这5个学科总共发文1876篇，占全部论文数量的91.3%；特别是社会学和教育学这两个学科，总共发文1283篇，占全部论文总数的62.4%。

3. 文献研究的内容

40年来，学术界对独生子女的研究伴随着其生命历程的发展主要集中在以下几个大的方面。

（1）独生子女的个性特征。早期绝大多数的研究结果认为，独生子女在智力、身体、性格特征、行为习惯等方面都与同龄多子女之间存在明显差别。而20世纪80年代后期至90年代的一些研究结果则表明，学龄期、青少年期以及青年期的独生子女与同龄多子女在个性特征、学习成绩、认知发展、健康状况等众多方面都不存在显著的差别。二者之间的相同之处也远多于不同之处。

（2）独生子女的教育。研究范围"从独生子女的早期教育、学前教育、小学教育、家庭教育，直到一些更专门的方面，比如独生子女的品德教育、智力开发、不良行为防止、义务感和责任感的培养等"；从早期的"独生子女是不是小皇帝"的提问，到"教育好独生子女的关键在于教育他们的父母"的呼吁，一直到后期有关高等教育中的独生子女问题等，研究内容几乎涉及教育学所涵盖的所有方面。

（3）独生子女的社会化。学术界对独生子女社会化问题的关注和研究，来自相互联系的两个方面：一是心理学对于独生子女性格特征、教育学对于独生子女认知发展的关注；二是早期心理学、教育学对于独生子女与非独生子女之间差异性问题的探讨。

（4）大学中的独生子女。研究者关注的一个主要问题是，对于在特定家庭环境和特定教育方式下成长起来的第一代独生子女来说，当他们进入大学校园之后，面对生活环境的变化以及大学生活中的各种压力和困难，他们是否会产生一些心理问题？更直接地说，他们的心理健康状况究竟如何？与非独生子女相比，他们在各方面的表现是否更差？等。

（5）独生子女的职业、婚姻与生育。学术界关于独生子女就业问题的研究相对较少，对独生子女婚姻问题十分重视，同时，进入21世纪以来，生育问题也成为独生子女研究中的一个新热点。

（6）独生子女的社会适应与社会评价。进入21世纪以来，随着一代独生子女普遍进入成年期并踏入社会，社会舆论和学术界也开始关注他们的社会适应问题，开始评价他们作为社会成员的种种表现。

当然，除了独生子女以外，学界对独生子女父母展开相关研究，内容主要囊括以下几个方面。

(1) 生育意愿与父母角色。目前学界公开发表的有关第一代独生子女父母的生育意愿的系统研究结果相对较少。研究结果显示，有生两个孩子的愿望，但却采取了只生一个孩子的行动，这是我国这一代独生子女父母的生育意愿和生育行为。

(2) 养老保障。随着我国人口老龄化进程在改革开放时代的迅速发展，老年人口的养老保障问题在社会学、人口学等领域中早已成为学者们研究和探讨的一大热点。而在这种探讨中，独生子女父母的养老问题同样吸引了不少研究者的目光。特别是独生子女父母终身只有一个孩子的现实，使得学术界对他们养老问题的特殊性、养老条件的极端性有了更多的认识。

(3) 居住方式与代际关系。独生子女父母养老保障中的另一个主要方面涉及他们的居住方式或居住安排。这种居住方式既是独生子女父母养老方式的集中反映，同时还在一定程度上反映出他们与子女之间的代际互动、代际支持和亲子关系。

(4) "失独"问题。对于"失独"现象，学术界的研究较多地把重点放在了如何制定相关政策措施来帮助这些"失独"父母的问题上。

4. 研究不足与展望

从研究现状来看，围绕独生子女问题的研究目前存在研究相互之间缺少必要的借鉴、补充和积累，在比较研究中缺乏对重要变量的控制，对农村独生子女相关现象和问题的研究十分薄弱等不足。

展望未来，随着中国进入"后独生子女时代"。应该看到，在这一新的"后独生子女时代"中，一方面依然存在着从0岁至40多岁不同年龄、总规模不小于1.7亿、且今后还会逐渐增加的独生子女人口；另一方面，这种大量存在的、具有三种不同性质的独生子女人口也会不断地孕育着新的、同样值得研究和探讨的独生子女问题。

第四节 文献利用与科研选题

一、文献概述

(一) 文献的定义

1983年，我国在《文献著录总则》(GB 3792.1-83)中对文献进行了定义，认为文献是指记录有知识的一切载体。可从以下两个方面对这一概念进行理解。首先，记录知识是文献的前提，而非记录知识的其他载体则不能称为文献。此外，文献对知识本身并没有限制，可以包含人类文明的所有知识。其次，一切载体说明记录知识的载体不是唯一的，而是有多种，如竹、纸、金属、磁盘、电子产品等。由于简洁、概括性强，这一定义目前引用广泛，被社会普遍接受。

除了我国对文献进行了界定之外，国际标准化组织在《文献情报术语国际标准（草案）》（ISO/DIS5217）中对文献（document）也进行了界定，认为文献是指在存储、检索、利用或传递记录信息的过程中，可作为一个单元处理的，在载体内、载体上或依附载体而存储信息或数据的载体。这个定义认为，文献是产生在存储、检索、利用或传递记录信息的过程中，本身可作为一个完整单元的各种载体。需要指出的是，国外对于文献一词除了 document 之外，还有 literature。其中，document 除了有文献含义之外，还有"文件"的含义，因此，document 除了印刷品以外，还包含其他的文字记录，如碑文、古币图文等；相较于 document 而言，literature 一般只指书刊资料。

总之，文献的内涵不是固定不变的，而是在不断地变化。从最初的文章贤才，向典籍、贤才双解转变，再逐步缩小至图书资料，再到当代的记录知识的载体。这种变化一方面体现了人们对文献本质认识的逐步深化；另一方面也反映了科学技术进步对文献发展的影响。

（二）文献的组成要素

无论文献的知识类别、形式如何变化，文献本身都包含三个最基本的要素，分别是文献记录内容、文献标记符号以及文献知识的记录载体。其具体内涵如下。

1. 文献记录内容

文献记录内容是指记录在载体上的一切知识，这些知识可包含一切人类文化知识。文献记录内容是文献的前提条件，也是文献的核心。

2. 文献标记符号

文献标记符号是指可表示知识信息本身的标识符号，诸如文字、图形、数字、音频、视频、编码等。

3. 文献知识的记录载体

文献知识的记录载体是指知识信息、标记符号记录、传播的物质材料，诸如龟甲兽骨、竹简、绢帛、纸、胶卷、胶片、光盘、硬盘等。

（三）文献的功能

文献不仅是人类知识信息记录的表现形式，同时也是人类知识信息传播的重要手段，对于人类社会发展而言，其功能明显，具体体现在以下几个方面。

1. 存储功能

知识信息是人类发展历程的再现，是人类文明发展进步过程的重要体现。文献是存储知识信息的最基本形式，是学习和研究的物质基础。依赖不同载体记录知识信息的文献，其存储的功能明显。虽然存储形式、载体不同，但文献利用人类共同的信息符号所做的知识信息存储，不仅能提升知识信息的存储容量、延长知识信息的存储时间，而且能够增强知识信息的共享性。因此，文献具有显著的存储功能。

2. 传递功能

知识信息只有在传递过程中才能体现自身的价值。而文献本身就是知识信息传递的重要渠道。文献传递不仅有纵向传递，也有横向传递。文献纵向传递是指由远及近，人类知识信息不断累积的过程；文献横向传递是指同一时期，不同地区之间知识信息的传递，这种传递是人类共享优秀文化、知识的重要途径。因此，文献具有明显的传递功能。

3. 评价功能

对于科研工作来说，文献既是科研工作开始的基础——通过文献回顾、评价，发现已有的研究内容、方法、不足等，是进一步开展研究的基础，也是评价不同学者、地区、国家的科研水平高低的重要指标。文献本身是科研成果最主要的表现形式，不同学者、地区、国家的科研水平可以从出版时间、发表的文献得到查验，且研究成果的重要性可以通过文献自身等级以及文献的影响加以确认。因此，文献具有重要的评价功能。

(四)文献的种类

按照不同的属性，文献存在多种划分类别，具体而言可按照信息加工层次、出版形式和公开程度进行划分。

1. 按照信息加工层次划分

按照信息加工层次，文献可划分为如下类别。

(1)零次文献：未经过加工整理、记录在非正规的物理载体上，未经过开发利用的文献。诸如书信、笔记、手稿、考察记录、实验记录等。这类信息一般属于零星、分散、无规则状态；属于最原始、未经开发利用的资料。

(2)一次文献：记录在正规载体，经过一定整理加工的信息，是个人创作的原始信息，具有创造性、新颖性的特点。诸如科研论文、专著、研究报告、专利说明、技术标准等。

(3)二次文献：是指通过检索工作，将分散、无序的一次文献按照一定的内容进行加工、编辑，形成系统性的文献，以利于作者通过书目、题录、文摘、索引等途径进行检索，有利于作者对一次文献进行快速定位。

(4)三次文献：在二次文献的基础上，根据不同的目的，快速选择一次文献，进行综合、分析、述评而形成的文献形式。三次文献因此具有很强的概括性，是进一步研究的基础。三次文献主要有文献综述、述评、数据集、年鉴等。

2. 按照文献出版形式和公开程度划分

按照文献的出版形式和公开程度，可划分为如下类别。

(1)白色文献：正式出版并公开流通的文献。这类文献多通过出版社、书店等正规渠道发行、销售，人人均可利用。诸如著作、报纸、期刊等。

(2)灰色文献：非公开发行的内部文献或限制流通的文献。一般而言，由于非公开发行以及流通受限，这类文献一般发行量小、不易收集。诸如会议文献、专利文献、学位论文、技术标准、科技报告等。

(3)黑色文献：这类文献包含两种形式，一是尚未掌握的古老文字等；二是处于保密状态或者不愿公布其内容的文献，诸如保密档案、个人日记、私人信件等。

二、文献检索

(一)文献检索的概念与类型

1. 文献检索相关概念

(1)文献检索。文献检索狭义上是指查找文献的过程；广义上是指将文献按照一定规律排列、存储，并查找出符合特定需要的文献的全过程。因此，从广义的角度看，文献检索不仅包含对文献的查找，还包含对文献的整理与存储。

(2)文献信息检索。文献信息检索是指将文献信息按照一定的方式组织和存储起来，针对用户的特定需求查找出所需要的文献信息的过程。文献信息检索可从广义、狭义两个层次来理解，广义上文献信息检索包含文献信息的存储和检索；狭义的文献信息检索仅指文献的检索，即从文献信息系统中查找出所需文献信息的过程。

(3)文献信息检索的语言。文献信息检索语言是指根据文献信息的加工、存储和检索的需要而编制的专门语言。它是在文献信息加工、存储和检索过程中可以通用的一种语言体系。从广义上来看，文献检索不仅包含对文献的查找，还包含对文献的整理与存储。在这个过程中，检索语言在不同阶段起着不同的连接作用，有助于文献检索人员准确、全面、迅速地从检索系统中查找到需要的文献资料，使得文献的存储与检索顺利进行。

2. 文献信息检索的类型

根据文献信息检索的目的、对象、结果的不同，文献信息检索可分为文献检索（书目检索）、数据检索、事实检索、全文检索、概念检索等。

(1)文献检索（书目检索）：检索的结果是关于某主体知识的文献线索，它通过二次文献，包括传统的以纸张为载体的文献，通过现代计算机检索系统，找出所需要的一次、三次文献。

(2)数据检索：满足查找所需数据的检索过程，如社会经济发展数据、人口数据、空间数据、观测数据等，也包括图标、图谱等非数字数据。按照某些原则、需要筛选后，这些数据可用于定量分析。

(3)事实检索：针对特定事实开展的检索过程。事实包含大量的社会事件、历史事件、科学事件等。诸如我国在哪些高科技方面取得了突破，以及发生的具体时间等。

(4)全文检索：对所需要文献的全文进行检索的过程。诸如期刊文章全文、电子书全文、报告全文等。

(5)概念检索：指查找特定概念的含义、作用、原理或者使用范围等的解释性内容或说明。最常见的概念检索通过查找字典、词典、百科全书、目录、手册、指南等参考工具来实现。

(二)文献检索的方法

文献检索方法整体可分为常用方法、追溯法和循环法。

1. 常用方法

常用方法又称为直接法，即直接利用检索工具查找文献的方法。具体而言，常用方法包含顺查法、倒查法和抽查法。

（1）顺查法：按照时间顺序由远及近查找文献信息的方法。如了解某一问题的起源、发展、现在的状态和水平。这种方法一般针对某一专题文献。

（2）倒查法：从时间上看，该法与顺查法相反，由近及远，从新到旧，逆时间顺序查找文献的方法。如课题查新时，需要查找感兴趣课题是否有人做过相关研究，如果没有，则继续向前查找。

（3）抽查法：针对某些主题的特点，选择该主题文献可能出现或集中出现的时间段，利用检索工具进行重点抽查。如我国医养结合的养老模式问题是近期出现的热点问题，想查找相关文献在时间上可集中在最近几年。

2. 追溯法

追溯法是指不利用文献检索系统，而是根据文献后面所列的参考文献，追溯查找相关文献。然后根据所追溯查找的相关文献后所列的参考文献，进一步扩大文献的检索范围，逐步追查文献的方法。

3. 循环法

循环法又称为分段法或综合法，分期、分段使用直接法和追溯法，克服这两种方法的不足，集中这两种方法的优点，相互配合，取得更好的检索结果。

(三)文献检索的一般程序

总体而言，无论是手工检索还是利用计算机等工具检索，文献信息检索的程序都相同。一般而言，包含分析检索课题、制定检索策略、试验性检索和修改、正式检索、对检索结果进行整理说明。

（1）分析检索课题：需要明晰课题的目的和意图，分析课题涉及的学科范围、课题的主要内容、课题需要文献的种类（如期刊文章、著作、时间、语言等）。

（2）制定检索策略：包括选择检索的方式、选择检索的数据库、检索方法、检索表达式等。

（3）试验性检索和修改：在上述工作的基础上，进行试验性检索，根据检索的结果对上述工作进行修改。

（4）正式检索：根据修改后的检索策略，选择检索的方法、数据库等，对文献进行正式检索。

（5）对检索结果进行整理说明：对检索结果进行阅读、分类整理，并对相关内容进行总结、说明。

三、重要检索系统的介绍及其使用

随着计算机技术的发展与进步，目前，依托计算机构建的数据库已经成为文献储存载体以及检索最重要的途径与方式。本节重点介绍两个文献数据库(CNKI、SSCI)及其使用方法。

(一)CNKI 数据库简介与使用

1. CNKI 数据库简介

CNKI 即中国期刊全文数据库，是主要的中国学术全文数据库之一。CNKI 是由清华同方光盘股份有限公司、中国学术期刊(光盘版)电子杂志社、光盘国家工程研究中心于1999年共同研制开发的知识信息化建设项目。截至2021年，该数据库共收录8000多种期刊、500余种报纸、470多万篇博士/硕士论文、256.8万篇中国会议文献等。其中博士/硕士论文、会议论文及部分数据库为一次出版，期刊、图书、报纸等为二次出版。

CNKI数据库以学科分类为基础，将数据库中的文献分为10个专辑，每个专辑下分为若干个专题。其中，包含基础科学、工程科技Ⅰ、工程科技Ⅱ、哲学与人文科学等10个专辑和168个专题文献数据库。

收录年限：1994年至今(部分刊物收录至创刊，部分刊物收录至1979年)。

文献形式：网上包库、镜像站、光盘等。

更新频次：数据库每日更新，专辑光盘每月更新，专题光盘每年更新。

2. CNKI数据库使用

1) CNKI数据库登录

登录网址：http://www.cnki.net/，进入CNKI首页(图2-1)。由于CNKI的全文数据库均为收费检索数据库，只有购买数据库使用权的用户才可以登录数据库进行全文检索下载。在登录页面右上角有登录框，输入账号和密码，点击登录，然后进入搜索栏，进行文献检索。

图2-1 CNKI首页

在登录框下方有文献搜索框，在文献搜索框下方，有学术期刊、学位论文、会议、报纸、年鉴、专利、标准、成果、图书等不同的数据库可供检索者根据检索需要进行选择。需要强调的是如果选择文献检索，则检索的文献包括学术期刊、学位论文、报纸等数据库的文献，而学术期刊、学位论文、报纸等数据库则互不包含，期刊数据库只包含所收录期刊发表的文章；学位论文只包含收录各高校优秀的硕博士毕业论文；报纸数据库只包含收录报纸所发表的文章。

2) CNKI数据库文献检索

简单检索：进入CNKI首页，找到检索栏。检索栏左侧有文献分类，可以选择全部文献，也可以单选某个特定的文献类型，在文献分类右侧是检索词类别的选择，主要有主题、关键词、篇名、全文、作者、单位、摘要、被引文献、中图分类号、文献来源。其中，主题是指文献所涉及的主体要旨；篇名是指文献的标题；全文包含该篇文献的全部文字；作者是指该篇文献的原创人；单位是指文献作者所在的单位；摘要是指文献中的摘要部分；被引文献是指被其他文献引用的文献；中图分类是指文献内容所属的类别；文献来源是指该文献由何刊物发表，如某文献由《中国社会科学》杂志发表，则该文献的来源即为《中国社会科学》杂志。此外，在检索词右边的空白框内，填写某检索词类别中的检索词。选择好以后，点击"检索"，进行文献检索。

例如，检索篇名为"文献检索"的文献。首先选择全部文献分类；其次，文献检索词类别选择篇名；检索框填入"文件检索"，点击右侧的"检索"，检索结果如图2-2所示。

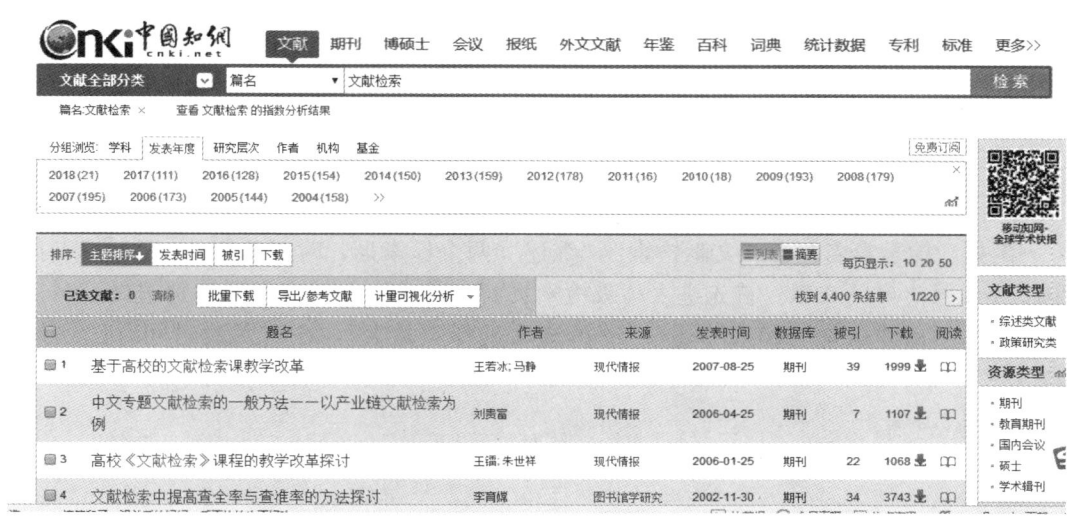

图2-2 简单文献检索结果页面

高级检索：在登录页面检索栏的最右边，有"高级检索"选项（图2-1）。点击"高级检索"选项后，进入高级检索页面（图2-3）。高级检索页面主要包括检索栏、发表时间、文献来源、支持基金等不同检索条件框。其中检索栏与简单检索状态下相似，但多了词频、逻辑词选项，词频是指该检索词出现的频率；逻辑词包含"并含""或含""不含"三种，"并含"是指前后两个检索词需要同时出现，"或含"是指前后两个检索词出现一个即可，"不含"是指不包含后一个检索词。需要强调的是在检索栏的最右侧有"精确""模糊"两个选项，其中"精确"是指与检索词完全吻合；"模糊"是指包含检索词部分内容即可。"发表时间"选项是指设定文献检索的时间段。"文献来源"与上述文献来源的含义一致。"支持基金"是指该文献受资助的基金项目。检索条件设定好之后，点击高级检索页面右下角"检索"，对文献进行高级检索。

图 2-3 高级检索页面

例如，检索篇名包含"文献检索""综述"两个检索词，时间从 2000 年 1 月 1 日到 2018 年 1 月 1 日的文献。首先进入高级检索页面；其次，文献检索词类别选择篇名；检索框填入"文件检索"和"综述"，逻辑选项选择"并含"，在"发表时间"选项选择 2000 年 1 月 1 日到 2018 年 1 月 1 日，点击右下侧的"检索"，检索结果如图 2-4 所示。

图 2-4 高级文献检索结果页面

3) CNKI 数据库文献检索结果下载与打开

CNKI 数据库中文献包含 CAJ 和 PDF 两种打开格式，在打开之前，需要下载 CAJ 和 PDF 两种文献格式打开的软件。

在检索结果中，点击相应的文献，在该文献打开页面的下方有 CAJ 和 PDF 两种下载方式(图 2-5)，可根据需要进行下载。

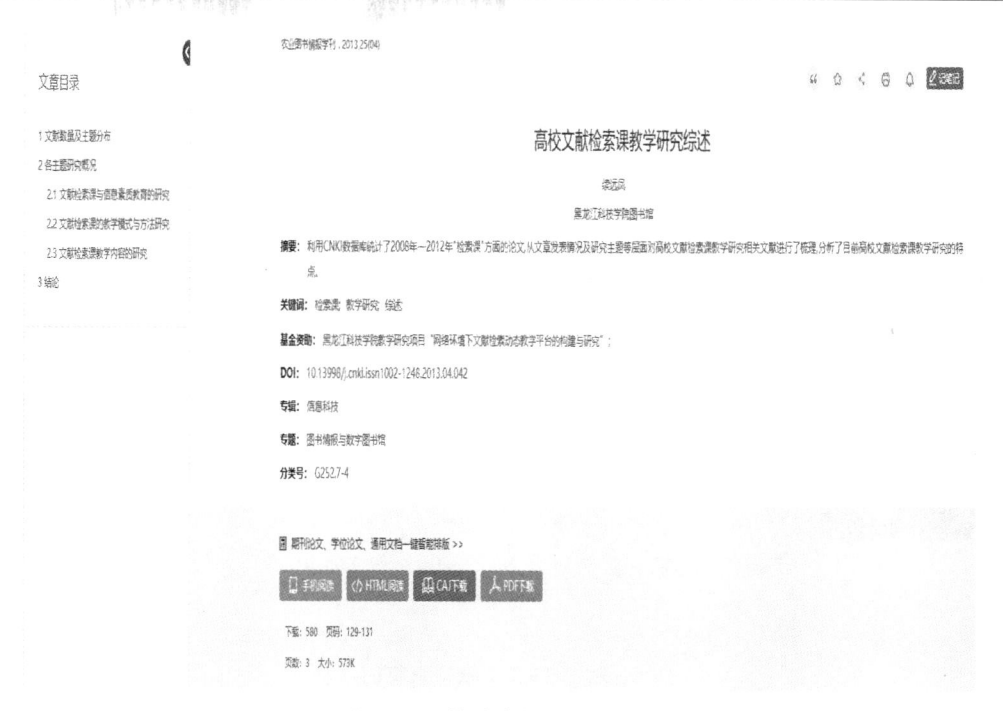

图 2-5　文献检索结果打开页面

双击已下载的文献，打开文献（图 2-6）。

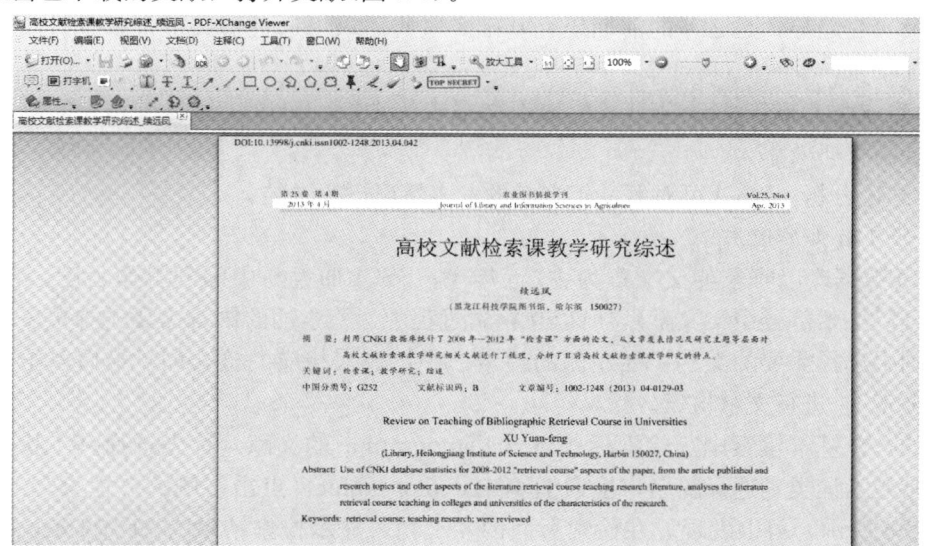

图 2-6　文献打开页面

(二)SSCI 数据库简介与使用

1. SSCI 数据库简介

美国信息科学研究所于 1956 年编制的社会科学引文索引（social science citation index，SSCI），截至 2022 年，已收录 3400 多种人文社会科学领域中全球最顶尖的刊物。

这些刊物涵盖政治学、心理学、人类学、历史学、教育学、法学等 50 多个分支学科。近年来，为了推广在中国的使用，SSCI 数据库增加了汉语版检索页面。输入网址：http://www.webofknowledge.com/，打开检索页面（图 2-7）。

由于 SSCI 选刊的严谨性，目前，SSCI 收录期刊上发表的文献，以及文献的被引用频次，成为反映科研水平的重要评价指标。

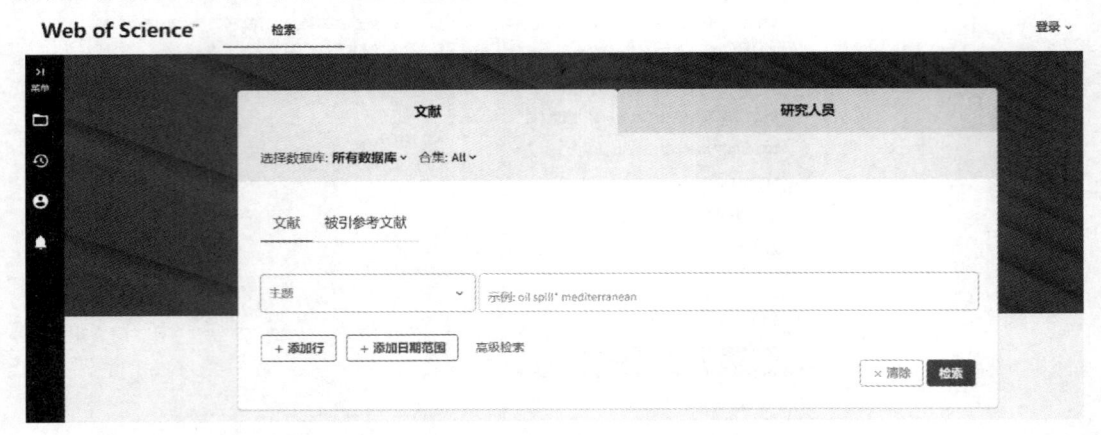

图 2-7　SSCI 文献检索页面

2. SSCI 功能说明

（1）掌握研究课题的研究趋势。无论是论文写作还是科研项目开展，掌握课题的研究现状以及研究趋势，是必备的前期研究基础。这些需求可通过引文报告或分析年度论文发表情况获得。

（2）生成引文报告。SSCI 具备生成引文报告的功能，可以快速提供相关问题的研究趋势，提高科研效率。

（3）结论分析。SSCI 可对每一年文献的发表情况进行总结。

3. SSCI 数据库使用

SSCI 数据库以收录英文文章为主（近年来，SSCI 加大与中国的合作力度，在 SSCI 系统中可以检索部分中文文献），所以在检索过程中，检索词的语言需要选择英文，在检索词类别中选择需要的类别，在左侧的检索框中，输入相应的检索词，最后点击页面右侧的"检索"，进行文献检索。

例如，在基本检索中，检索标题包含 demographic 的文献。首先选择基本检索；其次，文献检索词类别选择篇名；检索框填入 demographic，点击右侧的"检索"，检索结果如图 2-8 所示。可以发现，在检索页面的左上角，显示检索结果为 21 776 条，表明篇名中包含 demographic 的文献有 21 776 条。在每一条文献中，都包含作者、期刊、卷（期）、页、出版时间等要素，还包括"出版商处的全文""查看全文""查看参考文献"等选项。此外，在检索结果右侧，有检索结果的排序方式（包含文献出版的日期、被引频次、使用次数以及相关性等选项），可按照实际需要对检索的文献进行排序筛选。

图 2-8 SSCI 检索页面

在检索结果页面的最右侧，有分析检索结果的选项。点击分析结果选项，SSCI 可对文献的检索结果进行分析。在分析结果中，可按照研究方向、出版年、数据库、文献类型、作者、国家/地区、来源出版物名称等属性进行分析，分析结果见图 2-9。

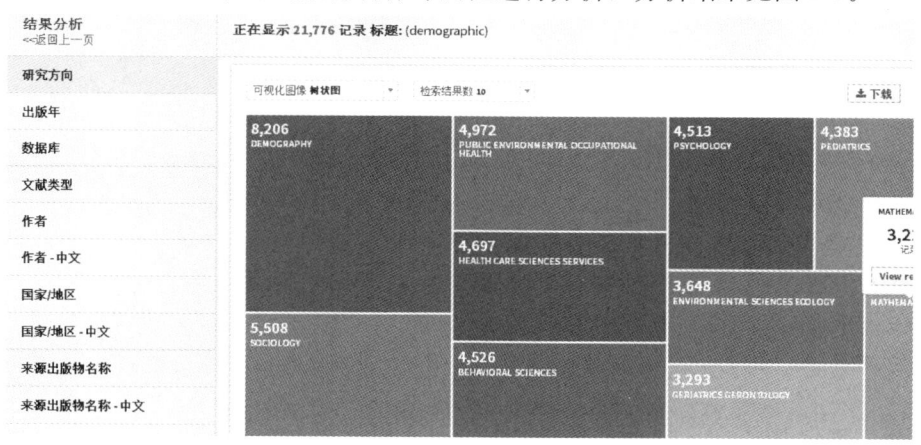

图 2-9 分析检索结果页面

四、文献回顾与选题

文献回顾是对到目前为止与某一问题领域相关的各种文献进行系统的查阅和分析，以了解该领域研究状况的过程，是社会研究过程中的前期任务之一。

文献回顾与课题选择的关系：发现感兴趣的现象或问题领域—较宽泛地查阅相关的文献—初步确定研究问题—进一步查阅更为相关的文献—进一步明确研究问题。

文献回顾的意义：帮助研究者熟悉和了解本领域中已有的研究成果；提供参考思路和研究方法；为解释研究结果提供背景资料。

文献回顾的方法：一是文献查找方法，中文论文利用《中国图书馆分类法》，英文论文使用 Social Science Index(SSI，社会科学索引)，专业索引如 Sociological Abstracts(社会学文摘)，Social Science Abstracts(社会科学文献摘要)，Social Science Citation Index

(SSCI，社会科学引文索引）。中文论文还可采用《全国报刊索引》（哲学社会科学版）、中国人民大学《复印报刊资料》进行查阅。在数字图书馆运用计算机进行查阅的方法，可以输入主题、关键词、题目、摘要、发表时间等条件进行文献检索。运用统计资料、统计年鉴、资料手册、档案材料查找文献，这里的文献不包括大众传媒如报纸、通俗杂志、电视评论；二是文献选择方法，要考虑三个因素：与自己研究课题的相关性；文献发表时间；文献的学术影响；三是文献阅读方法，重点关注每个研究的理论框架和研究背景，关注文献采用的研究方法，关注文献研究得出的主要结果；四是文献评价方法，要对既有文献做出自己的评价，从中确定自己的研究问题和研究方向，为后续调查设计奠定基础。

【思考与练习】
(1)科学研究的一般程序是什么？如何进行科研准备？
(2)科研选题的途径和方法分别有哪些？
(3)研究设计包括哪几种类型？
(4)文献检索的方法包括哪些？
(5)尝试使用 CNKI、SSCI 数据库检索文献。

第三章 社会调查方法

教学目标

通过本章的学习，使学生了解社会调查方案设计过程，把握调查方案内容构成及相关要求；熟悉各抽样方式特质，并能结合实际进行选取；了解测量相关概念，结合实例提升概念操作化实践能力；区分效度、信度概念，对测量结果进行检验；记忆问卷结构及相关设计要求内容，学会问卷设计具体方法。

教学重点和难点

- 社会调查方案设计
- 抽样方法
- 效度
- 信度
- 测量结果检验
- 问卷内容的设计

人类社会是一个具有复杂结构的有机体，目前人们探索出认识社会的四种研究方式，即实验研究、调查研究、实地研究、文献研究，每种研究方式都具有各自内在逻辑、优缺点和使用场合，需要扬长避短，相互补充。其中的调查研究方式通称为社会调查方法。本章重点对调查研究方式即社会调查方法进行介绍，目的是让文科大学生学习和掌握开展社会调查所需要的基本知识和方法，为科技创新奠定坚实的方法基础。

第一节 社会调查概述

一、社会调查的定义和特征

社会调查是一种采用自填式问卷或结构式访问方法，系统地、直接地从一个取自某种社会群体的样本那里收集资料，并通过对资料的统计分析来认识社会现象及其规律的社会研究方式。抽样、问卷、统计分析是社会调查的三个基本元素。

洪大用等[①]在研究空气污染诱致的居民迁出意向分异问题时,设计了"北京居民雾霾认知与行为反应"调查问卷,调查采用电话调查的方式,以工业和信息化部(简称工信部)提供的全国手机号段数据库为抽样框,对机主登记为北京市范围内的所有移动电话按号段(前三位号码)进行抽样。抽出有效号码600个,实际完成308个有效访问,应答率为51.33%。首先描述北京居民感知到的雾霾危害,接着对居民雾霾诱致的迁出意向分异作影响因素分析,最后基于对人的主体性和能动性以及环境风险变化动态性的关注,尝试发展关于环境移民研究的新视角即绩效期待理论,并讨论了政府环境政策与移民的关系问题。从这个研究可以看出社会调查的要素及特征。社会调查包括三个要素:一是选取有代表性的调查对象,也就是要通过抽样从总体中产生样本;二是制作资料收集工具——问卷;三是利用计算机统计软件对资料做定量分析。

社会调查的特征如下:从方法论角度看,社会调查以实证主义方法论为指导,在本质上属于一种定量研究方式;从时间角度看,社会调查收集一个时点上的数据,探讨这个时点上不同变量之间的关系,是一种横剖研究。这两个特征使社会调查区别于其他三种研究方式,并在社会研究的多个领域得到广泛运用。

二、社会调查的类型和题材

(一)社会调查的类型

从应用领域角度把社会调查分为以下五种类型。

(1)社会生活状况调查。社会生活状况调查是聚焦于某一时期、某一社区、某一社会群体的社会生活而开展的调查,目的是了解人们日常生活的基本内容,以此综合反映一个时期、一个地区或一个群体中人们生活的基本情况。

(2)社会问题调查。在中国社会转型时期,出现了较多社会问题,如青少年犯罪问题、离婚问题、吸毒问题、大学生就业创业问题、城乡统筹问题、乡村振兴问题等,通过调查,描述这些社会问题现状,探寻原因,提出治理对策。

(3)市场调查。在深化社会主义市场经济改革的时代背景下,更加重视发挥市场在资源配置中的决定性作用,为此需要瞄准市场供给侧结构变化、消费者需求变化,了解产品市场占有率、消费者群体分布与产品偏好以及广告投放效果,开展市场调查有助于掌握市场结构变化,以便更好发挥市场的作用。

(4)民意调查。在当代中国深化行政管理体制改革的背景下,需要了解民众对政府制定政策的看法,了解民众对政府部门及官员的行政效果的看法,由此使民意调查有了用武之地。

(5)学术性调查。在学术共同体开展学术研究时,掌握和应用社会调查程序和方法就必不可少,目前社会调查方法广泛应用于社会学、政治学、人口学、教育学、传播学等学科,研究者应用社会调查方法开展学术研究,提供对某类社会现象运行现状及规律的看法。

---

① 洪大用,范叶超,李佩繁. 地位差异、适应性与绩效期待——空气污染诱致的居民迁出意向分异研究[J]. 社会学研究,2016(3):1-24.

(二)社会调查的题材

题材是社会调查要涉及的主要内容，可以从以下三个方面进行理解。

(1)某一人群的社会背景资料。这种社会背景资料既包括人口统计方面的特征，如性别、年龄、职业、婚姻状况、文化程度，同时还包括调查人群的生活环境，如家庭构成、居住形式、社区特点，社会背景题材的客观性比较强。

(2)某一人群的社会行为和活动，也就是收集"做了些什么、怎么做"方面的资料。如在对成都市下岗女工的调查中，"你是否接受过再就业培训，接受了几次再就业培训""再就业培训是由哪些部门举办的""再就业培训的费用是由谁负担的""从下岗到现在，你在外面找了多少次工作""下岗前，家里承担家务情况你和丈夫相比怎么样""你和丈夫发生过激烈争吵吗""你们是否打过架"等。类似题材属于客观事实，通常构成调查研究的主体内容。

(3)调查某一人群的意见和态度，也就是收集"想些什么、如何想、有什么看法、持什么态度"的调查资料，如在成都市下岗女工的调查中，"如果你是主动下岗的，你认为主要原因是什么""你现在认为你当时选择主动下岗是怎样想的""如果是被动下岗，你认为主要原因是什么""如果是因企业改革而裁员，你认为下岗的主要原因是什么""你认为你因企业改革而下岗是否公平""如果让你对原单位领导班子进行评价，你的看法是什么"等。这类题材的主观性比较强，通常构成各种民意调查、舆论调查、社会心理调查的主要内容。

三、社会调查的优点和不足

社会调查的优点主要有：一是能够兼顾描述和解释两种目的；二是操作程序规范；三是在了解不断变动的社会现象方面具有很大的优越性；四是定量特征突出，使得社会调查的运用范围比较广泛。

社会调查与其他三种研究方式比较，存在的不足包括：一是在探讨和分析变量之间的因果关系方面不及实验研究；二是在对事物理解和解释的深度方面不及实地研究；三是在研究的反应性方面不及文献研究方式，特别是调查研究收集资料所依据的主要是被调查者的自我报告，难以真正了解社会现实中人们的行为。采用自填式问卷或结构式访谈无形中限制了被调查者对问题的回答，使获得的资料表面化、简单化，很难深入被调查者的思想深处，很难感受到回答者思想和行为的整体生活背景。

四、社会调查的一般过程

社会调查是一种标准化程度较高的研究方法，其实施有一套相对固定的程序，可以划分为以下五个阶段。

(1)选择研究问题阶段。主要任务是选取研究主题，形成研究问题。

(2)研究设计阶段。主要任务是选择解决问题的思路、策略、方式方法和具体技术，形成研究方案。

(3)研究实施阶段。主要任务是研究者深入实地接触调查对象，或设计出实验环境实施实验刺激和测量,或者收集文献资料。

(4)资料分析阶段。主要任务是对调查资料进行审核、整理、归类,然后做定量分析、定性分析。

(5)得出结果阶段。主要任务是撰写研究报告,评估研究质量,交流研究成果。

第二节　设计调查方案

一、说明调查课题的目的和意义

可以把调查目的分为探索性研究、描述性研究、解释性研究,把课题调查意义分为理论意义和实践意义。说明课题调查的目的和意义是对研究课题的动机、方向、价值等是否明确的一种检验,也是进一步帮助研究者强化和突出课题总目标,加强这一目标对整个研究过程的影响。

二、说明调查内容

调查内容是对研究目的的具体分解和细化,是落实目标的重要环节。如2014年3月中国人民大学环境社会学研究所在北京全市范围内实施了一项名为"北京居民雾霾认知与行为反应"的抽样问卷调查[①],把居民因雾霾而产生的迁出意向设计为两个问题:①您是否由于空气污染有想迁出北京的打算;②您是否由于空气污染想让子女迁出北京。

把居民对雾霾危害的感知设计为3个问题:①您觉得雾霾对您日常工作和生活造成的负面影响有多大?②您觉得雾霾对您身体健康造成的负面影响有多大?③您觉得雾霾对您心理健康造成的负面影响有多大?3个问题提供的选项均为"没有影响""影响不大""说不清""影响较大""影响很大",分别赋值为0~4分。

把居民对雾霾的行为适应细分为防护行为和减缓行为两类,并在电话访问中分别设计题项加以测量,询问受访者是否为应对空气污染采取过所列的行为,回答"是"和"否"分别计分为1分和0分。

政府治霾信心由3个问题测量:①您觉得北京市政府在雾霾监测预报和防治方面的信息公开工作做得如何?②您是否相信北京市政府真的是在下大力气解决雾霾问题?③您对北京市政府治理雾霾政策的成效是否有信心?

三、说明调查范围、调查对象和分析单位

明确调查范围就是明确调查结果所推论的总体,明确调查对象有助于选择合适的调查方法和调查工具。分析单位是研究中将被分析和描述的对象,研究的最终目的就是将这些分析单位的特征汇集起来,描述由它们组成的较大集合体或者解释某种社会现象。

---

① 洪大用,范叶超,李佩繁. 地位差异、适应性与绩效期待——空气污染诱致的居民迁出意向分异研究[J]. 社会学研究,2016(3):1-24.

研究内容是分析单位的属性与特征，是研究者所要调查与描述的具体项目。分析单位包括个人、群体、组织、社区、社会产品五种类型。要防止与分析单位有关的两种错误。第一种错误称为区群谬误，区群是指分析单位比个人大的群体、组织、社区；区群谬误是指用一种集群的分析单位做研究，而用非集群的分析单位做结论的现象。如城市的流动人口越多，城市的犯罪率越高，由此得出结论：流动人口比非流动人口的犯罪率高，这种推论就属于区群谬误。第二种错误称为简化论，简化论是用低层次特征来解释高层次特征，用局限于个人的资料解释宏观层次的现象，而忽略了其他因素和特征，如在解释地区经济差异时，只注意到各地区在自然资源方面的差异，忽略已有经济基础、教育、技术、政策等因素。一项研究应考虑到各种分析单位和各种特征，然后依据理论假设和初步考察来确定比较适当的分析单位与研究内容。

四、说明调查的理论假设

探索性研究不需要事先建立研究假设，描述性研究一般不需要建立明确的研究假设，只有解释性研究才必须事先建立明确的研究假设。如在"北京居民雾霾认知与行为反应"的抽样问卷调查中[①]，确定了以下5个有待检验的研究假设，然后运用问卷收集资料，并通过统计分析来检验假设。

假设1：与未受过高等教育的居民相比，受过高等教育的居民更可能因雾霾萌生迁出意向，且更可能考虑举家迁出。

假设2：月收入水平越高的居民越可能因雾霾萌生迁出意向，且更可能考虑举家迁出。

假设3：采取雾霾防护行为越多的居民越不可能萌生迁出意向，且倾向于不考虑举家迁出。

假设4：采取雾霾减缓行为越多的居民越不可能萌生迁出意向，且倾向于不考虑举家迁出。

假设5：对政府治霾信心越强的居民越不可能萌生迁出意向，且倾向于不考虑举家迁出。

五、说明调查方案

一是抽样设计，包括明确总体、抽样方法和程序、样本规模等要件；二是说明资料收集与分析方法，资料收集方法包括问卷法、文献法等。探索性研究主要运用定性分析方法，描述性研究主要运用描述统计和推论统计，解释性研究主要运用双变量与多变量的相关分析。

六、说明调查人员的组成与培训

一项研究课题往往需要多人合作完成，因此要组成调查小组。调查小组成员要有合

---

① 洪大用，范叶超，李佩繁. 地位差异、适应性与绩效期待——空气污染诱致的居民迁出意向分异研究[J]. 社会学研究，2016(3)：1-24.

理的分工，这种分工要根据研究课题性质、研究对象、研究问题等考虑小组成员的专业背景、性别等因素，努力使人员配置和分工符合课题研究的需要。在组成课题小组的同时，要对成员进行培训，培训内容包括熟悉调查问卷和访谈提纲，熟悉调查对象的基本情况等；可以采用模拟访问法训练调查员对于调查程序和具体方法的掌握及应用情况，为正式调查打下基础。

七、说明调查的时间进度和经费使用安排

研究者要在规定时间内完成调查任务，就要对调查时间进行合理安排和分配，按照选题—研究设计—实地调查—资料分析—撰写调查报告，把完成课题需要的时间分配到这五个环节，明确每个时间段要完成的工作，这样可以确保课题研究顺利完成，取得预期成果。调查方案中还要对经费使用进行安排，按照资料费、印刷费、差旅费、数据采集费、劳务费、专家咨询费等预算支出科目，合理预算经费。

第三节 抽 样

一、抽样的含义与作用

抽样调查中的抽样是按照一定方法和程序从总体中产生样本的过程。样本就成为直接调查收集资料的对象，依据样本资料去推论总体，得出关于总体的情况，为此需要明确与抽样有关的几个概念。

(1) 总体，指构成总体的元素的集合，元素是构成总体的最基本单位。如研究某大学大学生的就业状况，全体本、专科生和研究生就构成了总体。

(2) 样本，指从总体中按一定方式抽取出的一部分元素的集合。如从某大学3万名学生中抽取3000名学生作为样本。

(3) 抽样，指从组成某个总体的所有元素的集合中，按一定方式选择或抽取一部分元素的过程，或产生一个总体的子集。如从某大学3万名学生总体中抽取3000名大学生样本的过程。

(4) 抽样单位，指一次直接的抽样所使用的基本单位。从3万名大学生总体中抽样，大学生个体就是抽样单位，如果以学院为抽样单位，要抽取3000名大学生样本，则在10个学院中，每个学院抽取300人。也可以将专业、年级作为抽样单位。

(5) 抽样框，指一次直接抽样时总体中所有抽样单位的名单。3万名大学生构成的名单就是一个抽样框，10个学院、50个专业、4个年级也可以成为抽样框。

(6) 参数值，又称为总体值，是关于总体中某一变量的综合描述，或总体中所有元素某种特征的综合数量表现，如某大学2014级全体本科生的平均就业率为95%。

(7) 统计值，又称为样本值，是关于样本中某一变量的综合描述，或样本中所有元素的某种特征的综合数量表现，如3000名大学生样本的就业率为95%。

抽样的重要意义和作用集中体现为科学解决调查对象的产生问题，即如何从总体中

选出一部分对象作为总体的代表,其关键在于样本的代表性,样本的代表性存在缺陷则容易导致总体推论缺陷,如1936年美国总统大选前,《文摘》杂志寄出1000万张询问投票倾向的明信片,依据回收的200万张明信片预测兰登将以领先15%的选票战胜罗斯福,但最后结果是罗斯福以超出20%的选票当选。预测失败的原因之一是《文摘》依据的不是美国已经登记的全部选民,而是拥有电话用户和汽车用户的名单,这些是富有的选民,把贫穷选民排除在调查之外,受当时经济萧条影响,那些贫穷选民大多参加投票并将选票投给民主党人罗斯福。

1968年美国总统大选前,盖洛普民意测验公司预测尼克松将获得43%的选票,哈里斯民意测验公司预测尼克松得票41%,而选举结果是尼克松得票42.9%。这两个预测是在7300万选民中抽取2000样本得到的。1984年11月,盖洛普民意测验公司预测里根以59%的得票率当选新一任总统,这个预测结果与实际结果是一样的。

根据概率论把抽样分为概率抽样与非概率抽样两个大类,其中概率抽样包括简单随机抽样、等距抽样、分层抽样、整群抽样和多段抽样五种方法,非概率抽样包括偶遇抽样、判断抽样、定额抽样和雪球抽样四种方法。

二、非概率抽样

研究者经常遇到无法选择概率样本情况,如研究无家可归者、乞丐等,不但没有一份现成名单,也不可能做出这样的名单。而有时做出这样的名单,却无法找到被调查者。概率抽样有严格程序,操作起来比较费时,而这时如果是进行探索性研究,并不谋求从样本推断总体,只是为了获得研究线索,在这种情况下,可以采取非概率抽样方法。由于元素进入样本的概率是未知的,而且也不排除调查者的主观影响,因而用非概率抽样方法获得样本的资料和结论不具有推论到总体的性质。在实际运用中,非概率抽样与概率抽样大多结合使用。非概率抽样方法包括以下几种。

(一)偶遇抽样

根据实际,以自己方便的形式抽取偶然遇到的人为对象,或仅仅选择那些离得最近的、最容易找到的人为样本。这是"街头拦人"的抽样方式。但认为碰到谁就选谁的方法就是随机抽样的看法是错误的。

(二)判断抽样

判断抽样是指根据研究目标和主观分析来选择和确定研究对象的方法。首先要确定标准,主要优点是充分发挥研究者的主观能动性,特别是研究者对研究总体的情况比较熟悉、分析能力强、研究方法与技术熟练、经验丰富时,采用判断抽样十分方便。如可通过异常案例的研究来加深对行为规律的认识,如访谈在鼓舞士气的集会上却没有产生激情或根本没有参加集会的个人。但是,所选样本的代表性难以判断。多用于总体小、涉及范围狭窄、人力和经费都不能支持大规模调查的情况,也可用于问卷及探索性研究。

(三)定额抽样

定额抽样是指依据有可能影响研究变量的因素来对总体进行分层,然后确定各层成员在总体中所占比例，分配样本数在各层中的份额的一种非概率抽样方法。要求对总体的性质有较充分的了解。当研究目的不是去描述总体状况，而是为了检验理论、解释关系或比较不同性质的群体，通常就不需要严格的概率抽样。

以性别、年级、专业三个因素来进行定额抽样，见表3-1。

表 3-1　100个人的定额抽样

	男生(60)								女生(40)						
	文科(30)				理科(30)				文科(20)				理科(20)			
年级	一	二	三	四	一	二	三	四	一	二	三	四	一	二	三	四
人数	12	9	6	3	12	9	6	3	8	6	4	2	8	6	4	2

定额抽样的目的是选出一个与研究总体在结构和比例上相一致的模拟物，当各层份额确定后，再通过主观分析来确定和选择各层的成员。分层抽样是要提高各层间的异质性、同层间的同质性，照顾某些比例小的层次，提高样本代表性，同时各层成员的选择完全依据概率原则进行，排除研究者主观因素的影响。

(四)雪球抽样

当研究无家可归者、进城务工人员、非法移民、同性恋者等通常被人所了解不多或者无法确定总体的研究对象时，可以从总体中的少数成员入手进行调查，然后通过他们再扩大样本范围，这种非概率抽样方法称为雪球抽样。

如研究城市钟点工，可以通过家政服务公司、街道委员会、熟人等途径，先调查几个，然后请他们介绍认识的钟点工，逐步扩大样本规模，一直到样本达到预计规模为止。

三、概率抽样

(一)基本原理

概率抽样之所以能够保证样本对总体的代表性，其原理在于它能够很好地按照总体内在结构中所蕴含的各种随机事件的概率来构成样本，使样本成为总体的缩影。随机抽取就是保证总体中的每一个个体都有同等的机会入选样本，任何一个个体的抽取都是相互独立的，正如投掷硬币的结果(总体)，只有正面和反面(个体)两种可能，只要是随机投掷，正面和反面出现的概率是相等的，趋向于两种不同结果本身所具有的概率，趋向于总体内在结构中所蕴含的随机事件的概率。

中心极限定理：当 n 足够大(通常假定大于30)时，无论总体的分布如何，其样本平均数所构成的分布都趋于正态分布。具有单峰和对称的特点，平均数、众数、中位数相同，全部样本平均数的平均数正好等于总体的平均数。平均数的次数就是正态曲线下的面积。

有90%的样本落在($u-1.65\text{SE}$)~($u+1.65\text{SE}$)；有95%的样本落在($u-1.96\text{SE}$)~($u+1.96\text{SE}$)；有99%的样本落在($u-2.58\text{SE}$)~($u+2.58\text{SE}$)。

对于任何一次随机抽样来说，其样本的统计值落在总体参数±1.65个标准误差(SE)之间的概率是90%；落在总体参数值±1.96个标准误差之间的概率是95%……正是从这种意义上说明置信水平(把握程度)与置信区间(估计范围)之间的关系。

(二)抽样程序

第一步,界定总体。

界定总体就是对总体的基本构成元素在时间、空间范围,或内涵、外延等方面做出限制。界定总体失败的著名例子就是前面提到的1936年的《文摘》民意测验。了解总体的构成情况,依据研究目的明确界定总体范围,样本必须取自明确界定的总体,样本结论也只能推论到这一总体。

那么,调查某大学大学生的学习情况,其总体该如何界定呢?

第二步,制定抽样框。

依据明确的总体范围,收集包含在总体中的每个成员的名单,并通过对名单进行统一编号来建立供抽样使用的抽样框。

总体是某大学本部的专科生、本科生、研究生,共计30 000名,收集本部在读的专科生、本科生、研究生的花名册,并按一定顺序将花名册上的名单统一编号,形成一个抽样框。如果是多段抽样,可以形成学院、年级、专业等抽样框。

第三步,决定抽样方案。

根据研究目的、总体规模、总体异质程度、抽样要求的精确度、研究者拥有的客观条件,确定样本数和抽样方法。

第四步,实际抽取样本。

从抽样框中抽取样本。有的抽样可能在实施调查前就已完成,但较多的抽样是在实施过程中与调查同时进行的。

第五步,评估样本质量。

评估样本质量是指对样本的代表性、偏差等进行检查,防止由于样本偏差过大而导致失误。其评估一般分为两个阶段:一是调查结束后检查样本的回答率、有效率是否过低,某一类人拒绝回答全部问题或部分问题等现象;二是正式调查前就是在样本初步抽取后,可将反映总体重要特征及其分布状况与样本的同类资料进行对比,若两者差别较小,则样本质量高。某高校的男生占60%,女生占40%;文科占25%,理工科占75%。样本结构是男生58%,女生42%;文科28%,理工科72%。把样本结构与总体结构比较,二者的差距较小,说明样本质量较高。用来对比的指标越多越好,各种指标对比的结果越接近越好。

(三)概率抽样方法

1. 简单随机抽样法

简单随机抽样是按照等概率原则直接从由N个元素组成的总体中随机抽取n个元素组成样本。一是抽签法。把号码写在一张张纸条上,放入一个容器中,摇匀后,抽出所需样本数。二是利用"乱数表"产生样本。

2. 等距抽样法(系统抽样法)

等距抽样法是把总体的元素进行排序后,计算出间隔,然后按照这一固定的间隔抽取个体的号码来组成样本的方法。与简单随机抽样一样,需要建立抽样框,样本直接从总体中抽取元素,无中间环节,区别于分层抽样、整群抽样、多段抽样。

步骤:①给总体中每一个元素编号,建立抽样框;②求出抽样间距 $K=N/n$;③用简单随机抽样方法确定抽样起点 A;④在抽样框中,自 A 开始,每隔 K 个元素抽取一个样本,分别是 A,$A+K$,$A+2K$,$A+3K$,…,$A+(n-1)K$;⑤将 n 个元素合起来构成样本。

如总体是 30 000 人,样本是 3000 人,则 $K=30000/3000=10$,抽样起点 $A=K/2=5$,样本元素分别为:5,15,25,35,45,55,…,29995。

3. 分层抽样法

操作方法:先将总体中的所有元素依据某种特征如性别、年龄、职业、地域等划分为若干层次,然后再在各个层次中用简单随机抽样或等距抽样抽取一个子样本,将所有子样本汇集起来就构成了所有要调查的样本。

优点:①在不增加样本规模的前提下降低抽样误差。把异质性较强的总体分成一个个同质性较强的子总体,使各层内部差异程度变小,在样本规模相同时,其抽样误差比简单随机抽样要小。②便于了解总体内部不同层次的情况,可单独研究,便于比较。

运用:首先要确定分层标准。一是以所要分析和研究的主要变量为标准。如要研究文化程度与购买书籍数量间的关系,可以文化程度为分层标准;二是以有明显层次的变量为标准,如性别、年龄、年级、专业、学校类别、城市经济结构、人口规模;三是以保证不同层间的异质性强,而同一层内的同质性强,突出总体内在结构的变量为标准,这是分层抽样区别于其他抽样方法的关键。如在某大学进行调查时,可以将大学生按专业分为文科和理工科。其次要确定分层比例。一是按比例分层抽样,总体为 30 000,样本为 3000,男生 60%,女生 40%,则男生样本是 $3000\times60\%=1800$ 人,女生样本是 $3000\times40\%=1200$ 人。二是不按比例分层抽样,当有的层次在样本中的元素太少,不便于了解各个层次的情况时,采用不按比例分层抽样,如男女生均抽 1500 人。

4. 整群抽样法

抽样单位不是单个的个体,而是一些小的群体。从总体中随机抽取一些小的群体,然后由所抽出的若干小群体内的所有元素构成样本,如居民家庭、班级、工厂车间、居委会。如要在某大学产生一个样本量为 3000 的大学生样本,以班级为抽样单位,如果一个班 30 人,则抽取 100 个班,构成含 3000 个大学生的样本。

优点是:简化抽样过程,降低收集资料的费用,相对扩大抽样的应用范围。

缺点是:样本分布面不广,样本对总体的代表性相对较差。

运用:总体由若干个有着自然界限和区分的子群组成,当不同子群相互之间差别很大、每个子群内部差异不大时,适合用分层抽样法;当不同子群相互之间差别不大、每个子群内部的差异较大时,特别适合整群抽样法。

5. 多段抽样法

多段抽样法是按照抽样元素的隶属关系或层次关系,把抽样过程分为几个阶段进行的抽样方法。在总体的规模特别大、分布范围特别广时使用,不需要总体名单,但每级都会产生抽样误差。因此,这种方法的抽样误差较大。相对增加起始阶段的样本数量而适当减少最后阶段的样本数量可以在同等条件下减少抽样误差。

做法：先从总体中随机抽取若干大群，然后再从这几个大群内抽取几个小群，这样一层层抽下来，直到抽到最基本的抽样元素为止。

考虑因素：①考虑各个抽样阶段中的子总体同质性程度。同质性越高的子总体，所抽的规模相应小些；②考虑经费和人力。一般来说，在其他条件不变的情况下，样本的覆盖面越大，其代表性越好，大的类别中抽取单元相对较多，而每一单元中抽取个数相对较少的做法好。

那么，要从某大学总量为30 000名学生的总体中产生样本量为3000的样本，运用多段抽样该如何进行呢？请读者设计几种抽样方案。

四、样本规模与抽样误差

(一)样本规模

样本规模是指样本容量(简称样本量)，也就是样本中所包含的个案数量。根据统计学规定，以30为界，30以下(不含30)为小样本，30及以上为大样本，而社会研究中样本量通常不能少于100。样本规模的影响因素如下。

(1)总体规模。一般认为：总体规模越大时，样本规模也要越大。但当总体规模达到一定程度时，样本规模的改变量是很小的。

(2)抽样的精确性。从置信度与置信区间的关系来说明样本规模与抽样可靠性及精确性之间的关系。置信度是总体参数值(简称总体值)落在样本统计值(简称样本值)某一区间的概率，或者是总体参数值落在样本统计值某一区间中的把握性程度，反映抽样的可靠性。如置信度为95%，指总体值落在样本值某一区间的概率是95%，或在对某一总体进行同样形式的100次抽样中，总体值有95次落在样本值周围的某一区间内。在其他条件一定的情况下，置信度越高，即推论的把握性越大，则所要求的样本规模就越大。置信区间是在一定置信度下，样本值与总体值之间的误差范围，反映抽样的精确程度。误差范围越大，精确度越低；误差范围越小，精确度越高。在其他条件一定的情况下，置信区间越小，即样本值与总体值之间的误差范围越小，所要求的样本规模越大。

(3)总体的异质程度。在同质程度高的总体中抽样，所需样本规模小些；反之大些。当总体中大部分成员对某个问题的回答或选择与小部分成员的回答或选择不同时，70%成员选择甲，30%成员选择乙，所需样本量小些，而在50%对50%的选择时，所需要的样本量最大。

(4)拥有的经费、人力和时间因素。经费、人力和时间比较充裕的情况下，样本规模可以大一些，反之则小一些。

表3-2是根据经验确定的样本容量，可供实际抽样确定样本容量时参考。

表 3-2　据经验确定样本量的范围①

总体规模	100 以下	≥100～<1000	≥1000～<5000	≥5000～<10000	≥1万～<10万	10万及以上
样本比例	50%以上	20%～50%	10%～30%	3%～15%	1%～5%	1%以下

（二）抽样误差

抽样误差是指用样本值估计总体值时所出现的误差，是由样本本身的随机性引起的。度量误差是在记录、填答、汇总等工作中出现的误差。抽样误差主要取决于总体的分布方差和抽样规模。在简单随机抽样中，扩大样本规模可达到降低抽样误差的目的。分层抽样着眼于缩小总体的异质程度或分布方差，提高通过样本统计值估计总体参数值的精确度。对于比较小的样本来说，样本规模上的很小一点增加，会带来精确度的显著提高；而对于大样本来说，同样增加相同个案，精确度的增加甚小。因此，许多抽样通常将样本规模控制在 2000 以内。

第四节　测　　量

一、测量概述

日常生活中随处都在测量，如用眼睛看物体的大小、颜色、形状、空间距离，用耳朵听声音的大小、高低、方向，用鼻子闻气味，用皮肤感知温度大小，用秤称物体质量，用温度计测体温。测量是社会研究的重要环节，实证研究是对社会现象进行观察与测量。社会测量的特征是人作为测量主体与客体决定了测量中的主客观矛盾，主观色彩明显。社会测量的内容通常是社会中人们的行为以及由行为所构成的各种社会现象，具有测不准的特征。社会测量的量化程度低，可重复性差。

那么，什么是测量呢？美国学者史蒂文斯给测量下的定义是依据某种法则给物体安排数字。从中可见测量的四个要素：一是客体即测量的对象，包括个人、群体、组织、社区，解决测量谁的问题；二是内容，即客体的某种属性或特征，如个人的行为、态度、社会背景；群体和组织的规模、结构、管理模式；社区的范围、人口密度、人际关系，解决测量什么的问题；三是法则，即用数字或符号表达测量对象的属性或特征的操作规则，如按政治兴趣问卷得分进行测量，解决怎么测量的问题；四是数字或符号，即用来表示测量结果的工具，如最强给 5 分，一直到最弱给 1 分，解决测量结果表示的问题。

按照数学特征，可以把测量分为四种类型：一是定类测量，它是测量层次中最低层次的测量类型，能对调查对象的不同属性或特征加以区别，划分为不同的类别，如对性别、婚姻、民族、职业的测量就属于定类测量；二是定序测量，其取值可以按照某种逻辑顺序对调查对象进行高低排序的测量，如测量文化程度，可以用 1＝文盲，2＝小学，

---

① 袁方. 社会研究方法教程[M]. 北京：北京大学出版社，2000.

3＝初中，4＝高中，5＝大专，6＝本科，7＝研究生；三是定距测量，是可以确定调查对象之间的间隔距离和数量差别，如用智力量表测量得出调查对象的智商；四是定比测量，这是最高层次的测量，有一个绝对的 0 点（有实际意义的 0 点），所得数据可以进行加减乘除运算，如对收入、年龄、出生率、离婚率进行的测量就属于定比测量。

二、操作化

社会研究中要测量的许多概念都十分抽象，如地位、权力、资源等，要使这些概念能够被测量，就必须进行操作化处理。

（一）操作化的含义与作用

操作化是把抽象概念转化为可观察的具体指标的过程，是建立一些具体的程序或指标来说明如何测量一个变量的过程。

操作化的作用：澄清概念在研究中所选用的意义；说明测量变量的操作方法；使今后同样的研究有所根据，以便进行比较；沟通抽象的理论概念与具体的经验事实之间的桥梁。

（二）操作化的方法

对概念进行操作化处理就是要给出概念的操作定义，这种定义是一套程序化的工具，是告诉研究者如何辨识抽象概念所指称的现实世界中的现象。

第一步，概念澄清与界定。研究者可以借鉴既有的学术概念作为自己研究时所界定的概念；研究者也可以自己给概念下一个定义。这两种做法的目的都是澄清概念。概念的澄清与界定只是解决了定义的问题，即相当于划定了概念内涵的具体范围，还需要进一步寻找与这些内涵相对应的经验指标。

第二步，发展测量指标。首先是列出概念的维度，许多比较抽象的概念往往具有若干不同的方面。一个抽象的概念往往对应于现实生活中一组复杂的现象，而不仅仅对应于一个可以直接观察到的现象。因此，在界定概念定义的同时，需要指出概念所具有的不同维度，然后在每一维度下发展测量指标。其次是在每个维度下建立测量指标。

三、量表

对于复杂概念和主观性较强的概念需要用复合测量。复合测量可以将多项指标概括为一个分数，可以有效缩减资料数量，并区分出人们在这些概念或态度程度上的差异。为了在社会调查中达到复合测量的目标，需要借鉴心理学的量表技术，这里主要介绍利克特量表的设计方法。

利克特量表是美国社会心理学家利克特于 1932 年在原有的总加量表基础上改进而成并得到广泛应用的一种量表，它由一组对某事物的态度或看法的陈述组成，答案分为五级。制作程序如下。

第一步，围绕要测量的态度或主题以赞成或反对的方式写出与之相关的陈述 20～30 条，每一条陈述都给予五个答案，即非常同意、同意、无所谓、不同意、非常不同意，并根据赞成或反对的方向分别记分为 1 分、2 分、3 分、4 分、5 分。

第二步，在所要测量的总体中，选部分对象(一般不少于 20 人)进行试测。

第三步，统计每位测试对象在每条陈述上的得分和全部陈述的总分。

第四步，计算每条陈述的分辨力，按总分排序，取总分排名在前 25％的测试对象和排名在后 25％的测试对象，计算这两部分人在每一条陈述上的平均分，将这两个平均分相减即为分辨力，该系数的绝对值越大说明分辨力越高。然后删除分辨力不高的陈述，保留分辨力高的陈述，由此形成正式量表。表 3-3 是利克特量表的制作例子，围绕大学生人际关系写出 12 条陈述，其中正向陈述有 1、2、5、7、11 五条，在这五条陈述序号前用"＋"表示，含义是积极肯定人际关系，所以赋分时按照"非常同意""同意""无所谓""不同意""非常不同意"的顺序，依次给予 5 分、4 分、3 分、2 分、1 分。负向陈述有 3、4、6、8、9、10、12 七条，在这七条陈述序号前用"－"表示，含义是对人际关系的评价比较消极、不太好，所以赋分时按照"非常同意""同意""无所谓""不同意""非常不同意"的顺序，依次给予 1 分、2 分、3 分、4 分、5 分。

表 3-3 人际关系量表

序号	陈述	非常同意	同意	无所谓	不同意	非常不同意
＋1	我在本班有许多好朋友					
＋2	只要我需要，大部分同学会帮助我					
－3	对周围的同学我很少关心					
－4	我很难和本班的人交朋友					
＋5	我经常向本班的人请教					
－6	只有少数同学是友好的					
＋7	大部分同学会为了集体利益牺牲个人利益					
－8	我相信大部分同学会为了利益而中伤我					
－9	我很少关心别人说什么，我只相信我自己					
－10	本班大部分同学思想保守，不肯改变					
＋11	我跟所有同学是朋友					
－12	我在本班没有一个好朋友					

利克特量表的优点：设计制作容易；适用范围广；比同样长度的量表具有更高的信度；五种答案使回答者能够方便地标出自己的位置。

利克特量表的缺点：相同的态度得分者具有不同的态度形态，可以大致区分个体间的态度高低，但无法进一步描述他们的态度结构差异。

利克特量表用于问卷调查时，一般与其他问题一起编制在一份问卷中，然后抽取样本进行调查，反映样本在某一变量上的取值或类别，通过分类汇总，描述样本总体或子总体在某一变量上的分布状态。用于测验时，常常单独使用，测定具体个人的某种态度。

四、测量的信度与效度

对社会现象进行测量后，如何判断测量的质量呢？控制测量质量需要进行信度和效度检测。

(一)信度

信度是指采取同样方法对同一对象重复进行测量时,其测量结果的一致程度,或者测量结果的一致性或稳定性。它表明测量工具能否稳定地测量所测的事物或变量。但可信并不等于真实,信度只是代表测量结果的前后一致性,并不是代表准确性。

第一种类型:再测信度。再测信度是对同一群对象采用同一种测量,在不同的时间点先后测量两次,根据两次测量的结果计算出相关系数。此时选择合适的间隔时间非常重要,一般不宜短到只有数天,也不宜长到数年,间隔两三周至半年较为合适。

第二种类型:复本信度。复本信度是一套测量可以有两个以上的复本,根据同一群研究对象同时接受这两个复本所得的分数来计算其相关系数。类似考试中的 A、B 卷。B 卷是从另一种角度设计的,目的是使提纲或问卷中涉及的内容相互印证。

第三种类型:折半信度。折半信度是把研究对象在依次测量中所得的结果,按照测量项目的单双号分为两组,计算这两组分数之间的相关系数。如一个态度测量包括 40 个项目,则分为相等的两部分,分别是单号组的 20 个项目和双号组的 20 个项目。这两部分在内容上是相同的,只是表现形式不同。

(二)效度

效度是指测量的有效性或准确度,表示测量工具或手段能够准确测出所要测量的变量的程度,也就是测量对象是否是所要测量的项目以及实际测量的结果是否接近真实情况。

第一种类型:表面效度。表面效度是测量内容或测量指标与测量目标之间的合适性和逻辑相符合性。这需要事先知道所测量的概念是如何定义的,然后看所收集的信息是否和该概念有密切关系。例如对学风进行测量,把学风定义为上晚自习的学生人数,实际上就是用上晚自习的人数多少来表达学风的好坏,此时的测量是有表面效度的;如果用听讲座的学生人数来衡量学风,此时的测量就不具有表面效度。

第二种类型:准则效度。准则效度是用一种不同于以往的测量方式或指标对同一事物或变量进行测量时,把原有的一种测量方式或指标作为准则,然后用根据新的方式或指标所得到的测量结果与原有准则的测量结果进行比较,看新旧准则所得测量结果的一致性程度。例如比较计算机笔试成绩与操作成绩之间的关系,这里的操作能力就是新的标准。

第三种类型:构造效度。构造效度是指如果很难找到标准来测量一些类似对男女平等的态度、婚姻满意程度等问题,可以考虑把研究变量与其他变量在理论上的关系作为大致的标准。例如测量"对男女平等的支持程度",先找出一个与男女平等有关的理论假设:越支持男女平等,就越支持女性走出家庭去工作。那么,这里的结构效度就建立在这一假设上。对男女平等的支持程度与支持女性走出家庭去工作的一致性越高,结构效度就越高。如果对男女平等支持程度不同的人对待女性走出家庭去工作方面没有区别,则说明结构效度存在问题。

(三)信度与效度的关系

第一，有效度的测量一定是有信度的测量，当每次测量所得到的正是想要测量的概念或事物时，这种测量也一定是稳定的。第二，有信度的测量未必是有效度的测量，当所测量的是研究者所希望测量的对象时，它同时也是有效的；但所测量的不是研究者所希望测量的对象时，这种测量是无效度的。第三，没有信度的测量一定也是没有效度的。

所以，信度是效度的必要条件，但不是充分条件，无信度必然无效度，但有信度未必有效度。反之，效度是信度的充分条件，但不是必要条件，有效度必然会有信度，但无效度却未必无信度。

第五节 问卷设计

问卷是社会调查中用来收集资料的工具，在形式上是一份精心设计的问题表格，其用途是用来测量人们的行为、态度和社会特征。美国社会学家巴比认为问卷是社会调查的支柱；英国社会学家莫泽认为十项社会调查中有九项是采用问卷进行的。由此可见问卷的重要意义。

一、问卷的结构

(一)封面信

封面信是一封给调查对象阅读的短信，目的是向调查对象介绍调查者的身份、调查目的等内容，说服调查对象能抽出一定时间来参与和配合调查，完成问卷的填写工作。封面信一般放在问卷的封面或首页，也有单独印刷与问卷正文分开的。封面信要求写得简明、中肯，篇幅宜小不宜大。封面信要包括以下内容。

(1)说明调查者的身份——"我是谁"。最好附有单位的具体地址、联系人姓名和电话等，体现研究者的诚意，取得调查对象的信任与合作。

(2)说明调查内容与范围——"调查什么"。不要含糊甚至欺骗调查对象，也不要过分说明调查的内容。

(3)调查目的和意义——"为什么调查"。要明确调查对于调查对象及社会的实际意义，不能笼统说是为了科学研究。

(4)调查对象的选取方法和对调查结果的保密措施。要回答调查对象"为什么调查我"以及"安全性"的疑虑，需要说明本次调查的科学抽样方法及保密措施，用不记名填答作为保密措施，减轻调查对象的顾虑和压力。最后要对调查对象表示感谢。

(二)指导语

指导语是用来指导调查对象或访谈员正确使用和填答问卷，以完成问卷调查的一份使用说明书。根据出现的地方不同，可以把指导语分为卷首指导语和卷中指导语。卷首指导语一般以"填答说明"的形式出现在封面信之后、问题与答案之前，是对问卷的填答要求、方法、注意事项所做的总说明。卷中指导语是针对某些特殊的问题而在问卷中出现的指导语，如"你最多可选三个答案""请按照你认为的重要程度排序""若不是，请跳过第 15～20 题，直接回答第 21 题"。卷中指导语的实质是对问卷中不清楚、难以理解的问题加以说明。

(三)问题与答案

问题与答案是调查问卷的主体部分，调查对象的各种资料通过该部分收集。问题的表达形式有开放式问题和封闭式问题两类，从内容角度可以分为三个部分。一是关于事实方面的问题，如：你第一次进城务工是哪一年？二是关于态度和看法的问题，如：你对农民工进城务工的看法是怎样的？你认为选择配偶最重要的条件有哪些？三是关于调查对象的个人背景资料，如调查对象的年龄、性别、文化水平、职业、收入等问题。

(四)编码及其他资料

编码是赋予一个问题及答案一个数字或符号作为代码，可以是预先编码，也可以是后编码。

问卷的其他资料包括问卷编号、调查员编号、审核员编号、调查日期、被调查者住址、被调查者合作情况等。

二、问卷设计的基本要求

(一)把为调查对象着想作为问卷设计的出发点

社会调查的实质是调查者通过问卷向调查对象了解情况的过程，即"调查者—问卷—调查对象"。因此要考虑调查对象对问卷的理解、填答方便等问题，尽量减少调查对象填答中的麻烦和困难。

(二)明确阻碍问卷调查的各种因素

(1)主观障碍，是指调查对象在心理上和思想上对问卷产生的各种不良反应所形成的障碍，具体包括畏难情绪、顾虑重重、漫不经心、毫无兴趣。要努力消除或缓解调查对象的这些主观障碍。

(2)客观障碍，是指因调查对象自身的能力、条件等方面限制而形成的障碍，具体包括阅读能力的限制、理解能力的限制、表达能力的限制、记忆能力的限制、计算能力的限制，需要根据这些限制条件设计问卷。

(三)明确与问卷设计密切相关的各种因素

(1)调查目的。它是课题研究的目的、要求和相应的理论假设，是问卷设计的灵魂，决定着问卷的内容和形式。

(2)样本的构成情况。应根据样本的性别、年龄、职业等情况设计问卷。

(3)问卷的使用方式和资料的分析方式。若是自填问卷,问卷设计应尽量简明;若是访问问卷,问卷设计可相对复杂一些;若是邮寄问卷,问卷设计要特别注意封面信的设计。若是定性分析,问卷设计以开放式问题为主;若是定量分析,问卷设计以封闭性问题为主。

(4)调查经费、调查人员、调查时间等因素均是问卷设计要考虑的因素。

三、问卷设计的步骤

(一)探索性工作

最常见的方式是调查者亲自进行一定时间的非结构式访问,围绕研究问题以轻松自然的方式同各种类型的回答者交谈,把研究的各种设想、各种问题、各个方面的内容在不同的回答者中进行比较,从中获得对各种问题的提法、实际语言、可能的回答种类等内容的初步印象和第一手资料。同时还可以在接近回答者的方式、封面信的设计、问题的数量和次序、问题的适当形式以及降低拒答率等方面形成较为客观的认识。探索性工作对于把自由回答的开放式问题转变成多项选择的封闭性问题具有重要作用。

(二)设计问卷初稿

1. 卡片法

(1)根据在探索性工作中的记录、印象或认识,把每一个问题及答案单独写在一张卡片上。如果有50个问题就有50张卡片。

(2)按照卡片上问题的主题内容,把问题卡片分成若干堆,即把属于询问同一类事物或事件的问题放在一堆。

(3)在每一堆问题卡片中按照日常询问的习惯与逻辑,排出问题的先后顺序。

(4)根据问题的逻辑结构排出各堆问题卡片的前后顺序,使全部卡片连成一份完整的问卷。

(5)从回答者阅读和填答问卷是否方便、是否会对回答者造成心理影响等不同角度,反复检验问题的前后连贯性及逻辑性,进行调整,最后把调整好的问题依次写到纸上,形成问卷初稿。

2. 框图法

(1)根据研究假设和所需要资料的逻辑结构,在纸上画出整个问卷的各个部分及前后顺序框图。

(2)从回答者是否方便、是否会对回答者造成心理压力、问题内容前后是否符合逻辑等方面反复考虑问题的前后顺序。

(3)具体写出每一部分中的问题及答案,并安排好它们在该部分的顺序和形式。

(4)从总体上对全部问题的形式、前后顺序等进行修订和调整,然后将结果写在另一张纸上,形成问卷初稿。

上述两种方法的区别:卡片法从问题开始,由部分到整体;框图法从总体结构开始,由部分到具体问题。卡片法修改和调整具体问题十分方便,但容易漏掉某些问题。

可以把卡片法和框图法结合起来，根据研究假设和所测量变量的逻辑结构，列出问卷各个部分的内容，并安排好前后顺序；依次将探索性工作中得到的问题及答案写在一张张卡片上；在每一部分中安排并调整卡片间的结构和顺序；从总体上对各部分的卡片进行反复检查和调整；将满意的结果抄在纸上，并附上封面信等有关内容，形成问卷初稿。

(三)试用

卡片法是客观检验法，主要检验指标有四个：①回收率；②有效回收率，即扣除废卷后的回收率；③填写错误；④填答不完全。

框图法是主观检验法，送给该领域的专家、学者、研究者以及典型的调查对象，根据经验和认识，从不同角度和不同方面直接对问卷进行评论，指出问卷中存在的缺陷或错误。

(四)修改定稿并印制

利用卡片法和框图法设计问卷初稿，经过试用来检验问卷质量，然后作出相应修改，进一步明晰问卷内容和编排逻辑，最后把问卷送去印刷，用于正式调查。

四、问卷设计的具体方法

(一)问题的表述形式

1. 填空式

例如：请问您下岗前所在单位的名称是（　　）

2. 是否式

您现在是否有技术职称：1. 有　2. 无。

您在原单位是否担任过一定职务：1. 是　2. 否。

您是否接受过再就业培训：1. 是，接受过（　　）次　2. 否。

3. 单项选择式

您下岗前所在单位属于哪种行业？

1. 机械　2. 轻工　3. 建材　4. 军工　5. 其他

请问您下岗多长时间？

1. 半年以内　2. 半年到一年　3. 一年到两年　4. 两年到三年

5. 三年到五年　6. 五年以上

如果让您对您原单位的领导班子做一个总的评价，您的看法是：

1. 廉洁又能干　2. 廉洁而不能干　3. 不廉洁又不能干　4. 不廉洁而能干

4. 矩阵式

将同一类型的若干问题集中在一起，构成一个问题的表达式。优点是节省问卷的篇幅，同时由于同类问题集中在一起，回答方式也相同，节省了调查对象阅读与填答的时间。

下面这些娱乐场所，您(民工)进城后是否经常去？(请在每一行符合您的情况的方框处打"√")

	经常去	有时去	很少去	从未去过
(1)公园	□	□	□	□
(2)体育场	□	□	□	□
(3)茶馆	□	□	□	□
(4)网吧	□	□	□	□
(5)酒吧	□	□	□	□

下面是网络给现实社会带来的一些新观念和行为，请给出您的看法，在您认为合适的分数下面打"√"。(5、4、3、2、1分别表示很好、好、一般、不好、很不好)

	很好	好	一般	不好	很不好
(1)网恋	5	4	3	2	1
(2)电子商务	5	4	3	2	1
(3)居家办公	5	4	3	2	1
(4)网络交友	5	4	3	2	1
(5)网络黑客	5	4	3	2	1
(6)网络语言	5	4	3	2	1
(7)网上新闻	5	4	3	2	1
(8)网络匿名	5	4	3	2	1
(9)网络社区	5	4	3	2	1
(10)网络虚拟	5	4	3	2	1
(11)电子邮件	5	4	3	2	1
(12)网络游戏	5	4	3	2	1

5. 表格式

表格式是矩阵式的变体，这两种方式也容易产生呆板、单调的感觉，在一份问卷中不宜用得过多。

场所	经常去	有时去	很少去	从未去过
公园				
体育场				
茶馆				
网吧				
酒吧				

(二)答案的设计要求

1. 要保证答案具有穷尽性和互斥性

问卷中的每一个问题都是在对某一个变量进行测量，而为该问题准备的答案实际上就成为变量的取值。由于变量的最基本特征是取值必须穷尽和互斥，所以为每个问题编制的答案也要符合这一要求。如果有些答案全部列出很困难，可以加上"其他"。

2. 要根据研究需要来确定变量的测量层次

先看问题所要测量的变量属于哪个层次，然后根据研究的要求和变量的层次来确定答案所应具备的特征，再根据这种特征决定答案的形式。

如要测量人们每月的工资收入，当想要了解每一个回答者相互之间的差别和比例关系时，可以采用填空形式，如您每月的工资收入是（　　）？

想了解总体中人们每月工资收入处于不同等级的分布情况，可以把月工资收入转化为定序变量来测量，如您每月工资收入处在下列哪个范围内？（在合适的答案号码上画"√"）

(1)1000 元以下　　　(2)≥1000～＜2000 元
(3)≥2000～＜3000 元(4)3000 元及以上

3．问题的语言及提问方式

(1)尽量用简单的语言，不要使用一些复杂的、抽象的概念和专业术语，如核心家庭、社会分层。

(2)问题要尽量简短。

(3)避免双重含义问题，就是在一个问题中询问了两件事情，如：您的父母是工人吗？您单位招聘农村劳动力和女性吗？

4．问题不要带倾向性或诱发性

如"您不抽烟，是吗？"就是带有一种希望被调查者回答"是的，我不抽烟"的倾向。在问题中引用或列举某种权威的话，如"医生认为抽烟是有害的，您的看法如何？"也会使问题带有倾向性。在问题和答案的用词上要注意保持中性的原则，不要使用贬义和褒义。

5．不用否定形式提问

在提问中，不使用否定形式，如：您是否赞成高校不进行扩招？

6．不问回答者不知道的问题

如"您对我国的社会保障制度是否满意？"人们不具备社会保障制度方面的知识，大多数人将无法回答。必须先提一个过滤问题，如"您了解我国目前的社会保障制度吗？"然后仅对那些回答了解的被调查者提出前面的问题。

7．不直接问敏感性问题

如不直接问私人财产、性问题等。

8．问题的参考框架要明确

要明确问题相对于什么背景而言，在什么范围内或对什么方面而言。如果一个问题的框架不清楚，难以回答问题，如"这个城市属于哪种类型？"那么，下列任何方面的回答都是适合的：人口规模、气候风景、舒适程度、生活消费、政府效率、就业机会、社会治安。只有给出明确的框架，如"就人口规模而言，这个城市属于哪种类型？"

(三)问题的数量和顺序

1．问题的数量

问卷一般在 30 分钟内完成，由此确定问题数量。

2．问题的排列顺序

(1)把简单易答的问题放在前面，复杂的问题放在后面。

(2)把能引起调查对象兴趣的问题放在前面，把容易引起紧张或使人产生顾虑的问题放在后面。

(3)把熟悉的问题放在前面，生疏的问题放在后面。

(4)一般先问行为方面的问题，再问态度、意见、看法方面的问题。

(5)个人背景资料一般放在结尾，也可放在开头。

(6)若有开放式问题，放在后面。

3. 相倚问题

有些问题只适用部分调查对象，某个调查对象是否需要回答这一问题，常常依据他对前面某个问题的回答结果而定，这样的问题称为相倚问题，而前面的那个问题称为过滤问题或筛选问题。

——在过去一个月中，您曾因病而不能参加您经常从事的活动吗？

(1)有过（请继续填答第 22 问）

(2)没有（请跳到第 26 问，继续填答）

——请问您在网络上发过求助信息吗？

(1)没有　　(2)发过

——请问您得到帮助了吗？

(1)经常能得到帮助　(2)偶尔得到　(3)从来没有

——从事您现在的这个买卖，您办了政府规定的营业执照和其他手续了吗？

(1)都办了　(2)还未办完　(3)都没有办

——请问您没办完或都没有办的原因是：

(1)没有资格办　(2)有资格，但要交的费用太高　(3)不清楚该办哪些　(4)其他

——您今后愿意办这些手续吗？

(1)愿意　(2)不愿意　(3)说不清

(四)问卷设计的常见错误

1. 问题含糊，问题的含义不清楚、不明确或有歧义

您对单位近年来情况的感觉是：①几乎没有什么变化；②变化不大；③变化较大；④变化很大。您认为这种状况是：①有利的；②不利的。这个问题没有说明调查者所问的是单位的什么情况，对谁有利或不利不明确。

2. 概念抽象，在操作化过程中做得不够

一个民族的传统道德总是会改变的，您认为这些年在中国这种情况是：①改变得太快了；②还可以；③慢了些；④太慢了。民族的传统道德属于抽象概念，需要操作化。

3. 问题带有倾向性

您认为，全国职工的平均工资水平是否应该提高呢？①工资偏低，应当大幅度增加；②应当小幅度增加；③虽然偏低，但为了国家建设可暂时不增加；④与劳动生产率相比，工资不算低，不应增加。

4. 问题提法不妥

请判断以下几种说法是否正确：①打是疼骂是爱，打骂也是家庭教育不可缺少的方

式;②对孩子应该多表扬少批评;③多吃巧克力对孩子的身体有好处。

在调查中,要求被调查者判断正确与否,就像把回答者推进考场一样,给他们一种心理压力。问题改为"您是否同意下列说法",答案改为"同意、不同意、不知道"就比较妥当了。

5. 双重含义问题

实行责任制以来,您觉得您的文化水平和生产技术能否满足生产需要?
(1)能满足 (2)不能满足 (3)不知道

6. 问题与答案不协调,答非所问,答案不全或互相包含

您常看哪一类报刊书籍?(在合适的选项上画"√")

	经常看	偶尔看	从不看
(1)文学艺术类			
(2)趣味常识类			
(3)政治理论类			

问的是"常看哪一类",所以答案中除了类别外就不应该再有别的内容。若问题不变,则必须将答案中的"经常看、偶尔看、从不看"去掉,仅留下三个类别供选择;若答案不变,则问题必须改为"您对不同书刊的阅读情况如何?"

7. 答案设计不合理,答案不穷尽,没有做到"互相排斥",不处于同一层次或同一维度。

您认为目前人们应该主要致力于(选1项):
(1)缔造人类未来的美好生活
(2)改善人们今天的生活和福利
(3)继承和发扬过去的优良传统

给出的三个答案不能概括人们各种不同的生活目标或行为目标,不具有穷尽性,应加上"(4)其他,请指明"。

【思考与练习】

(1)如何设计调查方案?
(2)非概率抽样方法包括哪几种?
(3)概率抽样方法包括哪几种?
(4)什么是测量的信度与效度?
(5)问卷设计的具体方法有哪些?
(6)问卷设计的常见错误有哪些?

第四章　社会调查资料的收集与处理

教学目标

通过本章的学习，使学生了解资料收集方法的优缺点和适用范围，熟悉资料收集的准备，掌握资料收集方法与过程控制方法；了解资料整理的过程及分析方法，掌握基本资料分析能力。

教学重点和难点

- 自填式问卷的设计
- 结构访问的关键性要点
- 资料收集的程序与要点
- 资料整理与分析的注意事项

社会调查在完成准备阶段的任务之后，就进入调查的具体实施阶段，即按照调查设计的具体要求进行资料收集工作。资料收集是整个社会调查工作中最复杂、最辛苦，投入的时间、人力、财力相对较多的工作，同时也是最吸引人的工作。研究者在准备阶段所拟定的各种计划、所准备的各种工具、所制定的各种方案，都将在实地的资料收集过程中得到运用和实施。资料的收集工作同样要按照严格的程序与科学的方法进行。本章将对各种资料收集方法进行介绍。

第一节　资料收集方法的分类与特点

一、资料收集方法的分类

根据调查问卷由谁来填写，社会调查中的资料收集方法可分为两种类型：一是自填问卷法；二是结构访问法。自填问卷法是调查问卷完全由被调查者填答的方法，也就是调查员将事先设计好的问卷发送给（或者邮寄给）被调查者（或者将问卷制作成网页，发布在某网站上），由被调查者自己阅读和填答，然后再由调查员按统一的方式回收的资料收集方法。结构访问法又称标准化访问、问卷访谈，它的最大特点是整个访谈过程是严格控制和标准化的。调查问卷完全由调查员填写，也就是调查员根据事先设计好的调查问卷，采用口头提问的方式，向被调查者了解社会情况、收集有关社会现象资料的方法。

在这两个大的类型中，根据具体操作方法与程序的不同，又可以进一步划分出不同的子类型。如自填问卷法中又可分为个别发送法、集中填答法、邮寄填答法和网络填答法；结构访问法又可分为当面访问与电话访问等(图4-1)。

```
                        ┌ 个别发送法
              ┌ 自填问卷法 ┤ 邮寄填答法
              │          │ 网络填答法
资料收集方法 ┤          └ 集中填答法
              │          ┌ 当面访问
              └ 结构访问法 ┤
                         └ 电话访问
```

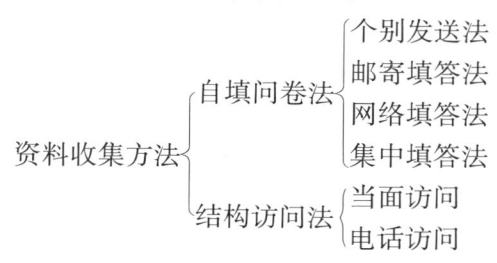

图4-1 资料收集方法分类

各种具体的资料收集方法在操作程序上互不相同，具有不同的特点，同时也适用于不同的调查对象和不同的调查课题。社会调查研究人员应该对各种不同的资料收集方法都十分熟悉和了解，以便在进行具体的调查课题时，能根据实际情况灵活运用，达到更好的调查效果。

二、自填问卷法的优缺点

自填问卷法的主要特征在于完全依靠问卷，完全依赖于被调查者，正是这种对问卷、对被调查者的高度依赖，决定了自填问卷法的优缺点。

(一)自填问卷法的优点

(1)具有很好的匿名性。由于自填问卷法一般不要求署名，填写地点又可在被调查者家中或由其自己选择，被调查者独自进行填答，不受他人干扰和影响；即便填写的过程中调查员在场(如集中填答法)，但被调查者也不用将自己的情况向调查员口头报告，不用说出来，而是默默填写，同样可以大大减轻回答者的心理压力，有利于他们如实填答问卷，从而收集到客观真实的资料。

(2)节省时间、经费和人力。由于自填问卷法不用与被调查者就问卷中的每一个问题逐一进行询问和交谈，可以在很短的时间内同时调查很多人，因此十分省时省力。若采用邮寄的方式或借助于网络，还不受地域范围的限制。因此，采用这种方法收集资料具有很高的效率。

(3)可减少不同调查员所带来的影响。由于每一位被调查者得到的都是一份统一设计和印制的问卷，所以无论是在问题的表达、答案的类型方面，还是在问题的前后顺序、填答方式方面，都具有高度的一致性。因此，每一位被调查者受到的刺激和影响都是相同的，这样就在很大程度上减少了不同调查人员所带来的不同影响，尽可能地避免因调查员所造成的偏误。

(二)自填问卷法的缺点

当然，这种方法本身还存在着一些不足，主要表现在以下几个方面。

(1)调查对象范围受到限制。采用自填问卷法收集资料，对被调查者的文化水平有一定要求。由于自填问卷是由被调查者自己填写的问卷，所以要求被调查者能看得懂问卷，能够阅读和理解问题及答案的含义，能够正确理解填答问卷的方式。

(2)问卷的回收率有时难以保证。对于社会调查而言，回收率是影响调查样本代表性的重要因素之一。由于自填问卷法十分依赖于被调查者的合作，因此，当被调查者对该项调查的兴趣不大、态度不积极、责任心不强、合作精神不够时，或者被调查者由于受时间、精力、能力等方面的限制，就有可能无法有效完成问卷填答工作，从而影响问卷的有效回收率。

(3)问卷的质量难以保证。这主要是因为采取自填问卷法时，被调查者往往是在没有调查人员在场指导的情况下进行问卷的填答工作，对于理解不清的问题，他们无法及时向调查人员询问，各种错答、误答、缺答、乱答的情况时有发生。另外，调查员不能对被调查者填答问卷的环境进行有效控制，被调查者既可能同别人讨论着填写，也可能完全交给别人代填。这些都会导致问卷调查资料的质量比较差，可信度不高。

三、结构访问法的优缺点

与自填问卷法相比，结构访问法有一个十分突出的特点，它是以口头语言为中介，调查员与被调查者有交往和互动过程。调查员与被调查者之间的相互作用和相互影响贯穿资料收集全过程，并对调查结果产生影响。正是调查者与被调查者之间的互动使得结构访问法具有一些与自填问卷法不同的优点和缺点。

(一)结构访问法的优点

结构访问法的主要优点包括以下几个方面。

(1)调查的回答率较高。由于结构访问法通常是在调查员与被调查者直接接触，二者面对面交流的环境中进行的，因此，被调查者拒绝合作或者半途而废的情况比较少，调查的回答率和成功率普遍比自填问卷法高。

(2)调查资料的质量较好。在访问过程中，由于调查员在场，因而可以对访问的环境和被调查者的表情、态度进行观察，由此估计其回答的信度；可以对问题或答案做适当的解释，减少各种错答、误答、缺答、乱答的情况；可以对访问的环境进行有效控制，被调查者既不可能同别人讨论着回答，也不可能完全交给别人回答。这些都使得调查资料的真实性和准确性大大提高。

(3)调查对象的适用范围广。由于结构访问法主要依赖于口头语言，而对书面语言的阅读、理解和表达能力没有要求，因此，它适用的调查对象范围十分广泛，既可以用于文化水平比较高的调查对象，也可以用于文化水平比较低的调查对象。

(二)结构访问法的缺点

当然结构访问法也有自身的一些缺点，主要有以下几个方面。

(1)调查员和被调查者之间的互动有时会影响到调查结果。由于访问过程的双方都是有知觉、有感情、有思想、有反应的人，因此，双方在访问过程中往往难以做到完全客观，这样就会导致一些访问偏差，影响到访问资料的质量和效果。

(2)结构访问法的匿名性比较差。由于结构访问法通常是在调查员与被调查者面对面交流、一问一答的环境中进行的,因而匿名性较差。所以,对于一些涉及人们的隐私(如个人婚姻、私生活)、社会禁忌、人与人之间利害关系等敏感性内容的社会调查来说,往往难以采用结构访问法来收集资料。

(3)结构访问法的成本高,代价大。由于结构访谈需要与每一个被调查者就问卷中的每一个问题逐一进行询问和交谈,不像自填问卷法可以在很短的时间内同时对多个被调查者进行调查,因此,结构访问法在时间、人力以及经费上,都大大高于自填问卷法,这样,它在客观上就限制了调查样本的规模和调查的空间范围,在它的具体运用上造成了一定的局限性。

(4)结构访问法对调查员的要求更高。尽管自填问卷法也会用到调查员,但其作用相对较小,结构访问法则可以说完全离不开调查员,或者说完全依赖于调查员。调查员对调查资料的质量、对调查结果的质量影响更大。因此,调查员具有比较高的访问技巧和比较强的应变能力,是成功地完成访问调查必不可少的条件。

第二节 自填问卷法

一、个别发送法

个别发送法又可称为分别发送法、逐个发送法。具体做法是研究者将问卷印制好以后,派调查员依据所抽取的样本,将问卷逐个发送到被调查者手中,同时讲清调查的意义与价值,问卷的填写方法、要求及注意事项,请他们合作填答,并约定收取的时间、地点和方式。

(一)个别发送法的优点

个别发送法作为一种自填问卷收集资料的方法,除了具备自填问卷法所具有的各种优点之外,与其他自填问卷法相比,还有以下优点。

(1)可以保证相对较高的质量。采用个别发送法收集资料时,调查员要将问卷分别发送到被调查者手中,在发送的过程中可以将调查的目的、意义、问卷的填写方法、注意事项等向被调查者进行解释和说明,这样有助于提高问卷的质量。

(2)可以保证比较高的回收率。采用个别发送法收集资料时,每一份问卷都有调查员一定程度的协助,其回收率要相对高一些。

(3)与集中填答法相比,它可以避免被调查者之间互动而影响资料客观性。在采用集中填答法收集资料的过程中,将多名被调查者集中在一起,"相互讨论""相互抄袭"的现象时有发生,从而不利于表达被调查者个人真实的情况,影响到资料的客观性。而在采用个别发送法时,被调查者相互不见面,甚至互不认识,所以就避免了被调查者之间的互动对资料客观性的影响。

(4)与集中填答法相比,它可以让被调查者有比较充分的时间阅读和思考问卷,还可以在方便的时候进行填答。采用个别发送法收集资料时,调查员将问卷发送给被调查者后,被调查者可以在约定的期限内,根据自己的实际工作、学习、生活情况,在方便的时候,利用空闲时间从容不迫地填答问卷。

(二)个别发送法的缺点

与其他自填问卷法相比,个别发送法也存在一些不足。

(1)与集中填答法相比,要费时、费力、费钱一些。如同样是调查30名工人,若采用个别发送法,由调查员一个个发送,再一个个回收,比采用集中填答法,将他们集中起来,当场发放问卷,当场填答,当场回收要更费时、费力、费钱。

(2)与邮寄填答法、网络填答法相比,调查的范围依然受到一定的限制。个别发送法要将问卷逐一发送给被调查者,在发送的过程中,要投入人力、物力、财力,花费的时间、精力相对较多。这样也就限制了它的调查地域范围,不可能像邮寄填答法、网络填答法那样在非常宽广的地域范围内收集资料。

总的来说,个别发送法的优点相对多一些,而缺点相对少一些。因此,可以认为,个别发送法是一般的社会调查中最应该选用和推广的资料收集方法。

(三)个别发送法的运用

根据个别发送法的上述特点,在实际运用过程中,要注意以下几点。

(1)精心挑选调查员,并对其进行统一的培训。与邮寄填答法、网络填答法不同,采用个别发送法时,调查员要将问卷逐一送到被调查者手中,向被调查者介绍调查的意义与价值,问卷的填写方法、要求及注意事项等。调查员与被调查者之间这种短暂接触、互动也会在一定程度上影响到问卷的填答质量及回收率。为了减少不同的调查员对资料收集的影响,需要精心挑选调查员,并对其进行统一的培训。

(2)约定好问卷的回收方式与时间,并自觉遵守。为了保证更好的匿名性,最好采用回收箱来回收问卷。问卷的回收时间既不能太短也不能太长,若时间太短被调查者没有足够的空闲时间填答问卷,若时间太长被调查者有可能会产生懈怠,同样会影响问卷的填答质量和问卷的回收率。实践经验表明,一般约定3天后回收问卷比较合适。另外,在约定好问卷的回收方式和时间之后,调查员一定要自觉遵守,否则就会带来一些本可以避免的损失。如调查员约定3天后登门取回问卷,可调查员因种种原因拖延到1个星期后去取问卷时,问卷有可能被被调查者当作过期作废的问卷而丢掉。

二、邮寄填答法

邮寄填答法是研究者经由邮局,采用信件的形式发放和回收调查问卷的一种资料收集方式。其具体操作方法是:研究者把印制好的问卷装入信封,通过邮局寄给被调查者,待被调查者填答后再将问卷寄回调查机构或调查员。在寄给被调查者问卷时,一般应该同时附上已写好回邮地址和收信人(或收信单位)且贴好足够邮资的信封,以便被调查者将填答好的问卷顺利寄回。邮寄填答法在资料的收集过程中,调查者与被调查者完全不直接接触,因此,是一种比较特殊的资料收集方法。这种方法在西方一些国家使用比较普遍，目前在我国采用这种方法来收集调查资料的还比较少。

(一) 邮寄填答法的优点

邮寄填答法作为自填问卷法的一种类型，除了具有自填问卷法的各种优点外，还具有以下几个方面的优点。

(1) 省时、省力、省钱。采用邮寄填答法，可以将问卷同时寄给所有被调查者，并且被调查者在一周左右的时间内一般都可以收到，寄回的时间虽然要晚一些，但多数在两周左右都可以寄回，因此比较省时、省力。采用邮寄法可以省去聘请及培训调查员的大量费用，只需花点邮资，所以比较省钱。

(2) 问卷发放不受地域的限制，调查的范围更广。由于邮政事业的迅速发展，邮政通信四通八达，遍布各地，不管被调查者住在何地，只需付一定的邮资，研究者便可将问卷寄送给被调查者，几乎没有调查不到的地方。

(3) 方便回答。被调查者收到邮寄给他的问卷之后，可以根据自己的实际工作、生活情况，在他们方便的时候，从容不迫地填答问卷。例如：可以按自己的时间情况，放在闲暇时间填答或工作的间隙填答问卷；也可以先易后难地填答问题，而对较难答的问题可以利用自己的闲暇时间充分思考之后再继续回答。

(二) 邮寄填答法的缺点

应当清楚地认识到，如果邮寄填答法在实践中能充分发挥它的潜能，那么，毫无疑问，研究者将不会使用成本相对较高、代价相对较大的个别发送法。然而，由于一些主客观因素的影响和制约，邮寄填答法的实际使用效果往往不太理想，可行性较差。邮寄填答法除具有上述突出优点和自填问卷法所共有的缺点外，还具有下列难以克服的缺点。

(1) 问卷的回收率较低。邮寄填答法虽然在寄出问卷的同时，也说明了将问卷寄回的方法，规定了寄回问卷的时间，但是有许多的主客观因素会导致被调查者拖延甚至放弃问卷填答、寄回等工作，使问卷迟寄甚至寄不回来。具体来说，影响邮寄问卷回收率的因素主要有三个：①调查的发起者。权威性较强的机构发起的调查其回收率要相对高一些，政府发起的邮寄问卷调查其回收率高于民间组织发起的邮寄问卷调查，非商业机构发起的邮寄问卷调查高于商业机构发起的邮寄问卷调查。②被调查者本人的情况。邮寄问卷受被调查者文化水平的影响很大。假如被调查者的文化水平不高，不仅会影响到他对问卷的阅读和理解，而且会使回收率下降。③调查内容。对于采用邮寄法收集资料来说，问题不宜太多，问卷不宜太长，通常以回答者15分钟以内完成为宜，内容太多往往引起被调查者心理上的厌倦情绪或畏难情绪，从而会影响问卷的回答率。另外，如果调查的内容是被调查者感兴趣的、关心的、熟悉的内容，其回答率要高一些。

(2) 样本难以抽取，样本的代表性难以判断。邮寄填答法需要有调查对象的详细通信地址、姓名和邮政编码，然而，对于许多社会调查来说，并不具备一份如此完整、详细的抽样框(一份包括所有调查对象的姓名、详细通信地址及邮政编码的名单)。因此，邮寄填答的样本往往无法抽取，问卷也不知道该往哪里寄。

(3) 题量少，问卷的形式要非常简单。采用邮寄填答法时，调查员与被调查者完全不见面，无法向被调查者做出解释和说明，完全依赖于被调查者的合作精神，所以它的问题数量要少，填答方式要非常简单，否则会影响问卷的回收率和有效率。

(三)邮寄填答法的运用

根据邮寄填答法的上述特点，为了尽可能地提高邮寄填答法的回收率和所收集资料的质量，研究者在运用邮寄填答法收集资料时，应注意以下几点。

(1)注重调查主办者身份的说明。采用邮寄填答的方式收集资料时，要注重对调查主办者身份的说明，尽可能采用比较正式的、非营利性的、给人以信任感和责任感的身份。通过这种身份的说明，使被调查者确信调查的合法性和价值，从而起到使被调查者愿意填答并按时寄回问卷的作用。

(2)使用好封面信，充分发挥它的沟通桥梁作用。对于采用邮寄问卷的方式进行的社会调查来说，封面信就是研究者自己的"名片"，有关调查的一切情况，都得靠封面信来说明和解释。封面信的好坏直接影响到被调查者的合作意愿，对问卷的回收率和有效率将产生相当大的影响。所以，一定要使用好封面信，充分发挥它的沟通桥梁作用。

(3)使用好指导语，充分发挥它的指导作用。采用邮寄填答法收集资料时，指导语要写好。对于某些填答比较复杂的问题，在详细说明填答方法的同时，最好辅之以实例。对于某些比较复杂的概念，或理解起来可能会产生偏差的概念，最好给予明确的界定和解释。另外，为了引起被调查者的注意和重视，指导语最好以"填表说明"或"填答注意事项"的形式出现并单独打印，与封面信装到一个信封内，一并寄给被调查者。

(4)选择恰当的邮寄问卷时机。采用邮寄填答法收集资料时，邮寄问卷的时间应该有所选择，以不与被调查者比较大的或比较特殊的活动和事件产生冲突为原则。如不要在大的节假日之前给被调查者邮寄问卷，也不要在学校刚开学或者复习考试阶段给学生寄调查问卷。在这个时候人们有比回答问卷更重要的事，即使在忙完其他事想起填答问卷时，他们也会认为超过了调查期限而放弃填答。

(5)用跟踪信或提醒电话帮助提高回收率。跟踪信或提醒电话的一般做法是：在第一批问卷寄回之后，向未寄回问卷的被调查者邮寄一封跟踪信或打一个提醒电话，请他们合作，将问卷填答并寄回，若被调查者需要还可以再寄一份问卷。

三、网络填答法

网络填答法是指借助于互联网来发放和回收问卷的方法。具体可分为网站(弹出式网页)填答法和电子邮件填答法。网站填答法是研究者将调查问卷设置在访问率较高的一个或多个站点上，由浏览这些站点并对该项调查感兴趣的网上用户按照个人意愿完成问卷的资料收集方法。电子邮件填答法是指研究者将问卷设计好后，通过 e-mail 的方式将问卷发送给被调查者，被调查者填答完问卷后，再以 e-mail 的方式将问卷反馈给研究者。电子邮件填答法其实是将传统资料收集中的邮寄填答法放到网上去运作。因此这里对网络填答法的介绍主要针对的是网站填答法。

(一)网络填答法的优点

(1)网络填答的及时性。网络上的信息传输速度非常快，一份调查问卷制作成网页通过互联网可以立即传送到世界各地，在短时间之内就可获得大量的反馈信息；同时所得的资料已经输入数据库，能快速进行统计分析产生结果。

(2)网络填答的超时空性。互联网覆盖面广，突破了地域限制，只要接通了互联网，受访者可以不受地域限制参与问卷填答。互联网突破了时间限制，一天24小时不间断地进行，不受时差影响。因此，网络填答法在理论上来讲是处于世界范围内的，是全天候的。

(3)网络填答成本低。网络填答法从问卷的制作与回收依托的都是无纸化环境，因此节省了纸张费用、印刷费用；省去了邮寄填答法需要的邮费和信件装封人员费用，个别发送法需要大量的派送和回收人员产生的费用；个别发送法、邮寄填答法在问卷回收后需要有数据录入人员进行数据输入，而在网络填答法中这项工作在被访问者填完问卷后自动完成。所有这些都大大降低了网络填答的成本。

(4)网络填答法匿名性好，特别适合对敏感性问题的调查。填答者是在独立条件下通过网络回答问题，不仅不与调查员见面，而且调查员也不知道填答者的一些基本资料，如姓名、通信地址等，这相对提高了被调查者回答的匿名性，从而比其他资料收集方式更容易获得某些敏感的信息。对于敏感性问题用网络填答法，被调查者更乐于合作。如同性恋、艾滋病等一些敏感性问题，采用传统的问卷填答方法，人们往往有一定的压力，而不愿意吐露真情；而采用网络填答法，这种担心大为减少，使得更有利于被调查者参与调查。

(5)网络填答的生动活泼和趣味性。网络填答法采用的是电子化问卷，所以在调查问卷中可附加多种形式的多媒体背景资料，图文音像并茂，使问卷生动活泼，而不显呆板。利用网络技术，可将各种图片、声音、游戏、视频、动画夹在问卷中，能使被调查者在轻松、娱乐的环境中完成问卷填答，增强填答过程的趣味性。

(二)网络填答法的缺点

网络填答法虽然具有很多传统资料收集方法无法比拟的优点，但因其必须通过互联网来实现，所以在资料收集过程中无法避免一些由网络带来的缺点，主要表现在以下两个方面。

(1)样本代表性差。虽然我国网络普及速度非常快，但仍然难以代表全国公众。中国互联网络信息中心(CNNIC)2024年3月发布的第53次《中国互联网络发展状况统计报告》显示，截至2023年12月，我国网民规模为10.92亿人，互联网普及率为77.5%。从网民的性别分布来看，男性占51.2%，女性占48.8%；从年龄分布来看，20～29岁、30～39岁、40～49岁网民占比分别为13.7%、19.2%和16.0%，高于其他年龄段群体[①]。这种状况的存在，使得不是所有的调查都可以采用网络填答法来收集资料。另外，即使调查对象的总体是网民，但因为抽样框难以界定，严格的随机抽样也无法实施，同样也会产生代表性难以判断的问题。

---

① 数据来源：中国互联网络信息中心，http://www.cnnic.net.cn/.

(2)资料的真实性、准确性难以判断。网络社会中的人实际上处于非现实的、匿名的"虚拟世界"中。这就为虚假的甚至是带有欺骗性质的信息发布提供了方便。再加上黑客的出现、病毒的侵入,都使得人们对网络安全非常担心,被调查者出于自我保护的需要,提供的基本信息,如性别、年龄、收入等都有可能是虚假的。这使得通过网络填答法所收集到的资料的真实性、准确性难以判断。

(三)网络填答法的运用

网络填答法作为一种新的资料收集方法,其中存在的问题虽然还不能完全解决,但通过一些方法却可以提高网络填答的质量。

(1)提高问卷设计的质量。采用网络填答法收集资料,因为没有调查者与被调查者之间的直接交流,所以问题的设计应该简单明了、通俗易懂;问题的填答方式要简单,尽可能让被调查者通过点击鼠标来完成;问题不宜过多,否则会引起被调查者心理上的厌倦情绪或畏难情绪,影响填答的质量和回收率。一般来说,以被调查者20分钟内能填答完为标准。另外,网络填答问卷还可以充分利用多媒体,制作出令人赏心悦目的视听效果,增强趣味性、参与性,提高被调查者填答的积极性。

(2)尽可能提高样本的代表性。对于网络填答法来说,要提高样本的代表性,就要尽可能扩大调查对象的覆盖面,就要使更多的人、不同特征的人参加调查。这可以通过各种广告宣传方式,如在点击率高的网站上建立链接、在BBS上发布消息、在传统媒体上做广告等,发动尽可能多的不同特征的人都参与到网络填答中来。

(3)注意网络填答法所适用的人群范围。尽管这几年来,随着社会经济的发展,网络的普及率越来越高,网络用户数量迅速增长,但是网络使用率在很大程度上仍然受到人口的年龄特征、文化素质与对信息的需求程度等方面的限制,网络用户和非网络用户在年龄、文化程度、生活习惯等方面存在一定差异,网络填答法收回的资料只能代表网络用户这一群体。因此,在现阶段,网络填答法只适用于上网比例较高的人群,并不是所有的调查课题都适合采用网络填答法。

(4)提高专业网络调研人员的素质与技能。这就要求网络调查人员必须是综合性人才,具备综合技能,既掌握社会调查的理论和方法,还谙熟计算机理论,擅长网络技术,能够对数据库及网络系统进行管理。

(5)注重与传统资料收集方法结合运用。由于样本代表性差,资料的真实性难判断,网络调查的结果一般不宜做统计推论。运用网络进行的商业调查、民意调查在推论总体的时候一定要谨慎。当前的网络调查可作为其他资料收集方式的补充发挥作用,如在问卷设计前的"探索性工作"可通过网络来收集一些资料;问卷设计完之后的试调查工作可采用网络调查的方式进行。

四、集中填答法

集中填答法是指将被调查者集中起来,各自填写调查问卷,然后统一回收的一种资料收集方法。如果方便把被调查者集中起来,则可以采取集中填答法来收集调查资料。集中填答法的具体做法是:先通过某种形式将被调查者集中起来,每人发一份问卷;接着由研究者或调查员统一讲解调查的主要目的、要求、问卷的填答方法等事项；然后请被调查者当场填答问卷；在填答问卷的过程中，被调查者遇到的问题和疑问，由研究者或调查员当场解答；填答完毕后再统一将问卷回收。回收问卷的方式可以采用投入问卷回收箱的办法，以消除集中填答所带来的某些心理顾虑。

(一)集中填答法的优点

集中填答法作为自填问卷法的一种类型，除了具备自填问卷法的各种优点外，它与个别发送法、邮寄填答法、网络填答法等资料收集方法相比，还具有以下优点。

(1)它比个别发送法更高效，更为节省调查时间、人力和费用。由于集中填答法可以在同一时间内向多名被调查对象发放问卷，并且是在同一时间、同一地点集中填写，集中回收，其效率比起由调查员一个个地去发送，再一个个地去回收显然要高得多。

(2)它比邮寄填答法更能保证问卷填答的质量和回收率。由于有调查员在场进行解释和说明，并可以解答被调查者的疑问，因而被调查者错答和误答的现象将大大减少；由于调查员在场进行控制和监督，被调查者商量着填答问卷、请他人代填问卷的可能性几乎没有；由于调查员在场，碍于情面，放弃回答的可能性也大大降低。正是因为这种对调查过程进行一定程度的控制，保证了它比邮寄填答法有更高的问卷填答质量和回收率。

(3)它比网络填答法更能提高样本的代表性。由于集中填答法可以事先制定抽样框，采用较为严格的随机抽样方法来抽取样本，而这在网络填答法中是难以做到的，因此，它比网络填答法更能提高样本的代表性。

(二)集中填答法的缺点

(1)有些被调查者难以集中。将被调查者集中起来，至少需要两个前提条件：其一是被调查者在作息时间上比较一致；其二是被调查者在空间上不能相距太远。这两个条件不同时满足，被调查者就很难集中起来。一旦被调查者不能集中，这种方法的优点自然也就不复存在。如调查下岗职工的生活状况，虽然可以从企业的相关部门得到一份下岗职工的名单，但由于有的下岗职工已经找到了新的单位，有的已经外出打工等，要将他们集中起来是比较困难的。

(2)被调查者之间的互动影响资料的客观性。将众多的被调查者同时集中在一个场所，如一间办公室、一间教室，这实际上为他们制造了一个相互沟通与交流的机会；再加上他们又有共同的"任务"——填答问卷，这实际上也为他们制造了一个共同的话题。有了这种"相互作用"或"团体压力"，那么在填答问卷的过程中，"相互暗示""相互讨论""相互抄袭"的现象时有发生，从而不利于表达个人真实的情况，影响到资料的客观性。

(三)集中填答法的运用

为了更好地发挥集中填答法的优点，尽可能地克服其缺点，在运用集中填答法收集资料时，应注意以下几点。

(1)尽可能利用行政组织资源，配合和支持资料收集工作的开展。与个别发送法、邮寄填答法、网络填答法相比，集中填答法对行政组织资源的依赖程度更高，没有相关行政组织部门或单位的配合与支持，将被调查者集中起来是不太可能的。所以，在采用集中填答法收集资料时，要事先与被调查者所属的行政单位、组织部门取得联系，在他们的配合与支持下，将抽取到的被调查者集中起来，完成问卷资料的收集工作。

(2)科学确定调查员的数量，切实提高调查员的素质。与其他几种自填问卷法相比，集中填答法对调查员的数量与质量要求更高。这是因为，在采用集中填答法收集资料时，调查员与被调查者有直接的、面对面的接触（网络填答、邮寄填答时调查员与被调查者完全不见面），有较长时间的沟通与互动，不仅要介绍调查的目的、意义、填答注意事项，而且还要解决被调查者在填答问卷过程中遇到的各种问题和困难，要控制、减少被调查者之间的相互影响，这一切都对调查员的能力和素质提出了较高的要求。

(3)建立调查员与被调查者之间良好的协调关系。与其他自填问卷法相比，采用集中填答法收集资料时，调查员与被调查者之间的沟通、互动对问卷的质量影响要更大一些。调查员应该清楚他的工作效果在很大程度上依赖于他与被调查者之间良好的协调关系。调查员与被调查者之间良好的关系有助于被调查者的合作，以提供更多的信息，表达他们个人真实的情况，从而保证问卷的填答质量。实践表明，调查员保证调查资料绝对保密，对被调查者在填答过程中遇到的各种问题耐心解答并予以积极的鼓励，是建立和保持调查员与被调查者之间友好关系的好方法。

第三节　结构访问法

结构访问法分为当面访问和电话访问两种类型，下面就这两种类型分别进行介绍。

一、当面访问法

当面访问法是访问员与被调查者直接接触，依照事先设计好的访问问卷，在面对面的交谈中完成问卷填答工作的一种资料收集方式。当面访问的基本做法是：研究者先选择和培训一组调查员，由这组调查员携带访谈问卷分赴各个调查地点，按照调查方案和调查计划的要求，对所抽取的被调查者逐一进行访问和交谈，并按照问卷的格式和要求记录被调查者的各种回答。在访问中，调查员应严格依据调查问卷提出问题，并严格按照问卷中问题的顺序来提问。调查员不能随意改变问题的顺序和提法，也不能随意对问题做出解释。答案的记录也完全按问卷的要求和规定进行。

当面访问法与自填问卷法中的个别发送法最为相似，它们都要求调查员逐个找到被调查者，有单独的接触与交流。所不同的是，个别发送法中调查员只需向被调查者稍做解释，并将问卷送交给被调查者即可，至于问卷的填答工作，则完全由被调查者独自完成；而当面访问法中，调查员则要依据问卷向被调查者提问，并按照问卷的统一要求亲自记录被调查者的回答。正是这种差异，决定了当面访问法不同于个别发送法的一些特点。

(一)当面访问法的优点

同自填问卷法相比,当面访问法的优点主要体现在以下几个方面。

(1)提高了调查结果的可靠性。当面访问法通过对调查过程加以控制,从而提高了调查结果的可靠性,这是其最突出的优点。在访问过程中,调查员当面提出问题,可以对问题或答案做适当的解释,减少被调查者各种错答、误答、缺答、乱答的情况;可以对访问的环境进行有效的控制,被调查者既不可能同别人讨论着回答,也不可能完全交给别人代答。同时,这种当面问、当面回答的方式也在一定程度上降低了被调查者出现欺骗性回答的概率。这些都使得调查结果的可靠性大大提高。

(2)调查问卷回收率大大提高。自填问卷法的一大缺点在于它的回收率常常难以保证,而当面访问法具有远高于自填问卷法的回收率。这是因为在采用当面访问法收集资料时,访问员与被调查者直接接触,面对面地交谈与访问,因此,被调查者拒绝合作或者半途而废的情况比较少,大大提高了调查问卷回收率。

(3)可以对调查资料的效度与信度进行评估。这是因为,调查员在询问和记录的同时,可以对被调查者的表情、态度、语气和行为,甚至对某些家庭状况进行观察,收集到许多非口头表达出来的信息,充分利用这些信息帮助分辨和判断被调查者回答的真实程度。如根据被调查者在回答问题过程中的合作态度、对问题的理解程度、对调查本身的重视程度等,对其全部访谈结果的信度与效度进行评估。又如,被调查者在收入这一问题的回答中报了一个很低的数字,或自认为自己的生活水平在当地处于下层,但调查员通过观察其室内装修、高档商品的拥有等情况,判断其属于较高生活水平的家庭,这时就应怀疑他的回答是否真实,并要想办法进行追问和核实。

(二)当面访问法的缺点

当面访问法虽然在上述几方面优于自填问卷法,但也具有一些不如自填问卷法的缺点。

(1)费时、费钱,代价大。由于自填问卷调查可以在很短的时间内甚至同时对多个被调查者进行资料收集,而当面访问法必须一对一地对被调查者进行访问,因此,它所需要的时间显然要多得多。由于当面访问法必须派出一批调查员,调查员事先必须进行培训,因此调查员的培训费用、工作报酬以及路途的差旅费等,远比个别发送、集中填答、邮寄问卷所花的费用高。当面访问法是各种资料收集方法中,成本相对来说最高的一种。

(2)调查地域范围和规模受到限制。当面访问法要求调查员亲赴每一个被调查者所在地区,因而,被调查者的地域分布不能太广。由于当面访问法费用高、时间长、代价大,所以其调查规模也受到了很大限制。如果没有充足的经费和人力,或者没有足够的时间,访问的对象就不可能太多。

(3)匿名性差,不适用于敏感性问题的调查。自填问卷调查具有很好的匿名性,可以减轻被调查者的心理压力和思想顾虑。当面访问法由于有调查员在场,并且当面提问、当面回答,这样匿名性差,被调查者的思想压力就可能很大,顾虑也可能比较多。所以,对于某些较敏感问题的调查,采用当面访问法的效果往往比不上自填问卷调查。

(4)容易引起访问偏差。由于调查员与被调查者直接地、面对面地互动和交流,所以调查员对被调查者会产生一定的影响,容易引起访问偏差。如调查员的性别、年龄、身份、穿着、口音等都会对被调查者产生一定的影响,从而导致被调查者对问题的回答容易"失真"。特别是在陌生人之间进行交谈,被调查者容易产生种种猜疑和不信任感,在这种情况下往往难以得到完全真实的资料。另外,有时因调查员误解了被调查者的回答或在记录时造成笔误等,也会造成调查结果出现偏误。

二、电话访问

(一)电话访问及其实施

电话访问(telephone interviewing)是指调查员通过打电话的方式与被调查者联系,并在电话中对被调查者进行调查访问的方法。这种访问方式是随着社会现代化的发展,特别是随着普通居民中电话的普及率越来越高而逐步发展起来的。

进行电话访问需要有一套"计算机辅助电话访问系统"(computer assisted telephone interviewing system,CATIS)的支持。这套系统既有计算机、电话等硬件,也有专门用于进行电话访问的特定软件。通常一套系统有十几台至几十台连接成局域网络的计算机,每台计算机连接有一根直拨电话线,所有计算机都与一台主机相连接。通过主机可以管理、监控每一台访问用计算机的工作情况。

电话访问的一般做法是:①根据调查目的设计好电话访问的问卷表,并将问卷表按照"计算机辅助电话访问系统"的格式录入计算机;②在系统中设计好随机抽取电话号码的计算机程序;③挑选和培训一组电话访问调查员,这是电话访问中十分关键的一环;④调查员实际开展电话访问。

(二)电话访问的优点

电话访问是利用电话这种现代通信工具进行的一种结构式访问,它与当面访问相比,有以下几个方面的优点。

(1)速度快,效率高。电话访问不必像当面访问那样花很长的时间、投入很大的精力去找到被调查者,它往往在几秒钟内就可以通过电话对被调查者进行访问。在进行电话访问的同时,被调查者的回答直接录入计算机。当电话访问结束时,通过机器汇总后,可以直接用 SPSS 软件进行统计分析。因此电话访问速度快,效率高。

(2)省钱,成本相对较低。电话访问,花钱很少,其费用远远低于派调查员前往当面访问被调查者所需要的差旅费。

(3)便于对调查员进行监督和控制。电话访问员从同一电话调查工作室或电话访问实验室打电话,十分便于研究者对调查员的访问质量进行监督和控制,使得电话访问的质量比当面访问更容易得到保证。另外,采用 CATIS 还可对样本配额的完成情况进行实时的反映和调控。

(4)调查对象范围分布广泛。电话访问不需要调查员与被调查者面对面地接触与交流,凡是有电话的单位或个体,都有可能被抽到。因此,抽样可以在一个相对于当面访问更广的范围内进行。

(三)电话访问的缺点

当然,电话访问法也有自身的缺点,主要表现在以下几个方面。

(1)样本抽取困难,代表性难以保证。在进行电话访问时,如果采用电话号码簿抽样,则要求总体中每一个成员都有一部电话,而且每部电话的号码都集中在一本电话号码簿上。但现实情况是,一方面,电话号码簿上的号码并非正好构成调查者所希望调查的总体(如调查者希望调查的是全市居民家庭,而电话号码簿上的许多号码却是各种社会组织、单位的办公电话);另一方面,有许多属于调查总体的号码又没有出现在电话号码簿上,这样就无法抽到它们。

(2)电话访问的时间与内容限制。由于电话访问对被调查者的控制很少,对方可以随时中断访问,所以电话访问不可一次通话时间太长,一般控制在10分钟以内比较合适。这种时间限制必然要求电话访问的题目要少,问题要简单,内容要精练,有些问题不能像当面访问那样深入。因此,访问时间的不充分性客观上制约了电话访问所收集资料的范围和深度。所以,在实际社会调查过程中,对于调查深度要求较高、问题较多、问卷较长的调查不适合用电话访问法。电话访问通常比较多地运用在市场调查和舆论调查方面。

(3)拒答率相对较高。相对于当面访问,电话访问的拒答率要高一些。如在进行电话访问时,有些被调查者因不能辨识调查员的身份而拒绝访问;被调查者在回答的过程中,有其他的事要做或感到厌倦时可以随时挂断电话。这些都会导致拒答率较高。

第四节 资料收集的程序与技巧

资料收集是社会调查中实践性、操作性很强的一个阶段,无论是自填问卷法还是结构访问法,在具体的操作过程中,都需要遵守基本的程序和掌握相应的技巧。

一、资料收集前的准备

正式收集资料前的准备工作一般可以分为工具准备和角色姿态准备。

(一)工具准备

工具准备主要包括以下几个方面的工作。

(1)熟悉问卷及调查员手册。无论是自填问卷还是结构式访问,资料收集前的准备工作首先是组织调查员学习、熟悉统一设计的问卷及调查员手册。理解问卷中每一个问题的含义、答案类别及填答方法,熟悉问卷的整体结构等;了解访谈的目的、要求、步骤;明了可能出现的问题及解决办法。

(2)准备调查礼品或纪念品。在问卷调查中,被调查者要花费自己的时间、精力,要付出一定的代价,他们希望调查员对他们的代价有所补偿。因此,在正式调查之前,还应该准备好调查礼品或纪念品。尽管并不能恰当地用钱或物来估计和衡量被调查者参与调查这一行动价值的大小,但不管怎样,在实践中用几元至十几元的物品这样小的代价往往就能换来很大的效果。调查礼品一般要选择对被调查者有实际用途的物品,其价值大小一般根据被调查者完成一次调查所花费的时间、精力以及研究者所拥有的经费条件等因素来确定。

(3)除了准备好调查所用的问卷、调查礼品(或纪念品)外,调查员应随身携带证明个人身份的有关证件和标志。如学生调查员应随身携带学生证和调查单位的介绍信,最好还能在胸前佩戴盖有调查单位公章的"调查员证"。这些都有助于减少被调查者的疑虑,增加其对调查员的信任感。

(二)角色姿态准备

资料收集工作的成败主要取决于被调查者是否合作以及合作的程度。而被调查者是否合作以及合作的程度关键在于调查员的角色姿态。一个角色姿态恰当的调查员,可以打开僵局,甚至化敌为友;一个角色姿态不当的调查员,不仅无法扭转僵局,甚至把好的局面变坏。所以在正式收集资料前,调查员一定要调整好自己的角色姿态。要想在调查过程中采取恰当的角色姿态,调查员应当注意以下几点。

(1)理解被调查者的心理和想法。在社会调查过程中,调查员应对被调查者的心理和想法有所认识和理解。研究者在采用调查方法收集资料时,要尽可能给予被调查者以物质上的回报。但仅仅有物质上的回报是不够的,有些被调查者可能更看重精神方面的回报,如信任、尊重、理解等。这就是许多调查的开场白中要向被调查者强调"您作为全市居民的代表""您是这方面最有发言权的人""您的参与是重要的""您的回答是有价值的""您是最熟悉城市交通的"等的原因。

(2)理解被调查者的生活处境。如选择和培训大学生或研究生来充当调查员,当他们到了偏远农村时,在态度和行为上最容易犯的错误是"城市人的骄傲感",这很容易引起被调查者的反感,导致无法进行调查。一名优秀的调查员应该有雅量,抛开自己的成见,接纳并尊重当地人的风俗习惯或社会规范与价值。只有用这种诚恳的态度、平等的姿态,才能赢得被调查者的信任并乐意合作。

(3)了解被调查者总体的基本情况和特征。在接触被调查者之前,调查员要对被调查者总体的有关情况和特征,如年龄、性别、职业、文化程度、家庭背景、兴趣爱好等,有一个基本的了解。这样做的好处是,一方面便于调查者根据实际情况采取适当的角色姿态,尽可能缩小调查员与被调查者之间的心理距离,增加二者之间的共同语言,以建立起融洽轻松的调查关系;另一方面可以使调查员对被调查者在访问过程中所谈的各种情况有一个更为准确、更为客观的理解。

(4)争取行政组织力量的支持与帮助,增强身份角色的合法性。在正式接触被调查者之前,有必要与被调查者所在的区(县)、街道(乡镇)、社区居委会(村委会)、企事业单位等地方机构取得联系,在获得对方的允许,最好是在对方的支持与帮助下,着手进行调查。如要在某市进行一项关于城市居民生活质量的调查,采用入户结构式访问的方法来收集资料。在与被调查者正式接触之前,可以事先与被抽中的街道、社区居委会工作人员联系，让他们先给社区居民"通通气"。

二、接触调查对象

采用个别发送法、集中填答法和当面访问法收集资料的一个很大的特点是要与被调查者直接接触，要与被调查者面对面交谈。因此，与被调查者的接触也是调查过程中最关键的一环。在接触被调查者过程中，要注意以下几个方面。

(1)留下良好的第一印象。第一印象是与陌生的交往对象第一次接触后形成的印象。初次见面时对方的仪表、风度等形成的最初印象往往是日后交往的依据。心理学家鲁钦斯研究认为，先出现的信息对总印象的形成具有较大的决定力，因此，要想在别人心目中留下好的印象，应该特别慎重。正式、普通、友善、礼貌，是这种第一印象的基本标准。所谓正式，指的是调查员看起来是具有某种合理的、合法的和正规的身份和角色，这种正式性往往可以帮助消除被调查者的猜疑。所谓普通，指的是调查员的外表和打扮看起来和平常人一样，没有大的区别，这种普通性可以帮助消除被调查者的顾虑。而友善和礼貌主要是对调查员态度的要求，它们可以使调查员的形象易于被调查对象接受。

(2)进门与自我介绍。在入户调查中，进门是一道"关卡"，是十分重要和关键的一环。在现代大城市，入户越来越困难。只要调查员能够顺利地进门，调查也就完成了一半。因此，调查员应对如何进门给予高度重视。具体做法是：见面时，首先要向被调查者表示某种歉意，如"对不起，影响了您的休息""对不起，打扰了"等。除了歉意的表示外，调查员还要对自己及所从事的调查活动做一个简单的介绍。好的自我介绍的标准是：简明扼要、意图明确、重点突出、亲和力强。自我介绍的内容与自填问卷中的封面信相似，主要解释你是什么人(即说明调查员的身份)、你想干什么(即调查的性质和大致内容)、为什么要进行这次访问(即调查的价值和意义)，并解释怎么抽选到该调查对象、说明不会占用对方太多时间、表示希望得到对方的支持、调查完之后有小礼品相送(很多被调查者看到调查员手中的礼品之后，都会误认为调查员是来推销产品的，从而影响被调查者的合作，因此，在自我介绍的最后，最好对携带的调查礼品做一个解释)等。

三、提问与记录

提问是结构式访问的主要手段和环节，它在结构式访问过程中占有重要地位。在结构式访问过程中，提问应该注意以下几点。

(1)开始访问是一门艺术。为了创造有利于访问的气氛，除了对被调查者表示礼貌外，在进入正题之前，可以先谈谈被调查者较熟悉的事情，如他的住房、家庭、子女、个人爱好等，也可以先谈谈被调查者正在做的事情，如谈谈他正在收看的电视节目，以消除拘束感，然后逐步地把话题引向调查的内容，而不要一进门就开口提问卷中的第一个问题。

(2)提问的语言要简单明了，通俗易懂。问题的陈述越长，就越容易产生含糊不清的情况，被调查者理解起来就越困难，被调查者就越有可能产生不一致的理解。而问题的陈述越短，产生含糊不清的情况可能性就越小，被调查者越容易理解。

(3)主动地用口，恰当地用眼，专心地用耳，熟练地用手。提问时，调查员要面向被调查者，目光要直接与其交流，不要只顾自己低头照着问卷念问题，全然不看被调查者；当然目光也不能长时间停留在被调查者身上，使其感到紧张和不安；提问的语气要平和、语句要表达清楚，要以平常人们交谈时的方式进行陈述和提问；要准确理解被调查者回答的内容，迅速地、认真地在问卷上做相应的记号。

四、资料收集过程中的控制

控制是资料收集过程中，特别是集中填答、结构访问过程中最重要、最关键的环节之一，也是一项最难掌握的工作任务。一般资料收集中的控制主要包括环境控制、提问控制以及表情与动作控制。

(一)环境控制

资料收集过程中，特别是采用结构访问法，因其是一种标准化的访问收集资料的过程，要求调查员要对访问的环境进行有效的控制。

(1)调查环境无干扰。调查应该在一个相对安静、无他人打扰的环境中进行。如果被调查者周围的人太多或太嘈杂，干扰厉害，可向被调查者委婉提出能否换个更加安静的地方；不要让被调查者边做其他的事边接受访谈，这会大大影响资料的质量，可恳切地表示调查时间不会太长，希望被调查者能够暂时放下手头的工作。

(2)被调查者独立回答问题。调查过程中，要保证被调查者独立、自主地回答问题。如果有他人主动向被调查者提供参考意见，或者被调查者向他人征求意见，调查员都应该非常礼貌地制止，并强调本次调查只关心被调查者个人的真实想法，需要他在不受他人影响的情况下独立作答。

(3)创造融洽的访问气氛。为了创造有利于访问的气氛，在进入正题之前，可以先聊聊被调查者熟悉的事情或正在做的事情，如他的住房、个人喜好等，以消除拘束感，然后逐步把话题引向访问的内容。

(二)提问控制

(1)规范提问。资料收集过程中要尽可能避免调查员个人因素，特别是个人主观因素对资料收集过程的影响，要求给所有被调查者的刺激完全相同。这就要求调查员要严格遵循研究者事先统一制定的访问程序和规范，完全按照问卷内容、问题的顺序逐字逐句读出题目(语气平和、吐字清楚)，而不能随意改变提问方式、问题的陈述、答案的类型，也不能随意增添一些自认为有利于被调查者回答问题的解释。

(2)保持中立态度。在资料收集过程中，调查员应该保持中立的态度。要注意控制自己的语音、语调、表情和态度，不能流露出自己的价值倾向和对问卷中问题答案的偏好，更不能公然发表自己的看法和见解，即使被调查者征询调查员的意见，调查员也应委婉地拒绝。

(3)帮助被调查者进行调查内容的转换。当调查的内容从一个方面转换到另一个方面时，调查员要有意识地帮助被调查者进行转换，而不能在被调查者没有任何心理准备的情况下突然地转换调查内容。

(4)对问题的追问和重述。当感觉到被调查者的回答前后有矛盾时,可以通过重述其回答和追问来确证;当感觉到被调查者答非所问,或者被调查者对问题含义理解有误时,可以通过重述问题来帮助他们理解。

(三)表情与动作控制

表情与动作是指调查员充分运用自己的各种表情与动作,来表达一定的思想、感情或要求,从而达到对资料收集过程的控制。

(1)礼貌、虚心、诚恳、耐心的表情应贯穿于资料收集过程的始终。礼貌是指在整个资料收集过程中,调查员在言语动作方面要体现出对被调查者的尊重与恭敬;虚心是指在整个资料收集过程中,调查员都不能自以为是、高高在上,而是要仔细倾听并认真记录被调查者的意见,即使被调查者的意见、观点过于偏激甚至错误,也不能流露出不屑一顾的表情;诚恳是指在整个资料收集过程中,调查员对被调查者要十分真诚,并通过表情鼓励被调查者发表自己的真实想法;耐心是指在整个资料收集过程中,都不能急躁和厌烦,即使被调查者答非所问,也不能流露出厌烦的表情,而是恰当地给予引导。

(2)调查员的表情要符合被调查者所谈到的情况。要对被调查者回答的喜怒哀乐表达出同感。当被调查者谈到自己的成就时,要表示高兴;当被调查者谈不公平的事时,要有义愤的表情;当被调查者谈到不幸、失败、挫折时,要有惋惜和同情的表情;而当被调查者谈到一些难于启口的隐私时,不要流露出好奇的表情,而要表示理解。

(3)要对被调查者的回答表示关注,即使被调查者答非所问,或者语言表达效果较差时也应当如此。这一方面是对被调查者的尊重,另一方面往往也可以从被调查者"答非所问"中得到一些"意外收获"。

(4)用动作中断被调查者的谈话。如当被调查者"借题发挥"时,可以通过端茶倒水的动作打断被调查者扯远的话题。

五、结束调查

结束调查是资料收集过程的最后一个环节。对于结构式访问来讲,结束访问应掌握两个基本原则:一是适可而止,即当一份问卷完成之后就要结束访问;二是要把握住结束访问的时机。例如有时调查对象仍然很有兴趣,还有其他一些话要说,而他要说的话可能与研究者的内容并没有太多直接联系,这时调查员要乘机插话,使访问圆满结束。

在结束调查时,调查员要从头到尾检查问卷,看是否有漏填或明显错误的地方,如果有,应及时向被调查者询问并补填或更正。

最后,要向被调查者致谢,并赠送礼品。如果被调查者的兴致高,十分热情,在其时间允许的情况下,可以询问被调查者是否认识调查员将要调查的下一个被调查者,如果认识再问他能否将调查员带到下一个被调查者处,这样可以减少入户的困难。

第五节 资料的整理与分析

一、资料整理

(一)资料的审核

资料的审核是指研究者对所收集的原始资料进行初步的审阅，校正错填、误填的答案，剔除乱填、空白和严重缺答的问卷的过程。审核的目的主要是核实原始资料的真实性、准确性和完整性，保证调查的质量，为后续资料的录入与统计分析打下较好的基础。资料的审核方式包括实地审核和集中审核两种。实地审核指的是，资料的审核在收集资料的过程中进行，也就是边收集边审核。集中审核指的是，当调查资料全部收回后，再集中时间按统一的标准审核。

(二)资料的编码

编码就是用代码和数字来代替问卷中任何一个问题及其答案，或者说是将问卷中的问题及答案转换成代码和数字的过程。编码的目的是用一组变量来表示问卷中的每一个问题，用每一个变量的不同取值表示对这一问题的不同回答。比如，"1. 您的性别是：1 男；2 女"，则可用"A1"来表示性别这个问题，用"1"表示男性，"2"表示女性。

(三)数据输入

数据输入就是将问卷资料所对应的代码通过扫描或用键盘逐步输入计算机，建立数据文件的过程。目前，数据输入的方式主要有两种：人工输入数据、计算机辅助系统转换。

人工输入就是输入人员通过键盘，将问卷或登录在数据表上的数据逐一输入计算机的过程。一般有两种方式：一种是直接从问卷上将编好码的数据输入计算机；另一种是先将问卷上编好码的数据转录到专门的登录表上，然后再从登录表上将数据输入计算机。

计算机辅助系统转换主要用在电话访问中，也就是采用"计算机辅助电话调查系统"(CAIT 或 PAPI)收集资料时，通过计算机和转换软件可以直接将调查员在电话访问过程中输入电脑中的数据转换为数据文件。这种方法可以节省输入和整理数据的时间，提高数据整理的速度，节省人工成本，并且可以避免数据多次转换可能出现的误差。

(四)数据清理

数据清理工作的目的是不让有错误或有问题的数据进入运算过程。数据清理工作一般在计算机的帮助下完成。在输入数据的过程中，无论组织安排得多么仔细，工作多么认真，还是会或多或少出现一些差错，如原始数据本身存在问题、编码过程中出现差错、录入人员的疏忽等。数据的清理通常包括对数据有效范围的清理、数据逻辑一致性的清理和数据质量的抽查。

二、资料分析

(一)单变量描述统计

1. 频数与频数分布

频数也称为次数,它是指分布在各类别中的数据个数。把各个类别及其相应的频数全部列出来就是频数分布。在一项有关农民工的研究中,根据农民工是否意愿留城,得出了表 4-1 所示的结果,这就是一个频数分布表。

表 4-1 农民工留城态度的频数分布

选择	频数
愿意	240
不愿意	435
无所谓	225
合计	900

2. 百分比

百分比是样本(总体)中各个部分的频数与全部频数之比,然后再乘以百分之百,它用来表示样本(总体)中各个部分的相对大小。如为了解农民工的留城意愿,表 4-2 给出了农民工在各个分类上的频数和百分比。

表 4-2 农民工留城态度的频数和比例分布

选项	频数/人	百分比/%
愿意	240	26.7
不愿意	435	48.3
无所谓	225	25.0
合计	900	100

3. 累计频数和累计百分比

累积频数就是将频数分布中的频数逐级相加的结果。根据相加的内容,可分为累计频数和累计百分比;根据相加的方向,可以分为向上累计和向下累计。它们的作用是使调查者知道某值以上或以下的频数总和或百分比总和。如一项关于农民工的研究中,有一个问题是"在城市生活中,我有很多城市本地的朋友",并附上了"非常不同意""不同意""不确定""同意""非常同意"五个选项,表 4-3 是调查所得的结果。

表 4-3 "在城市生活中,我有很多城市本地的朋友"调查数据统计

选择	不累计		向上累计		向下累计	
	频数/人	百分比/%	频数/人	百分比/%	频数/人	百分比/%
非常不同意	200	22.2	200	22.2	900	100
不同意	130	14.4	330	36.6	700	77.8
不确定	260	28.9	590	65.5	570	63.4

续表

选择	不累计		向上累计		向下累计	
	频数/人	百分比/%	频数/人	百分比/%	频数/人	百分比/%
同意	240	26.7	830	92.2	310	34.5
非常同意	70	7.8	900	100	70	7.8
合计	900	100	—	—	—	—

(二)集中趋势分析

集中趋势是指一组数据向某一中心值靠拢的倾向。集中趋势分析就是寻找一个代表数据一般水平的代表值或中心值。这种方法有一个特殊意义，就是可以根据这个代表值或中心值来估计或预测每个研究对象(即个案)的数值。这样的估计或预测，当然会有错误，但由于所根据的数值最有代表性，所以预测发生错误的总和理论上应是最小的。常用的集中趋势值主要包括众数、中位数和均值。

众数(mode)是指一组数据中出现次数最多(即频数最高)的变量值，一般用 M_o 表示，又称众值。

中位数(median)是指一组数据按值的大小顺序排列后，处于中央位置的变量值，用 M_d 表示，又称中位值。很显然，中位数将全部数据等分成两部分，每部分包括 50% 的数据，一部分数据比中位数大，另一部分比中位数小。

均值是指总体各单位数值之和除以总体单位数目所得之商。一般用 x 表示。

(三)离散趋势分析

离散趋势测量法，是要求出一个值来表示个案与个案之间的差异情况。主要有异众比率、四分位差和标准差。

异众比率又称离异比率或变差比，它是指非众数的频数占总频数的比率，一般表示为 V_r。异众比率的公式为

$$V_r = \frac{n - f_{mo}}{n} \tag{4-1}$$

其中，n 代表总频数，f_{mo} 代表众数的频数。

四分位差，也称为内距或四分间距。它是先将一组数据按大小排列成序，然后将其四等分(即每个等分包括 25% 的个案)，则第一个四分位置的值(Q_1)与第三个四分位置的值(Q_3)的差异就是四分位差。一般简写为 Q，公式为

$$Q = Q_3 - Q_1 \tag{4-2}$$

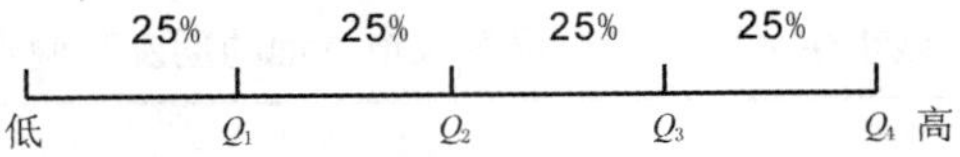

图 4-2 四分位差示意图

图 4-2 表示四个等分。Q_2 就是中位值(M_d)，两边各有 50% 的个案。四分位差(Q_3 与 Q_1 的距离)反映了中间 50% 数据的离散程度。其数值越小，说明中间的数据越集中，数值越大，说明中间的数据越分散。

标准差,是将各数值(x_i)与其均值($\bar{x}$)之差的平方和除以样本自由度(样本数 $n-1$),然后取其平方根。基本公式为

$$S=\sqrt{\frac{\sum_{i=1}^{n}(x_i-\bar{x})^2}{n-1}} \tag{4-3}$$

(四)双变量分析

在很多研究中,研究者需要了解两个变量之间的关系,这就涉及双变量的统计分析。最常见的有交互分类表和相关分析。

1. 交互分类表

所谓交互分类,就是将调查所得的一组数据按照两个不同的变量进行综合的分类。交互分类的结果通常以交互分类表(又称为列联表)的形式反映出来。

表 4-4　不同性别的城市居民对"女性应该以家庭为主"的态度(%)

性别	赞同	不赞同	不表态
男	70	25	5
女	15	70	15

从表 4-4 可以看到,不同性别的城市居民对"女性应该以家庭为主"的态度存在较大差别,男性倾向赞同的多,而女性则主要倾向不赞同。从这个例子中可以看出交互分类的作用:交互分类表不仅可以较为深入地描述样本资料的分布状况和内在结构,而且可以对变量之间的关系进行分析和解释。

2. 相关分析

两个变量之间的相关,是指一个变量的值与另一个变量的值有连带关系,如果一个变量的值发生变化(或取值不同),另一个变量的值也会发生相应的变化(取值也不同)。例如,受教育程度是一个变量,收入水平又是一个变量,如果受教育程度不同(初中、高中、大专、本科等),收入水平也呈现出高低差别,那么就可以说"受教育程度"与"收入水平"这两个变量之间存在着某种相关关系。

相关程度,指的是相关关系的强弱或大小。表示相关的强弱或大小的统计结果称为相关系数。相关系数的取值范围一般在 -1 与 $+1$ 之间,绝对值越大,表示相关的程度愈强。正、负号表示的是相关关系的方向。

所谓正相关,是指一个变量的值增加时,另一个变量的值也增加;反之,一个变量的值减少时,另一个变量的值也减少。也就是说两个变量的取值变化是同方向的。如研究发现文化水平越高的人,收入也越高;文化水平较低者,收入也普遍较低。反之,那些收入较低的人,他们的文化水平一般来说也较低。这时,就可以说文化水平和收入之间存在着正相关关系。

所谓负相关,是指一个变量的值增加时,另一个变量的值却减少;或者说,两个变量取值变化的方向是相反的。例如,研究发现文化水平越高的青年,愿意生育子女的数量越少,而文化水平越低者,愿意生育子女的数量越多。这时就可以说文化水平和子女生育意愿之间存在着负相关关系。

相关测量法，就是用一个统计值来表示变量和变量之间的关系。这个统计值，通常被称为相关系数。相关测量法有很多种，且较为复杂，感兴趣的读者可参阅相关统计学教材。

【思考与练习】

(1)试比较个别发送法、邮寄填答法、网络填答法、集中填答法各自的优缺点，并说明在实际应用中应注意什么？

(2)邮寄填答法最主要的缺点是什么？为了尽可能提高邮寄问卷的回收率和填答质量，研究者应注意哪些方面的问题？

(3)网络填答法的主要缺点是什么？如何提高网络填答法的代表性？

(4)结合实际，谈谈采用集中填答法收集资料时，调查员应注意哪些问题？

(5)举例说明如何选择资料收集方法。

(6)结合实际谈谈自填问卷法和结构访问法各有什么优缺点。

(7)结合实际谈谈当面访问法的优缺点。

(8)结合实际谈谈如何对访问进行有效控制。

(9)电话访问的主要困难是什么？这一困难对电话访问的应用有什么样的影响？

(10)进行电话访问时，应注意哪些方面的问题？

第五章 调查报告的撰写

教学目标

通过本章的学习，使学生了解调查报告的类型与特点，了解调查报告撰写中应注意的问题，掌握调查报告的撰写要求、步骤和基本格式，能够正确撰写调查报告。

教学重点和难点

- 调查报告的基本格式
- 调查报告的内容要点
- 学术性调查报告的写法
- 应用型调查报告的要求

研究者将回收的调查资料输入计算机，利用统计软件进行分析之后，就可着手撰写调查报告。撰写调查报告是整个社会调查活动的最后环节，它的作用就是把调查研究的结果以文字、数字、图表等形式传达给他人，同其他人进行交流。调查报告是一项社会调查研究成果的集中体现，其撰写的质量将直接影响到整个社会调查研究工作的成果质量和社会作用。因此，必须高度重视社会调查报告的写作。本章将详细介绍这方面的内容。

第一节 调查报告的类型与特点

调查报告是整个社会调查研究过程的全面总结，它是反映社会调查研究成果的书面报告，它以文字、数字、图表等形式将调查研究的方法、过程、结果和结论表现出来。其目的是要告诉有关读者，对于所调查研究的社会现象或问题是如何开展调查的、采用了哪些方法、取得了哪些成果、发现了哪些规律、揭露了哪些矛盾、形成了哪些结论、有什么理论意义和现实意义等。

一、调查报告的类型

由于社会调查研究课题的性质多样、内容广泛，调查的目的和作用又有较大的不同，因此形成的调查报告有多种类型。根据调查报告的性质、内容、用途、读者对象等方面的不同，可将调查报告分为以下几种类型。

(一)应用性调查报告与学术性调查报告

根据调查报告的主要目的和读者对象，可将其分为应用性调查报告和学术性调查报告。这两类调查报告在读者对象、目的与作用、撰写要求等方面都存在较大的差异。

(1)读者对象不同。应用性调查报告往往以各级政府部门、各类实际工作部门的领导和有关工作人员为读者对象，而学术性调查报告则主要以专业研究人员尤其是以与研究相同或相近的专业研究人员为读者对象。

(2)目的与作用不同。应用性调查报告以了解和描述社会现实情况、提供社会决策参考、解决实际社会问题为主要目的，对各级政府决策和各类实际工作部门了解社会情况、分析社会问题、制定社会政策、开展社会工作有着重要的参考作用，对社会舆论的形成和引导也具有较大影响。学术性调查报告则着重于对社会现象的理论探讨，即分析各种社会现象之间的相关关系和因果关系，以及通过对实地调查资料的分析或归纳，达到检验理论或建构理论的目的。

(3)撰写要求不同。应用性调查报告更强调对调查结果的描述、说明和应用，而对调查的方法、过程及使用的工具往往介绍不多。同时，应用性调查报告的语言往往更加大众化，对社会现象的描述和分析没有十分固定的格式，更多地采取直观的方式进行说明。学术性调查报告则往往需要运用各个学科的有关理论和概念，并且要对相关理论和概念作明确的说明和界定；要求详细地描述研究过程与方法，如选题的背景、样本的抽取、变量的测量、资料的收集等方面都要做详细介绍；在形式上有比较固定、比较严格的格式，结构更加严谨；在论述的语言上要求更加客观、更加严密。

(二)描述性调查报告与解释性调查报告

根据调查报告的主要功能，可将其分为描述性调查报告和解释性调查报告。两者的区别主要体现在以下两方面。

(1)功能不同。描述性调查报告的功能在于对所调查的社会现象或社会问题进行系统、全面、准确的描述，其主要目的是通过对调查资料和结果的详细描述，向读者展示某一社会现象或社会问题的基本状况、发展过程和主要特点。对于那些以弄清现状、找出特点为目的的社会调查来说，描述性调查报告是其表达结果最适当的形式。解释性调查报告的功能在于用调查所得资料来解释和说明某类社会现象或社会问题产生的原因，或说明不同社会现象之间的关系。这类报告中虽然对社会现象有一定的描述，但这种描述不如描述性报告那样全面和详细，只是作为合理解释和说明现象原因及关系的必要基础或前提而存在，即为了解释和说明而做必要的描述。

(2)撰写要求不同。描述性调查报告强调内容广泛和详细，要求面面俱到，同时十分注重描述的清晰性、全面性和系统性，力求对某种社会现象或社会问题进行一次全面的清查和系统的反映，形成有关某种社会现象或社会问题的"整体照片"。而解释性调查报告则强调内容的集中与深入，注重解释的实证性和针对性，力求给人以合理且深刻的说明。

(三) 综合性调查报告和专题性调查报告

根据调查报告的主题范围，可以将其划分为综合性调查报告与专题性调查报告。

综合性调查报告有时又称为概况性调查报告，是指对某一社会现象或社会问题的基本情况、发展过程、主要特点做比较全面、系统、完整、具体反映的调查报告。当一项调查涉及某一社会现象各方面的内容、状况、特点、规律时，其报告往往采取综合性调查报告的形式。综合性调查报告一般有两个特点：一是描述的完整性。综合性调查报告往往要对调查对象进行完整的描述，它的内容所涉及的范围比较广泛，如一项社区概况调查，就需要用综合性调查报告来全面反映该社区的政治、经济、文化、环境、社会结构、社会心理、生活质量等各方面的情况；二是杂而不乱。综合性调查报告往往需要以一条主线来串联庞杂的具体材料，使整篇报告形神合一，达到清楚地说明调查问题的目的。

专题性调查报告是指围绕某一特定社会问题或社会现象的某些侧面而撰写的调查报告。当一项调查主要涉及对象某一方面的情况时，往往采取专题性调查报告的形式。这类调查报告的特点是内容比较专一、问题比较集中、分析比较深入。

从写作要求上看，这两类报告的主要差别表现在：综合性调查报告所依据的资料广泛但往往比较表面，而专题性调查报告所依据的资料深入但往往比较狭窄；综合性调查报告力求全面，篇幅往往比较长；而专题性调查报告力求鲜明突出，针对性强，篇幅相对要短一些；从功能上看，综合性调查报告主要是描述性的，而专题性调查报告则既要描述又要解释。

二、调查报告的特点

调查报告在内容、结构、表述等方面与工作汇报、报告文学、论说文等其他写作方式比较，具有自己的鲜明特点。

(一) 实证性

实证性是指调查报告必须建立在大量事实材料的基础上，以事实为依据，用事实说话。这既是调查报告最基本的表现手法，也是它的一大特点。调查报告的实证性主要表现在两方面：一是真实性，即调查报告要真实地反映社会现象或社会问题的本来面目，绝不能歪曲事实、杜撰事实、埋没事实真相。调查报告是在详尽、全面、系统地掌握经验材料，特别是在掌握"第一手"经验材料的基础上，用客观真实的经验材料来描述社会现象或社会问题的状况，或阐明其原因，或检验某种理论假设。二是准确性，即调查报告是在对经验材料进行量化分析的基础之上，对社会现象或社会问题做出准确的描述或解释。调查报告往往都是以数据说话，而且这些数据都是经过研究者认真核对、细心鉴别的。所以，一份科学的调查报告，不用抒情的描写去感染人，也不用纯理论的思辨去说服人，而是在大量收集客观、真实的第一手材料，输入计算机利用统计软件进行准确分析的基础上，将客观事物的本来面目呈现给读者。

(二)针对性

调查报告的针对性，主要体现为目的的针对性和读者对象的针对性。首先，调查报告要有明确的目的，做到有的放矢。任何调查研究都以解决一定的问题为目的，或现实问题，或理论问题，或二者兼之。所以作为调查研究结果呈现形式的调查报告，也必须紧紧围绕这个中心，不能泛泛而谈，要针对调查目的，回答所要解决的问题。目的针对性越强，调查报告的质量越高，发挥的作用也就越大。其次，调查报告的针对性也表现在它必须有明确的读者群体。针对的读者群体不同，调查报告的整体结构、表现手法、写作风格等方面都有比较大的差别。如果调查报告针对的是专业研究人员，则对调查报告的学术性要求较高，既要求结构严谨，同时还希望在理论上有所创新，他们感兴趣的往往是对社会现实问题做出理论上的回答。如果调查报告针对的是各级政府决策部门的工作人员等，则对调查报告的应用性要求高，他们感兴趣的是社会现实问题的解决对策，能为他们做决策提供依据。如果调查报告针对的是一般群众，则对调查报告的可读性要求较高，他们关心的往往是与自己切身利益有关的问题，希望得到有说服力的解释。

(三)时效性

调查报告中所反映的通常都是现实生活的社会现象或社会问题，而这些现象或问题又都是特定历史时期的产物。随着时间的推移，这些现象或问题往往会发生或多或少的变化，所以，调查报告就必须讲究时效性。调查报告不仅要真实、准确地反映社会现实或社会问题，而且要及时地提出解释社会现象和解决社会问题的答案和对策。所以，在撰写调查报告的过程中，不仅要交代收集资料的时间，而且资料收集与报告发布的时间间隔不能太长，否则就会"今非昔比""时过境迁"，成为"马后炮"，这样调查报告也就失去了它应有的社会价值与意义。

第二节 调查报告的撰写要求与步骤

一、调查报告的撰写要求

(一)观点和材料统一

观点和材料的统一，是撰写调查报告的基本要求之一。一篇好的调查报告，必须既有鲜明的观点，又有翔实的材料。用鲜明的观点去统率翔实的材料，以翔实的材料去支撑鲜明的观点，两者有机联系，缺一不可。没有鲜明的观点，调查报告就没有灵魂，没有统帅；没有翔实的材料，调查报告就没有血肉，没有根基。鲜明的观点不是研究者调查研究之前的一种主观猜想，而是在深入实地调查，广泛收集第一手经验材料之后，通过对材料深入分析、反复提炼的结果，观点是材料的升华和结晶。若无鲜明的观点来统率，材料在一篇调查报告中就成了"无头苍蝇"。鲜明的观点形成之后，就要选择有说服力的材料来支撑。若不以翔实的材料作支撑，观点就成了无源之水、无本之木。如何选择材料呢？首先要选择真实、准确的材料。真实、准确是筛选材料过程中要严格把握的第一关，不能让虚假的、含糊的材料进入调查报告中。其次要围绕主题、观点来选择材料。一篇调查报告可能只有一个主题，但针对不同的具体问题可以有多个鲜明的观点。在调查报告撰写的过程中，一定要选择与主题关系密切的材料，并将这些材料"安放"到不同的观点中。

(二) 内容和形式统一

撰写调查报告就如同艺术家创作艺术作品，总是力求好的内容与美的形式相统一。一篇好的调查报告，既要有丰富的内容，又要有与之相一致的完美的表达形式。调查报告的内容要具备"四性"，即重要性、真实性、创新性、针对性。重要性是指一篇调查报告所具有的意义或价值；真实性是指一篇调查报告所反映的事实必须真实、准确、客观；创新性是指一篇调查报告要反映出一些新的东西，增加人们对社会现象或社会问题新的认识；针对性是指调查报告是针对某方面社会生活的，不可能面面俱到，同时也针对某些特定的读者群体而写的。这些充实的内容要以丰富的形式表现出来，文字、图、表等都是表达调查内容的主要形式。在一篇调查报告中，文字、图、表等表达形式要综合运用，完美结合。

(三) 整体结构完整性与内容陈述条理性相统一

不同类型的调查报告，如应用性调查报告与学术性调查报告，两者虽然在结构上有较大的差别，但从大的方面看，都可以分为导言、主体、结尾三大部分。哪部分都不可少，少了任何一部分都会影响调查报告结构的完整性。其中，第一部分是引言部分，主要说明调查的背景，包括调查研究的目的、意义、对象、范围、方法、过程等，缺少了这部分的说明，读者就难以理解主体内容，难以判断结论的可靠性；第二部分是主体部分，着重陈述和分析调查发现，显然不可缺少；第三部分是结尾部分，要总结调查的结论，并对提炼的结论进行理论上的探讨或根据调查结论提出相应的对策、建议，它是整篇调查报告的"画龙点睛"之笔，同样也不可缺少。调查报告中，无论是第一部分对调查背景的介绍，第二部分对调查主要发现的报告，还是第三部分提出对策与建议，都采用一种陈述事实的方式撰写。所以陈述的条理性也同样是撰写调查报告的基本要求。

二、调查报告的撰写步骤

当根据调查的目的、内容、用途、读者对象等因素确定了所撰写报告的类型之后，就可以进行调查报告的撰写工作。调查报告的写作，一般要经过确立和提炼主题、拟定提纲、选择材料、撰写调查报告初稿、修改调查报告五个阶段。现将这五个阶段的有关写作方法和注意事项做一介绍。

(一) 确立和提炼主题

调查报告的主题就是调查报告所要表达的中心思想，它是整个调查报告的灵魂和

"统帅"。一篇调查报告能否吸引读者,能否引起人们的重视,能引起多大程度的社会反响,在很大程度上取决于调查报告的主题。主题的确定和提炼,既是整个调查报告撰写过程顺利开展的前提,也对写好调查报告起着决定性作用。

确立和提炼主题的标准是:正确,即要真实、客观、准确地反映调查对象的现状、特点、本质和规律;集中,即调查报告内容要精练,突出主题,要小而实,不要大而空,要精而深,不要粗而宽;鲜明,即调查报告的主题要十分明确,统率全篇,不能含含糊糊,模棱两可;新颖,即调查报告主题要有所创新,要有与众不同的地方。

确立和提炼调查报告主题的方法主要有以下两种。

其一,根据调查主题确立调查报告的主题。由于每一项社会调查在调查实施之前,都已经确立了明确的主题,而资料的收集也是紧紧围绕这一主题展开的,因此,在此项调查基础上写出的调查报告的主题,就应该与调查前确定的整个调查的主题保持一致。如进行一项以大学毕业生择业倾向为主题的社会调查,其调查报告的主题就是大学生择业倾向的现状、特点及问题。按照这种方法确立调查报告的主题是比较容易的。

其二,根据调查内容与资料确立调查报告的主题。虽然一般来说,一项调查研究的主题与调查报告的主题是一致的、统一的,但在有些时候,可能由于种种原因,调查报告的主题不能与调查的主题统一起来,这时就要根据调查内容和资料来确立调查报告主题。这种不一致的情况通常有两种。一种情况是,当一项社会调查的内容很多,涉及的范围和领域很广,一份调查报告难以容纳全部内容时,就需要从中选择部分内容形成调查报告,并确立相应的调查报告主题。显然,这时的调查报告主题比起调查的主题来,范围就缩小了。另一种情况是,由于某些因素的影响,调查所得的资料与调查最初的目标之间存在一定的差距,无法说明事先预定的调查主题,此时,也要根据实际的资料和结果重新确立调查报告的主题。

(二)拟定提纲

确立了调查报告的主题后,还不能立即动手撰写报告,而应先构思好报告的整体框架,并将这一整体框架转变为具体的写作提纲。如果说主题是调查报告的灵魂,那么,提纲就是调查报告的骨架。一般来说,调查报告中的导言、方法部分内容有比较固定的格式与写法,变化不大。因此,拟定报告提纲主要针对调查发现、结论与讨论这两大部分进行。

拟定调查报告提纲的主要作用是理清报告思路、弄清报告前后之间的逻辑联系、明确报告内容、安排好报告的整体结构,为实际撰写报告打下基础。拟定报告提纲就是对调查的结果进行分解,或者对调查发现进行分类,并将分解的每一部分或每一个类别进一步具体化。具体来说,调查报告提纲的拟定方法有两种:一是以条目形式拟定写作提纲,即从层次上列出调查报告的章、节、目。如以大学生人际关系质量调查为例,可先将"大学生人际关系质量调查"这一主题分解为"宿舍人际关系质量""班级人际关系质量""师生人际关系质量""社团人际关系质量""网络人际关系质量""家庭人际关系质量"共六章;在每一章下面又分节,如"宿舍人际关系质量"这一章下面又可以分为"宿舍交往""宿舍沟通""宿舍冲突""主观感受""宿舍人际关系满意度"等节,在每一节下面还可以根据需要继续细分。条目形式比较简明扼要，一目了然，但不够具体。二是以观点形式拟定提纲，就是将调查研究发现或结果分解成若干个具体观点。这种形式比较具体、明确，有吸引力，但不能一目了然，写起来难度也更大。

(三)选择材料

当拟定好调查报告的提纲之后，就要选择恰当的材料去填充。调查报告所用的材料与一项社会调查所收集到的资料是不同的。调查资料往往都与调查主题有关，但不一定都与即将撰写的调查报告有关。也就是说，并非所有的调查资料都能成为撰写调查报告时所用的材料。材料的选择从三方面进行：一是按照调查报告的主题，对材料进行一次初步的筛选，将与调查报告主题无关的材料舍弃；二是以写作提纲的范围和要求为依据，按照调查报告的"骨架"进行再次筛选，这样一方面可以保证所选取的材料与调查报告的主题密切相关，还可以给不同的材料找到对应的"位置"；三是坚持精练、典型、全面的原则，做到既不漏掉一些重要的材料，又使所用的材料具有最大的代表性和最强的说服力。

调查报告所用的材料通常包括两方面的内容：一是从调查中得到的各种数据、表格、事例等客观材料；二是通过对客观材料的分析、综合、概括所形成的观点、认识、建议等主观材料。两者相互联系、互相依赖，共同构成填充调查报告"骨架"的"血肉"。

(四)撰写调查报告初稿

在确立好主题，拟定好提纲，选择好材料之后，基本就有了一个逻辑清晰、结构分明、材料充实的调查报告雏形，下一步工作就是用适当的文字、图表把它们流畅地组织在一起，这就是撰写调查报告的初稿。在撰写过程中，通常要从头到尾一气呵成，而不要经常地在一些小的环节上停下来推敲修改，以免耽误过多时间。这样做的好处是便于整个调查报告紧紧围绕所确立的主题展开，使得调查报告在整体思想、体系结构、内容形式、行文风格等方面都前后一致，浑然一体。

(五)修改调查报告

调查报告的修改是必不可少的重要一环，是提高调查报告质量的重要措施之一。调查报告的修改尤其要注意以下几个方面：第一，调查报告的主题是否符合时代的要求；第二，调查报告的整体结构是否完整，各部分的安排是否符合一定的逻辑顺序；第三，观点是否明确，表达是否准确；第四，引用的材料是否恰当，是否有说服力；第五，通读全篇报告，检查语言是否流畅，图表的制作是否清晰美观。

第三节　应用性调查报告的结构与写作

由于应用性调查报告与学术性调查报告在目的、形式及读者对象诸方面存在较大差别，因此，在撰写格式和要求上也不完全一样。通常情况下，应用性调查报告中往往更强调对调查结果的描述、说明和应用，而对调查的方法、过程及调查结论的解释等就不大关心。同时，应用性调查报告的语言更加大众化，对社会现象的描述和分析更多地采取直观的方式进行说明。学术性调查报告不仅要描述调查的结果，还需要对结果进行理论上的解释，对调查的方法、过程及工具都要进行详细的说明。同时，学术性调查报告的语言更加专业化，对社会现象的分析、描述往往需要运用各学科的理论、概念、专业术语等。正因应用性调查报告与学术性调查报告有如此之多的差异，本节将分别对这两种调查报告的撰写要求、方法进行介绍。

应用性调查报告虽然没有固定不变的格式，但其在结构上一般都可分成标题、导言、主体和结尾四个部分。下面，结合具体例子对这四个不同部分的写作方法和要求做一些说明。

一、标题

任何调查报告都应该有一个标题。标题是能否引起读者注意的关键因素之一。标题生动、明确、针对性强，就能打动读者，吸引读者；标题平平常常，往往难以引起读者的关注。一个好的标题有两个标准：其一是要概括调查研究的内容；其二是要新颖、生动，能够吸引读者。目前从大量社会调查报告的标题看，用得较多的标题形式主要有以下几类。

(一)陈述式标题

陈述式标题，即直接在标题中陈述调查的对象及调查的问题，如"关于大学生择业倾向的调查""城市居民社会心态调查""成都市青少年犯罪状况调查"等。这种标题形式的最大优点是明确、客观，从标题中就知道调查的内容和调查的对象，有利于读者根据需要来选择是否阅读。其缺点是千篇一律，太一般化，也显得比较呆板，难以引起读者的阅读兴趣。因此，发表在各种非专业报刊的调查报告很少用这类标题，而学术性调查报告用此类标题的则比较多。

(二)结论式标题

结论式标题，即用某种结论式的语言、判断句等作标题，如"家庭不和是青少年犯罪的重要原因""家庭养老面临挑战"等。这种标题形式的特点是，在标题中既揭示了主题，又表明了作者的观点，具有较强的针对性，且十分醒目，有一定的影响力。其缺点是显得有些呆板，且理论色彩较浓。这种标题同样在专业刊物上用得较多，而在非专业刊物上用得较少，或者说用于学术性调查报告较多，用于应用性调查报告较少。

(三)问题式标题

问题式标题，即以一个问题作为标题，如"他们为什么选择离婚""21世纪的爱情是什么味道""当今青年农民在追求什么"等。这类标题的突出特点是十分吸引人们的注意力，有利于调动读者进一步阅读的兴趣，应用性调查报告常采用这类标题。非专业刊物上发表的调查报告，也较多地采用这类标题。

(四)双标题式标题

双标题式标题，即由主标题和副标题共同构成调查报告的标题。在这种形式中，主标题多以提问式和结论式表达，而副标题则以陈述式表达，如"他们也有爱的权利——对北京市老年人婚姻问题调查""独生子女都是小皇帝吗——对武汉市 1000 名小学生的调查"等。这种形式的标题具有上述各种优点，无论是应用性调查报告还是学术性调查报告，都可采用这种形式的标题，这也是各类报刊发表的调查报告中十分常见的一种标题形式。

标题的写法虽然灵活多样，但有一点要十分注意，就是"文要对题"，即调查报告的标题要与调查报告的内容相符，不能为了引起读者的注意而使用超出调查报告内容的标题。在突出报告主题的基础上，可以适当注意标题的新颖性、活泼性。

二、导言

导言又可称为前言，是调查报告的第一部分，它的主要任务是向读者对已经完成的调查做一个简单的介绍，使他们获得一个较全面的印象，以期引起他们的注意和兴趣。其主要内容包括调查的背景、目的、内容、对象、时间、地点、方法等。导言部分一般文字较少，简明扼要。只有学术性调查报告，导言才比较具体，内容也比较多。应用性调查报告导言的具体写法有以下几种常见的方式。

(一)直述宗旨式

直述宗旨式，即开门见山，平铺直叙，直接把调查的目的、内容、对象、范围等一一写出。它的主要特点是有利于把握调查报告的主要宗旨和基本精神。

(二)提问设悬式

提问设悬式，即先描述某种社会现象和社会问题，然后对这种社会现象和问题产生的原因及其影响等提出一系列疑问，最后介绍调查的基本情况。这种写法的优点在于能引人入胜，增强读者阅读报告的兴趣。

(三)给出结论式

给出结论式，即在描述现象、提出问题的同时，直接写出结论。

三、调查报告的主体部分

调查报告的主体部分，是整篇调查报告的最主要部分，所占的篇幅最大，内容也最多。在调查过程中所收集到的大量材料，通过对材料的分析而得到的一些重要发现，都集中在这一部分。主体部分在结构上必须精心安排。一般来说，应用性调查报告主体部分的结构有以下三种常见的形式。

(一)纵向结构式

纵向结构式，即按照调查现象本身所具有的时间顺序，从纵向的角度来描述和分析，以突出某一现象或问题的发展过程,或者反映在不同时间点上的变化与差别。如一项反映中华人民共和国成立以来中国人择偶标准变化的调查报告,就可按纵向结构来安排,将主体分为三部分:①中华人民共和国成立到"文化大革命"前的中国人择偶标准;②"文化大革命"期间中国人的择偶标准;③改革开放以来中国人的择偶标准。

(二)横向结构式

横向结构式,即根据调查现象或问题本身所包含的各种不同特征或不同侧面,从横向角度来逐一描述、分析和比较,以突出某一社会现象或问题各个方面的内容与特点。如一项关于当前中国人择偶标准的调查报告,就可将其主体分为四个部分:①政治社会条件,②生理条件,③经济物质条件,④个人品性条件。

(三)纵横结合式

纵横结合式,即将上述两种方式相结合,以一种方式为主,常用于较大规模调查的调查报告中,以便于反映出比较复杂的内容。如在总体结构上按时间顺序,但在每一时期,又分别从不同的方面进行描述与分析;或在总体上按横向结构安排,而在每一个具体方面的描述中又采取纵向结构。

四、结尾部分

结尾部分的中心内容是小结调查的过程和主要结果,陈述调查结论,并在阐明所调查现象产生或形成的原因、所具有的影响的基础上,提出若干解决的办法或政策建议。结尾部分在写作上的具体要求是:语言要精练,陈述要明确,可以简明扼要地列出几点,清晰地表明调查研究的主要结果,以及研究者的看法和观点。

总的来说,导言部分以介绍情况、说明目的为主;主体部分则以详细描述社会现象的实况、报告实地调查的结果为主;结尾部分则以对这一社会现象的讨论以及解决问题的建议为主,以引起社会的重视,或供有关部门参考。

第四节　学术性调查报告的结构与写作

学术性调查报告所针对的读者对象主要是各具体学科的专业研究人员,主要在学术刊物上发表或在学术会议上进行交流。因此,学术性调查报告的撰写往往比应用性调查报告更加严格,它有比较固定的格式。一般来说,学术性调查报告在结构上包括:导言,说明调查的问题及其意义;方法,说明调查所采用的方法、程序和工具;结果,说明调查的主要发现;讨论,说明所发现的结果具有哪些意义,如何从理论上解释所发现的结果,从这一结果出发,还能得到什么或还能继续做些什么,这一项调查存在的问题或不足;小结,即对调查背景、方法、结果、结论的简要总结;参考文献,即调查报告中所涉及的书籍和文章目录;附录,即调查过程中所用的问卷、量表及某些计算公式的推导、数据计算方法等。下面,逐一详细介绍具体的写作要求和方法。

一、导言

虽然同是导言,但学术性调查报告的导言却与应用性调查报告的导言不同。它通常更为详细,所包括的内容更多。从大的方面看,它一般包括以下三个方面的内容。

(一)介绍本项调查所研究的问题

在学术性调查报告中必须明确说明所研究的问题是什么,选择这一问题的来源和背景,以及为什么选择这一问题进行调查研究。在陈述和介绍中,应该采取沙漏式的写作手法,即从广阔的社会背景开始,逐渐缩小到自己所研究的现象或问题上来。这样做的好处是:一方面可以使读者从叙述中了解到此项研究为什么重要、为什么值得研究;另一方面可以使读者从思想上做好探讨所研究问题的准备。当然,导言部分的内容不能太详细,要用十分简明的语言、十分清晰的层次,向读者展现调查研究的背景和问题。

(二)相关文献的评论

当陈述了所研究的问题及背景后,接下来的工作就是要对这一问题领域中已有的研究及其结果进行综述和评论。科学研究是一种知识积累的过程,严格地说,任何一项调查研究,都是在前人已有成果的基础上进行的。每位研究者都应该尽量全面地了解与自己所研究的问题有关的理论和方法,掌握最新的资料、动态和结果。

在文献评论部分,研究者应该考虑这样一些问题:①对于这一特定的现象或问题,前人做了些什么研究工作;②对于这一特定的现象或问题,是否存在相关的理论解释,有哪些不同的理论解释;③前人采取哪些方法研究了这一现象或问题,已得到哪些有价值的结果;④已有研究还存在哪些缺陷或不足等。当然,在进行调查研究之前,研究者往往就已进行了广泛的阅读,即已经熟悉和了解了这一领域已有的研究,现在的工作只不过是根据需要对这些研究进行一番小结和评论罢了。

文献评论的方法是既要介绍,又要评论,即既要简要地、重点地介绍每一种文献的主要结果和结论,又要对这些结果和结论的优劣做出自己的评价。介绍和评论的重点要集中在与自己的研究有关的内容上,其他无关的内容则完全略去。文献评论的目的与作用,在于帮助读者了解这一领域中已有的研究成果和结论,同时,也为他们阅读和评价自己的研究打下基础。

如果文献评论这一部分对于自己特定的研究来说十分重要,或者准备进行评论的文献比较多,篇幅比较长的话,也可以将文献评论部分单独抽出,自成一部分,而不放在导言部分。

(三)对自己研究的介绍

在导言部分的最后,通常需要简单地介绍一下自己的调查研究。这种介绍的主要目的,不是去讨论调查研究内容的细节,而是介绍自己研究的起点及基本框架。如所研究的基本问题是什么、准备检验的假设是什么、主要的自变量和因变量是什么等。在这种介绍中,要突出说明自己的研究与已有研究不同的地方,说明自己研究的特殊意义或创新之处。

  总之，通过导言部分的介绍，读者应能了解：你所研究的问题是什么；这一问题的社会背景是什么；前人对于这一问题已做过哪些相应的研究，这些研究取得了哪些成果，还存在着哪些欠缺；你的研究打算解决什么问题，希望达到什么目标；你的研究所具有的意义和创新何在。当读者了解了上述内容，他就能很顺利地沿着你的思路继续读下去。下面是一个导言的例子①。

  随着我国社会老龄化趋势的快速发展，与老年人口社会保障密切相关的养老方式问题越来越受到社会和学术界的关注。现有研究结果一致表明，目前我国社会中最主要的养老方式是家庭养老（袁方，1987；姜向群，1997；杜鹏，1998；姚远，2001；王跃生，2015）。而家庭养老则与老年人的居住方式，或者说，与老年人及其子女之间的居住方式密切相关（鄢盛明等，2001；风笑天，2009a）。特别是对于独生子女老年父母来说，他们与成年子女之间的居住状况对其养老保障具有十分重要的意义。正如笔者20多年前曾经指出的："无论是老年父母的日常生活照料、社会交往，还是情感慰藉，以及生病、残疾等特殊情况的料理，都与子女和老人的居住形式密切相关。""在某种意义上，我们可以说，未来独生子女与其父母在居住方面是分是合，是共处还是分离，是影响独生子女父母老年生活的关键因素"（风笑天，1993）。

  在21世纪初，当第一代独生子女刚刚成年、他们的父母尚未进入老年阶段时，就有学者提醒，独生子女父母将会提前进入空巢状态，社会上因此会出现一批"新空巢家庭"（谭琳，2002），而独生子女父母们也将会在这种空巢家庭中生活20~30年甚至更长时间（风笑天，2009b）。同时，笔者在21世纪初对第一代成年独生子女的研究结果表明，独生子女婚后居住方式的分布，"在一定程度上意味着广大独生子女父母在老年生活中出现'空巢'现象的规模和比例将明显扩大。"（风笑天，2006）而对独生子女父母来说，老年阶段处于"空巢"状态，往往意味着他们在日常生活照料"特别是精神赡养方面面临着巨大挑战"（穆光宗，2007）。

  现在，将近30年过去了，笔者当年所说的"未来"正在变成今天的现实。第一代独生子女已告别青年阶段进入中年阶段，那么，他们的父母目前多大年龄了？他们的父母都进入老年阶段了吗？在居住方式方面，第一代独生子女父母的状况如何？"空巢"是他们在居住方面的普遍特征吗？目前究竟有多大比例的第一代独生子女父母处于"空巢"状态？子女不同婚配类型与独生子女父母的居住方式，特别是与父母的"空巢"状况是否相关？如何正确认识城市第一代独生子女父母的居住状况及其对养老保障的影响？他们目前的居住状况对今后一段时期国家的养老政策与社会支持建设又有着什么样的启示？以上就是本研究希望探讨和回答的问题。

二、方法

  对方法的详细介绍，是学术性调查报告区别于应用性调查报告的又一个突出标志。

---

① 风笑天."空巢"养老？城市第一代独生子女父母的居住方式及其启示[J].深圳大学学报（人文社会科学版），2020(4)：120-130.

在应用性调查报告中，读者往往只关心调查的结果，而不会对调查方法感兴趣，因此对方法只需做简单的介绍。方法的可靠性关系到调查结果的可信度。只有知道了调查所采取的方法，明白了调查的各种具体操作步骤，读者才能评价该调查是否具有科学性、结果是否有可信度。所以，学术性调查报告中，必须对使用的方法、研究的过程做较为详细的介绍。必要的时候，还要对调查方法可能存在的局限性给予必要的说明。

当然，由于不同的调查所采取的方法不会完全相同，所以在研究报告中各自介绍的内容也不会完全一样。但是，一般来说，大多数调查报告的方法部分都包括以下几个方面的内容。

(一) 对抽样方法的介绍

社会调查绝大多数情况下属于抽样调查，它的基本逻辑是从一个样本那里收集资料，并通过对资料的分析，来推断总体的情况。所以，在调查报告中，必须对所调查的总体、采用的抽样方法、抽样过程做一个比较详细的介绍，对样本的代表性进行客观的评估。这是方法部分重点介绍的内容。

在介绍时，首先要说明调查总体的情况，即说明调查所希望了解的、所希望描述的是由哪些人所构成的总体。如果总体不明确，就难以确定样本的性质，无法评价调查结果的推论范围及适用性。其次要对调查的样本及抽样方法、抽样程序进行说明。最后要对样本的构成、样本的质量做一个详细的介绍和客观的评估。下面是一个介绍抽样方法的例子[①]。

本研究所采用的数据是课题组于 2020 年 10～12 月在河北保定针对 5 大类行业 18～35 岁的 983 名城市在职青年所进行的"青年发展状况"问卷调查(以下简称"2020 年调查")数据。"2020 年调查"采用多阶段分层整群抽样方法。

首先，城区的抽取。在保定市范围内，抽取了莲池区和竞秀区 2 个城区。

其次，单位的抽取。分别根据 5 大行业类别，对行业内的单位或组织进行分类抽取，实际选取了 170 多家单位或组织开展调查。考虑到单位或组织规模的大小并尽可能增加样本的代表性，在抽取具体单位或组织时，进行了分层抽样。如：住宿餐饮业抽取时分别考虑五星级、四星级、三星级、无星级酒店或餐厅；教育业抽取时分别考虑小学、初中、高中和大学等单位；卫生和社会工作行业抽取时分别考虑三甲医院、二甲医院、社区卫生服务中心等单位；公共管理和社会组织行业抽取时分别考虑市级、区级和街道等层面的机关部门或组织。而在批发零售业抽取时，因其行业特点不同，故调查时直接采取简单随机抽样的方法进行，同时也考虑了批发零售等市场规模的大小，分别选取了繁华地段的步行街和规模大小不等的市场开展调查。

最后，调查对象的选取。采用课题组直接抽取和由不同行业的调查单位或组织协助完成等两种方式，共计选取了 1000 名符合条件和要求的城市在职青年开展了问卷调查。

为保证质量，调查采取"现场发放问卷，当场填答，当场回收"的方式进行，共发

---

① 贾志科，王闯．自主抑或被动：在职青年的择偶途径及影响因素——基于 983 名城市青年的实证分析[J]．西北人口，2022(3)：98．

放调查问卷1000份,实际回收998份,剔除一些不符合作答标准的废卷后,实际纳入本研究数据库的问卷共计983份,有效回答率为98.5%。样本数据的基本情况如表5-1所示。

表5-1 城市在职青年问卷调查样本基本情况(n=983)

变量	类别	人数/人	比例/%	变量	类别	人数/人	比例/%
性别	男	277	28.2	行业	批发和零售业	192	19.5
	女	706	71.8		住宿和餐饮业	199	20.2
出生地	乡村	506	51.5		教育	195	19.8
	镇或县城	190	19.3		卫生和社会工作	199	20.2
	城市	287	29.2		公共管理	198	20.1
年龄	18~23岁	194	19.7	文化程度	初中及以下	100	10.2
	24~29岁	381	38.8		高中或中专	175	17.8
	30~35岁	408	41.5		大专	206	21.0
婚姻状况	未婚	480	48.8		本科	376	38.3
	已婚	503	51.2		研究生及以上	126	12.8

(二)对研究的主要变量的说明

这种说明包括研究的主要变量是什么,这些变量的操作定义是什么,是通过哪些具体的指标来测量的。如果某一个变量较为复杂,调查中应采用量表测量,那么,在这里还要清楚地说明是运用现有的比较成熟的量表,还是自编量表。如果是自编量表,还需要对量表的编制过程、具体指标、计分方法、信度与效度等进行说明。

(三)对资料收集方法和过程的介绍

在一项社会调查工作中,除了样本抽取、变量测量外,调查资料的收集工作也是十分重要的环节。因此,在调查报告中,还要对资料收集的方法与过程进行比较详细的说明。在这一部分,研究者要告诉读者所采取的是哪种资料收集方式,是自填问卷还是结构式访谈。无论采用哪种方法,都需要对调查员的来源、组成及培训等进行说明;还要详细说明发放了多少份问卷,回收了多少份问卷,问卷的回收率和有效回收率是多少,拒答与无效回答的原因是什么。

(四)对资料分析方法的说明

由于调查方式的不同、样本规模的不同、资料收集方法的不同等,每一项具体的调查所采取的分析方法也不完全一样。调查是进行了一般性的描述分析,还是进行了较深入的相关分析、因果分析,所有这些都要向读者介绍。此外,对于资料的处理、整理过程也应做必要的说明,如资料是手工整理或统计的,还是在计算机上完成的;如果采用计算机进行统计分析,所使用的分析软件(如SPSS、SAS等)是什么等,也要向读者交代。

以上,介绍了方法部分所包含的内容。虽然一项具体的研究中不一定需要对上述每一个方面都进行详细介绍,但是有一条是应该遵循的,这就是让读者知道你采用了哪些方法、程序和工具,在实际调查中你又是如何做的。

三、结果

结果部分是学术性调查报告的主体部分。一篇学术性调查报告质量的高低和价值的大小，主要取决于这一部分的内容。结果部分的撰写原则是：先总体，后个别；先一般，后具体。即先给出总体性的、一般性的结果，然后才是个别的、具体细节的一些结果。不管是在对整个研究结果的陈述中，还是在对各个部分结果的陈述中，都应该遵循这一原则。在具体写法上往往也是先给出答案，再展示证据。每一个方面的结果陈述完毕后，应进行简要小结，然后再开始下一个方面内容的陈述。在结果的表达上，要做到层次分明，条理清楚。此外，还要注意以下两个方面的问题。

(一) 结果与讨论的关系

一般来说，任何一篇调查报告的结果部分总是或多或少地包含着对调查结果的解释、分析和讨论，二者完全分开、毫不相关的情况是没有的。通常的写法是，当调查报告的内容较少时，结果与讨论两部分合在一起，即成为"结果与讨论"部分。而当调查报告的内容较多、较复杂时，则将两部分分开。此时，在结果部分侧重表达和分析各个分支的结果，在讨论部分则侧重表达和分析研究的整体结果；或者在结果部分侧重讨论各结果的直接内涵，在讨论部分则侧重讨论结果更深入的内涵和对结果的推广等。

(二) 关于数据、文字资料、图表的处理问题

在结果部分，要用数据、文字资料、图表来向读者展示详细的、具体的证据和结果，并对这些数据、文字资料、图表进行必要的说明和解释。这里的基本原则是，既能使读者通过阅读研究者的说明和解释来抓住调查的主要结果，又能使他们通过查看图形或表格做到这一点。为了达到这一目标，对数据、文字资料、图表的处理必须注意三个方面：第一，从浩繁的材料中抽取最能说明结论的证据。学术性调查报告绝不仅仅是一大堆具体事实和统计数字的简单罗列，使读者看了不得要领，分不清主次，抓不住中心。面对一大堆收集来的资料和统计数据，要舍得"割爱"，要在分析、加工、提炼资料和证据上多动脑筋，多下功夫，从浩繁的材料中抽取最能说明结论的证据。第二，要提高图表的内涵和质量。对于初学者往往片面地认为统计数据和图表越多越好，尤其是在当前强调定量研究的形势下，这一想法更为突出。似乎只有列出大量的统计图表，才是调查具有科学性、具有说服力的表现。其实这是一种误解，或者说是对定量研究的一种肤浅的认识。一篇研究报告是否具有科学性，是否具有说服力，绝不是看图表的多少，而是看图表的内涵和质量。实际上，许多经验丰富的研究人员在研究报告中对图表的设计是相当注意、颇费心思的，他们往往注重的并不是图表的数量，而是它们的质量和说服力。第三，深刻揭示数字、图表所代表的内涵。有些学术性调查报告对图表和数据的说明太肤浅，有的仅仅是逐项、逐格地把统计数字重新用文字叙述一遍，而没有去揭示这些数字所代表的意义和内涵，没有达到文字说明的效果。

四、讨论

讨论部分要明确地回答导言部分所提出的问题，或者以明确的叙述说明研究的假设

是否得到证实。但是要注意，不要简单地再次解释和重复在结果部分已经总结了的观点和结论，而是要在结果部分的基础上，挖掘新的、更深的东西。讨论部分的每一句陈述，都应该增加读者对所研究问题的理解。

因此，在撰写研究报告的讨论部分时，应该思考这样一些问题：从调查研究结果中，能够得出一些什么样的推论？这些推论中，哪些与研究的数据资料结合得相当紧密？哪些在较抽象的层次上同理论更加相关？研究结果在理论方面和实践方面具备什么样的价值和意义？

在讨论部分，可以把自己的研究结果同文献评论中列举的那些研究结果进行比较，看看是否又一次验证了它们的结论。当得到某些相反的结果或未预料到的结果时，我们要如实地陈述和深入地讨论它们，而不能用曲意迎合来解释它们。

在讨论部分，还可以在以下方面提醒读者注意，如调查样本的特点，所有这些特点对调查结果可能会产生什么样的影响，如果将自己的结论进行推广，还应考虑必须具备的条件及所受到的限制。

除了上述内容外，讨论部分还应包括：对自己的研究仍未能回答的那些问题的讨论、对那些在研究过程中新出现的问题的讨论、对探讨和解决这些新的问题有所帮助的研究建议等。

最后要注意，讨论部分不宜写得太长，因为除了自己的研究结果外，其他内容都是次要的。有的学者甚至认为，讨论部分的长短与研究结果的清晰度之间往往存在着一种负相关关系，即讨论部分越长，读者对你的研究结果越不清晰。这也许有一定的道理。

五、小结

调查报告中常常要包括一个非常简要的小结，即对前面四个部分的主要内容做一个提纲挈领的总结。但是，目前许多专业刊物上发表的研究报告，常常以摘要来代替小结。摘要是一种更加简明扼要的小结，它通常不超过200个字。与小结不同的是，它不是放在报告的结尾，而是放在报告的开头，并且是单独作为一个部分与原报告隔开。摘要的这些特点，使得专业刊物的广大读者能很快地对这一研究的主要内容、方法、结果和结论有一个总的了解，从而便于他们决定是否继续阅读整个报告的细节内容。摘要非常不容易写好，因为它的篇幅十分有限，其中的每一个字、每一句话，都要十分明确和恰当。正是由于不可能把各方面的情况都写进摘要里，所以必须仔细考虑，做出选择，主要突出哪些内容，而略去哪些内容。下面是摘要的一个例子。

本文运用5次大规模调查所得的资料，以同龄非独生子女作为参照对象，将青少年问卷与家长问卷相互对比，从性格特征、生活技能、社会交往、社会规范、生活目标、成人角色、自我认识等方面，描述和分析了中国城市第一代独生子女青少年的社会化过程及其结果。研究表明，从总体上看，城市独生子女青少年的社会化发展是正常的，他们与同龄非独生子女之间在社会化各个方面的相同点远多于相异点。文章还根据研究发现，提出了"消磨-趋同""变异关键年龄""社会交往补偿"等理论解释。[1]

---

[1] 风笑天．独生子女青少年的社会化过程及其结果[J]．中国社会科学，2000(6)：118-131．

六、参考文献

与应用性调查报告所不同的是，学术性调查报告通常要在报告的末尾列出参考文献。这些文献是研究者在从事这项研究过程中所阅读、参考、评论、引证过的文献。这样做一方面体现了科学的、实事求是的研究态度；另一方面也为同一领域的研究者提供了一个参考的文献索引。因此，应对中文和英文文献的写法、格式等有所了解，以下列举几个例子，以供参考。

中文著作的写法如下。

(1)费孝通．生育制度[M]．天津：天津人民出版社，1981．

(2)〔美〕肯尼思·D．贝利．现代社会研究方法[M]．许真，译．上海：上海人民出版社，1986．

英文著作的写法如下。

(1)Whyte W F. Street cornet society[M]. Chicago：University of Chicago Press，1943.

(2)Moster C A，Kalton G. Survey methods in social investigation(2nd ed.)[M]. New York：Basic Books，1972.

中文文章的写法如下。

(1)张兆高．城市老年人的社会保障问题[J]．城市研究，1984(5)：35-38．

(2)王林．论我国家庭结构的演变[J]．婚姻与家庭，1982(3)：46-54．

英文文章的写法如下。

Bem S L，Poston D. Does advertising aid and abet sex discrimination? [J]. Journal of social Psychology，1973(3)：6-8.

七、附录

附录部分是将一些可以帮助读者更好地了解研究细节的资料编排在一起，作为正文的补充。这些资料主要有：收集数据资料所使用的调查问卷、测量量表等；计算某些指标或数据的数学公式介绍；某些统计和测量指标的计算方法介绍；某些调查工具、测量仪器以及计算机软件介绍等。由于这些材料占有较大的篇幅，故在学术刊物发表时，常略去这一部分，而在以学位论文形式出现的研究报告中，则必须有附录部分。

第五节 调查报告撰写中应注意的问题

一、行文要则

无论是应用性调查报告，还是学术性调查报告，行文的基本要求是准确、朴实、谦逊。

准确是指在行文时，对事实的陈述要真实可靠，数字要正确无误，议论要把握分寸，不能任意拔高或贬低。在行文中要尽量少用或不用"可能""估计""差不多""大概"等之类的不确定性词语。

朴实是指调查报告应该用简单平实的语言写作。调查报告与新闻报道和文学作品不同，它的写作不像文学作品那样强调和注重文学性、趣味性等，而是十分强调报告的客观性、准确性、严密性、简洁性。所以，在行文时，不要随便运用夸张的手法和奇特的比喻，不要过多使用华丽的辞藻，而应该尽量用平实的语言写作，以简单明了、科学严谨为标准，清楚明确地表达调查的结果。

谦逊是指在行文时，应以一种向读者报告的口气撰写，而不要表现出力图说服读者同意某种观点或看法的倾向，更不能把自己的观点强加于人。叙述中最好使用第三人称或非人称代词，尽量不用第一人称。如用"作者发现……""笔者以为……"，或者用"这一结果表明……""这些数据说明……"等；而不用"我认为……""我们发现……"等。

二、引用与注释

调查报告中有时需要援引别人的论述、结果、资料或数据，来支持、佐证或说明自己的某种观点或结论。需要注意的是，报告中凡是引用别人的资料，一定要注明来源，而不能将别人的工作和成果不加注明地在自己的报告中使用。引用的具体方式主要有两种：一是引用别人的原话、原文时，要用引号引起来，再作上记号注明；二是只援引别人的观点、结论但并非别人的原话、原文时，则不用引号，只需在其后做上记号注明即可。

对于报告中引用的资料，以及某些不易理解的内容或概念，常常通过加注释来进行说明。注释的作用主要是：指出所引用资料的来源，供读者参考查证；表明作者遵守学术道德，不把别人的成果据为己有；既可向读者解释报告中的疑难，又不使报告中断和过于冗长。

注释的形式主要有三种，即夹注、脚注和尾注。夹注即直接在所引资料之后，用括号将其来源或有关说明括起来，对引文进行注释或提示。如："使用某一特定的数学模型要以已达到的某一量度层次为前提（布莱洛克，1960）。""我国15～24岁青年中，有82.3％的人已经就业（中国青年报，1986.4.10）。"

夹注形式要与报告最后的"参考文献"相呼应。在参考文献中，一定要列出一条与此夹注相配合的文献，如：［美］布莱洛克．社会统计学［M］．傅正元，沈崇麟，黎鸣，等，译．北京：中国社会科学出版社，1988.

脚注是在所引的资料处只注明一个注释号，如在该资料后的右上角用①、②、③等来标明，然后在该页的最下端，用小一号的字体分别说明引文的出处、时间等情况，或作出有关的解释。

尾注是在所有引用的资料处按顺序注明注释号，最后在文尾用小一号字体全部按注释顺序排出，分别说明引用资料的出处、时间等情况，或做出有关解释，并冠以"注释"的标题，而不是分别排在各页之下。在目前学术刊物上所发表的研究报告中，三种注释形式都在使用，不过不同的刊物要求往往不同。

【思考与练习】

(1) 调查报告可以分为哪些类型?

(2) 普通社会调查报告与学术性调查报告有什么区别?

(3) 调查报告的标题形式有哪几种?它们各有什么优缺点?

(4) 学术性调查报告在结构上通常包括哪几部分?

(5) 为什么说方法部分是学术性调查报告区别于普通社会调查报告的一个突出标志?

(6) 调查报告的写作与新闻写作、文学作品写作有何不同?

(7) 从社会科学刊物上找几篇调查报告,看看它们的结构是怎样的。再找几篇通俗刊物或报纸上的调查报告,看看它们与学术刊物上的调查报告有何不同?

第六章 学术论文的撰写

教学目标

通过本章的学习，使学生了解学术论文的种类、价值等相关内涵；掌握学术论文写作的基本要求及相关准备工作；了解学术论文写作过程要求；掌握学术论文格式规范和写作要义。

教学重点和难点

- 学术论文的种类
- 学术论文写作的基本要求
- 学术论文写作的关键内容
- 学术论文写作的格式规范

学术论文是对某个科学领域中的学术问题进行研究后表述科学研究成果的理论文章。学术论文的写作非常重要，它是衡量一个人学术水平和科研能力的重要标志。学会撰写学术论文是提高文科大学生学术水平和科研能力的重要途径。本章主要从学术论文的种类和价值、撰写准备、结论、论证方法、修改方法和规范格式等方面进行阐述。

第一节 学术论文的种类、层次和价值

一、学术论文的种类

根据论文的篇幅，可分为三类：单篇论文、系列论文和学术专著。一般而言，字数超过五万字的学术作品称为学术专著，但也有些单行本的原著或者原著析出文献的字数比较少。不过，也存在例外情况。无论中外，古代的作品字数几乎都不多。譬如，《大学》两千余字，《老子》五千余字。这些著作的字数都不多，但都具有完整的内容和科学的构架与知识体系，因而被列入学术著作。

（一）单篇论文

单篇论文指基于某一客观现象或科学主题，以新方法发现新理论或者用经典理论解释新问题、新现象的文章，主要用于学术会议上宣读、展示，学术期刊、报纸理论版、

网络平台上发表，也可用于学者之间的交流。单篇论文还可以包括学位论文。此类论文的篇幅有长有短。发表于网络或者报纸等媒体的一般比较短，几千字不等。发表于正规学术期刊上的论文一般在 5000 字以上，多者可以达到 2 万~3 万字。学士学位论文一般要求 1 万字左右，硕士学位论文一般要求 3 万字左右，自然科学博士学位论文一般要求 5 万字以上，文科博士学位论文一般不少于 8 万字。

(二) 系列论文

系列论文的篇幅较长。有的发表在学术期刊，围绕同一主题或者同一现象展开论述，由一个团队的学者或者多个团队的学者形成系列论文。有的系列论文从不同角度相互支持、相互补充，也有相互质疑和商榷的。有的是围绕一次学术会议或者一个理论热点问题，收集相关学者的论文形成论文集，如《拉丁美洲投资研究论文集》和《中国图书馆学会年会论文集(2017 年卷)》。

(三) 学术专著

学术专著一般围绕一个专业的主题展开，系统介绍一种理论的历史渊源、发展过程、主要内容、意义价值，或者系统分析一种社会现象，从理论上进行深入挖掘。也有将博士论文补充完善作为专著发表的。学术专著的内容一般比较精深，主要面对专业读者。

依据作者的不同情况、不同需求或社会需要，学术论文还可分为投稿论文、命题论文、学位论文、会议论文、学术报告论文等。投稿论文是写给学术期刊编委会或者出版社等用于公开发表的文章。该类文章一般要求有较强的逻辑性、理论性、创造性。投稿论文可能是编辑部或者出版社的约稿论文(即命题论文)，也可能是作者根据杂志、栏目的要求(特点)主动投稿，还可能是评论或者会议交流的学术作品等。

命题论文一般是科研工作主管部门或者政府部门、企事业单位邀请相关学者，根据科研工作需要，完成的调研论文或者理论研究论文；也包括指导教师交给学生做的课题文章，还包括上述围绕热点问题的约稿论文。该类文章的专业性和应用性一般比较强。

学位论文分为学士学位论文、硕士学位论文、博士学位论文三类。学士学位论文要求能基于现有材料摆清事实，讲明道理即可；硕士学位论文要求基于现有材料的分析和评论，摆事实，讲道理，证明立论的观点和假设；博士学位论文则要求根据国内外某一领域的历史发展和研究现状，开展批判性分析，找出需要深入研究的内容加以立论，以实事求是的科学精神，摆事实，讲道理，验证立论假设，证明论点的合理性，还需具有一定的理论创新性。

会议论文是按照某一会议设立的主题内容撰写的专业文章，以供业内的专家和学者交流思想，以便彼此间能够互通有无，相互促进。学术报告是研究者就自己开展的科研成果和研究发现所撰写的专业文章，或出版供同行之间交流思想，或针对特定听众开展演说，或是提交给项目委托机构加以鉴定。

根据研究学科，学术论文可分为自然科学论文和社会科学论文。每类又可按照各自的门类加以细分，如社会科学论文可分为文学类、语言学类、艺术类、历史类、哲学类、教育类、政治类、经济类等学科论文。

根据研究内容,学术论文可分为理论研究论文和应用研究论文。前者多为基础性研究,多侧重于各门学科的基本概念、基本原理、流派渊源,以及相互交叉的影响研究,应用研究论文主要是应用性研究,侧重于各学科基础理论转化为专业技术和方法,可以直接用于分析和解决社会问题。

根据写作目的,学术论文可分为交流性论文和考核性论文。前者的目的在于专业技术人士探讨学术问题,各家之言、互通有无,从中可以窥见各自学科发展的新趋势,包括会议宣读论文、期刊发表论文、辑刊论文、学术报告、读书报告、书评等;后者的目的在于检验和衡量相关人员的学术水平,也被视为专业人员晋升的重要依据,包括期刊论文、辑刊论文、科研项目报告(中期和结项)、学位论文(学士、硕士、博士)、博士后出站报告等。

由上述可见,学术论文的分类并不固定,根据不同的视角,学术论文可以有不同的分类,各类论文之间存在交叉关系。

二、学术论文的层次

(一)理论层次的学术论文

理论层次的学术论文主要指基础理论研究型论文,它的研究对象在自然科学领域主要是隐藏在自然现象背后的基本规律、基本原理;观察和分析这些现象的基本方法、基本手段;前沿理论研究的新突破和新方向。而在社会科学领域,它的研究对象是某个基础性理论问题和对热点问题的原理分析,研究方法是哲学方法、逻辑学方法及其他学科基础理论方法,主要依靠逻辑推理、理论论证来证明自己的观点。

(二)技术层次的学术论文

技术层次的学术论文从狭义上说,是一些设计说明类技术文件(科研计划任务书、工程/产品设计任务书、技术鉴定书等);专利类技术文件(专利请求书、说明书、发明申报书等)。从广义上说,还包括运用基础理论分析和解决一些具体问题的论文,如硕士学位论文《现代网络社交工具对大学生人际关系的影响及对策研究》;自然科学论文中的技术学科论文如"观测型论文""评述型论文"等。

(三)应用层次的学术论文

应用层次的学术论文有很强的实践性、应用性,在社会科学领域主要有"评价型"论文,如《论奥古斯丁的友爱观》《生态社会主义述评》;自然科学领域主要包括"实验型"论文,如《非常规油气田水平井井位优选应用分析》;还包括理工科大学生的毕业设计说明书。

三、学术论文的价值

学术论文以探索客观规律、追求真理为目标价值,具体的价值表现形态有理论价值、实用价值及其他价值三个层次。

(一)学术论文的理论价值

理论价值主要指论文的学术水平，即对基础理论的掌握水平、对问题表现的认识水平、对深层原因的归纳水平、对策建议的科学水平等。

(1)世界先进水平。在国际前沿科研课题领域有所突破、创见，或有重要补充与发展；在某学科关键、重大课题研究中开辟新领域，提出新学说、新理论、新规律，填补了空白，对发展科学有普遍促进意义，有可以预见的巨大潜在价值。总之，论文的观点、发现，在国际同类科研课题中处于领先水平，有普遍的指导意义。如我国袁隆平教授的"杂交水稻试验"课题的成功。

(2)国内先进水平。在国内的学科研究领域中处于领先地位(不包括某些在国际上无参照系的国内学科研究领域，因为，这种领域有了领先的成果，也应属世界水平)；提出了新设想、新见解、新方法、新模型；在实践中具有一般性指导意义，有一定的潜在价值。但范围限于国内，距国际先进水平尚有差距。

(3)一般先进水平。在某个学科一般层次的研究领域内，能在前人研究基础上提出新观点，补充新内容，找到新论证方法，解决了前人未能解决的问题。有一定创见性，如对某个"通说"的创新，对"前说"的补充等。但指导意义不大，解决的问题也属一般，不是重大关键性问题，尤其不是事关学科发展全局性、方向性的问题。

(二)学术论文的实用价值

对学术论文的实用价值，一般从经济效益、技术效益、社会效益三方面按"重大""一般"两个层次划分认定。

1. 经济效益

(1)重大。对国民经济发展、生产建设产生重大作用，或对事关国计民生根本大计的项目有重大促进；或能节约大量投资、费用；或可以全面推广，经济效益显著。总之，论文成果转化为生产力的速度快、效果好、范围广。

(2)一般。可以节约一定的项目投资、费用(基建、维修、生产运行等)；对科技、生产科研的课题有促进作用，在一定范围内具有逐步推广应用的价值。

2. 技术效益

(1)重大。在应用技术上有所创新或发明，促进了生产力的快速发展；显著提高了产品质量、劳动生产率或安全可靠性；大量节约原材料，降低能耗；或延长使用寿命等。对国家当前生产技术的提高发挥重大作用。

(2)一般。在应用技术上有所革新，在一定程度上提高产品质量、工作效率，节约原材料，降低能耗等。对国家当前生产技术创新发挥一定作用。

3. 社会效益

(1)重大。在建设社会主义精神文明，促进我国法治、民主建设，提高社会公民道德水准，改善社会环保条件等方面有重大指导性，产生效果显著，影响长远。

(2)一般。在一定程度上能促进社会发展，改善一般环保条件，对加强精神文明、民主法治建设有一定积极作用，产生一定影响。

(三)学术论文的其他价值

学术论文的其他价值一般包括两方面：一是论文自身的写作水平；二是论文发表情况。可以作为前两种价值形态的补充。

1. 论文的写作水平

写作水平一般有以下三个方面的要求。

(1)行文格式标准化，即基本格式要素不能缺少。如"题目""摘要""关键词""正文""结论""参考文献"等。

(2)文字表达规范化。即从文字到标点符号，从数字、术语、公式、表格、插图到注释条目，论文的自然语言、人工语言均符合标准、规范要求。

(3)内容阐述的严谨与创新统一。如选题好、角度新、视野广、立意高、开掘深。

2. 论文的发表情况

论文是否发表不能直接作为评价论文价值的标准，但在何种期刊发表，是可以作为评价论文价值的一种参考的。从国内情况看，北京大学图书馆联合众多学术界权威专家鉴定的中文核心期刊受到了学术界的广泛认同；由南京大学中国社会科学研究评价中心开发研制而成的CSSCI(chinese social sciences citation index，中文社会科学引文索引)，进入该索引的来源期刊是当前中国社会科学研究界认可度较高的期刊。如果论文被《新华文摘》或者《中国人民大学复印报刊资料》等文摘刊物选中，也表明学术界对这些论文给予了充分肯定。从国际来看，SSCI、A&HCI、ISSHP是文科三大索引，由美国科学信息研究所创建。SSCI(social sciences citation index，社会科学引文索引)，是可以用来对不同国家和地区的社会科学论文进行统计分析的大型检索工具。SSCI全文收录世界最重要的社会科学期刊，内容覆盖人类学、法律、经济、历史、地理、心理学等领域。A&HCI(arts & humanities citation index)即艺术与人文科学引文索引，是综合性人文与艺术类文献检索数据库。ISSHP(index to social sciences & humanities proceedings)即社会科学与人文科学会议录索引，它与原来的ISTP的名称还是有点区别，分别为CPCI-S(conference proceedings citation index-science)和CPCI－SSH(conference proceedings citation index-social science & humanities)。ISSHP收录了来自社会科学、艺术与人文领域的所有学科的会议录文献。上述三大索引在国际学术界得到了高度认同。

学术论文的价值评价，要全面综合运用评价指标，注意区分不同种类。对于纯理论性研究、探索性论文，要以理论价值标准为主；对于应用技术研究以及实践性较强的论文，要以实用价值标准为主，而对于学位论文以及报道国内外某一方面科技成果并加评论的综述、评述性论文，则应根据其具体内容，对照相关价值标准，具体评价。

第二节　学术论文撰写前的准备

以社会科学论文为例，学术论文撰写前要做的工作大致如下。

一、资料的搜集和记录

(一)第一手文献资料的搜集

第一手文献是作者经过亲自观察、调查、实验、工作积累而得到的直接资料,它们往往精确度高,可信度强,新鲜而有个性。"搜集、积累资料,贵在全面、系统"[①]。

(二)第二手文献资料的搜集

第二手文献资料可从有关书籍、杂志、报纸、工具书、互联网等处间接获得。广义的文献包括"凡是人类知识用文字、图形、符号、声频、视频等手段记录下来的,有长远历史价值和当前利用价值的东西"[②]。

(三)文献资料的记录

文献资料的主要记录方式有:①笔记本;②活页本;③卡片;④剪报(复印);⑤在文献上做记号、写眉批等。

二、资料的分析研究和论点的确立

可以根据自己的兴趣、专业特长、学科优势等大致确定几个选题,然后以这几个选题为关键词查找文献。这样搜索到的文献可能还是很多,包括期刊、报纸、专著、教材、会议论文、网络材料等。对这些文献资料要进行鉴别:先进行浏览,再确定重点。确定重点可以按照这样的标准:一是看与确定的几个选题的相关度,选择相关性比较大的文献资料;二是看文献的重要性和影响,尽量选择本专业的权威和核心期刊,本领域的重要人物的重要思想;三是兼顾文献的全面性,中外、古今兼有。这样通过对文献资料的重点研读和考察,就可以大致确定选题值不值得研究、成功的可能性有多大、研究会取得什么样的预期效果,选题有什么样的困难和不足之处等。通过几个选题及相关材料的对比分析,确定最终的选题。

材料和主题是密不可分的,材料整理研究的过程同时也是主题的形成、确立过程,凝聚着作者思辨的心血。首先要对材料进行整理,将已占有的材料分类排序,根据主题需要对材料加以取舍或搜集补充,再认真检查核对已选取的材料,去伪存真,去粗取精。这是一个对材料类化、鉴别、筛选、辨析、提炼的过程。

最终写入论文的材料应是精选过的。选取材料要考虑两条原则:一是要有利于支撑观点,二是要有利于吸引读者。

---

① 张积玉. 学术论文写作与发表的几个问题[J]. 重庆大学学报(社会科学版),2018(1):76.
② 陈燕,陈冠华. 研究生学术论文写作方法与规范[M]. 北京:社会科学文献出版社,2004.

三、谋篇布局

(一)明确论文主题,设计主要线索

每一篇论文都有一个明确的中心论点(即主题)。若要使论文写得条理清晰、脉络分明,必须使全文有一条贯穿线,这就是论文的主题。它体现作者的学术观点、分析角度。在论文准备阶段要紧紧围绕主题谋篇构思,确保论文能够深入准确地表达自己的主要思想。

(二)构思论文结构,力求完整统一

一项完善的科学研究,一方面要有深刻的洞察和创新的思想,另一方面还要有严密的逻辑、精巧的研究设计以及让人心口服的证据和力量。学术论文一般是按照逻辑关系撰写,即要求符合客观事物的内在联系和规律,符合科学研究和认识事物的逻辑。

但不管属于何种情形,都应保持合乎情理、连贯完整。有时,构思时出现几种写作方案,这就需要进行比较。在比较中,随着思考的不断深化,写作思路又会经历一个由庞杂到单纯,由千头万绪到形成一条明确线索的过程。此时,应适时抓住顿悟之机,按照"应机立断,须定一途"的方法,确定一种较好的方案。

四、学术论文结构的基本类型

人们在长期的写作实践过程中,对某些文体文章的写作逐步形成了一些特定规范的"型",即结构的基本类型。这种"型"开始是某个人的创造,但是由于它符合人们的思维规律,所以一直被沿用下来,并在人们的反复运用中逐步完美、定型化。所以,这种"型"的产生不是偶然的,它是在人们共同思维规律的基础上形成的。利用这些"型"来写作,不但比较省力,便于组织材料表达观点,而且这种"型"符合人们的思维规律而便于人们阅读。这是一种事半功倍的写作方法。当然,"型"不是个死板的套子,不考虑内容如何,一律削足适履地塞到里边去也是不行的。利用"型"写作,一要注意富于变化,灵活地运用;二要注意当现成的"型"有损于内容表达时,就要坚决地把它丢开。

学术论文的结构形式是多种多样的。但是,它也有其基本型(在长期的写作实践中,论文写作逐渐形成了一套约定俗成的格式,并逐渐成为相对定型化的文章结构程序),即绪论、本论、结论的三段式结构。

(一)绪论

学术论文的绪论,在写作上应包括下列内容。

(1)说明研究这一课题的理由、意义。这一部分要写得简洁,一定要避免像作文那样,用很长的篇幅写自己的心情与感受,不厌其烦地讲选定这个课题的思考过程。

(2)提出问题。这是绪论的核心部分。问题的提出要明确、具体。有时,要写一点历史的回顾,关于这个课题,谁做了哪些研究,自己将有哪些补充、纠正或发展,作者论证这一问题将要使用的方法。

如果是一篇较长的论文,在绪论中还有必要对本论部分加以扼要、概括地介绍,或

提示论述问题的结论。这是便于读者阅读、理解本论的。

绪论只能简要地交代上述各项内容，尽管绪论可长可短，因题而异，但其篇幅的分量在整篇论文中所占的比例要小，用几百字即可。

(二)本论

本论是展开论题，表达作者个人研究成果的部分。它是学术论文的主体部分，必须下功夫把它写充分、写好。

有些学术论文，绪论部分中提出的问题很新颖、有见地，但是本论部分写得很单薄，论证不够充分，勉强引出的结论也难以站住脚。这样的学术论文是缺乏科学价值的，所以一定要尽全力把本论部分写好。

一般议论文的本论安排，有所谓直线推论（又称为递进式结构，即提出一个论点之后，一步步深入，一层层展开论述。论点，由一点到另一点，循着一个逻辑线索直线移动）和并列分论（又称为并列式结构，即把从属于基本论点的几个下属论点并列起来，一个一个分别加以论述）。两者结合起来运用称为混合型。

由于学术论文论述的是比较复杂的理论问题，一般篇幅较长，所以常常使用直线推论与并列分论两者相结合的方法；而且往往是直线推论中包含有并列分论，而并列分论下又有直线推论，有时下面还有更下位的并列分论。学术论文中的直线推论与并列分论是多重结合的，其他一些篇幅较长、论述问题比较复杂的论文也多采用这种方式，如毛泽东同志在《中国社会各阶级的分析》开头提出问题，接着就对各阶级进行分析，然后综合起来得出结论。

文章步步深入，层层展开，用的是直线推论。然而，在对各阶级分析的那一层次中，又逐一分析了地主阶级和买办阶级、中产阶级、小资产阶级、半无产阶级、无产阶级和游民无产者，用的是并列分论。就整篇而言，就叫直线推论中包括并列分论。毛泽东同志运用这种结合形式，完美地表达了文章的内容，收到了很好的表达效果。

在本论部分的写作中应注意以下几点。

1. 论点要明确

在显著位置提出自己的论点，展示自己富于新意和创造的研究成果，而不应当将这些闪光的东西淹没在琐碎的论述和材料中，应当遵循"论点显明"的原则。

2. 将中心论点分解成若干个分论点

中心论点是论述的中心，是学术论文中居于统师地位的观点。分论点是从不同角度、不同层次支持、证明中心论点而言的，是相对于中心论点说的。它们又可以看作是论据。为了阐明中心论点，写作中常常将中心论点分解成几个受它支配、为它服务的分论点。两者的关系是：中心论点统率分论点；分论点紧紧围绕中心论点展开。

3. 既要有分述，又要有总述

分述有利于化整为零，对问题的各个局部作透辟的分析。总述有利于化零为整，从整体上把握对象。分述是总述必不可少的前提和基础，总述则是对分述水到渠成式的总结和概括。

4. 观点靠材料支撑，材料为证明观点服务

观点要从材料中得出，不应有不可用材料证明的观点；也不应有与观点游离的材料；

更不应有与想要证明的观点方向相反的材料。

　　5. 要有严密的逻辑性

　　在阐述自己的学术见解时，应当表现出一定的逻辑性。要想方设法证明自己的见解是严合于理、毋庸置疑的。概念要有确定的内涵，如有必要，要对重要的概念进行定义，避免引起歧义。对于命题所适用的范围，也应当严格地加以限定，不要把自己所提出的见解、命题推广到并不适用的范围里去。论证过程，应合乎逻辑顺序。

(三) 结论

　　1. 结论的内容

　　结论是论文的收束部分。学术论文的结论应包括下述内容。

　　(1) 论证得到的结果。这一部分要对本论分析、论证的问题加以综合概括，引出基本论点，即课题要解决的问题。这部分要写得简要具体，使读者能明确了解作者独到的见解。值得注意的是，结论必须是绪论中提出的、本论中论证的、自然得出的结果。学术论文最忌论证得并不充分，而妄下结论。要首尾贯一，成为一个严谨的、完善的结构。

　　(2) 对课题研究的展望。个人的精力是有限的，尤其是作为学生对某项课题的研究所能取得的成果也只能达到一定程度，而不可能是顶点。所以，在结论中最好还能提出本课题研究工作中的遗留问题，或者还需要进一步探讨的问题，以及可能解决的途径等。

　　(3) 表示谢意。最后，对在整个研究过程中给予自己帮助的同志表示谢意。

　　上述是学术论文结构的基本型。这个基本型虽然经常用到，但不是一成不变的死板公式，作者可以根据表达的研究内容灵活地变通处理。

　　2. 这一部分在写作中的注意事项

　　(1) 结论应与本论相一致。结论是立论在得到证明之后的自然归宿，也是在本论的基础上得出的。两者之间应当有紧密的内在联系，而不应当脱节。

　　(2) 结论要干净利落。结论要对本论部分的主要观点做科学的概括、深化，而不应当不胜其烦地重复。

　　(3) 结论部分应兼具结尾的作用。如果结论部分已能收束全文，不必再为论文"硬安一条尾巴"。

五、学术论文常用的几种结构形式

　　前面所讲的绪论、本论、结论是学术论文结构的基本型，就学术论文全文的具体结构安排而言，常见的有如下几种。

(一) 总提分述式

　　所谓总提分述就是先提出中心论点，然后分别从几个方面去论证，阐明中心论点。这种形式也叫"首括式"（演绎法）。

(二) 先分论后总论式

　　先分论后总论，就是从几个方面比较分析，然后归纳起来得出结论。这种结构形式也叫"尾括式"(归纳法)。

(三)总提、分述、总论式

总提、分述、总论三者兼而有之，也称为"双括式"。即先总说，再分说，再总说。

(四)推进式

推进式就是一步一步深入，是由浅入深的论证方法，也叫退步式。如第一层次提出问题；第二层次叙述现象；第三层次分析原因；第四层次找出症结；第五层次解决问题（得出结论）。

(五)综合式

把以上几种方式结合起来安排层次结构，就可以形成综合式结构。一篇论文往往要论及许多事物，涉及许多方面。而每个事件又都是复杂的，都有很多方面。因此，论文往往难以用单一结构来说明问题，这就有必要采用综合式的结构。

六、拟订提纲

在正式撰写学术论文之前，先拟订提纲，可以极大地帮助作者锻炼思想，提高构思能力。它可以帮助作者勾勒出全篇论文的框架或轮廓，体现自己经过对材料的消化及进行逻辑思维后形成的初步设想；它可使论文层次清晰，前后照应，内容连贯，表达严密，使论文全篇形成一个统一完整的理论体系。在正式写作时，提纲不可能一成不变，可以随着实际的写作，不断地修正、补充和完善，最后成文的论文结构相比初拟的提纲可能会有很大的变化，这是正常的。但有了基本的提纲，科学性会强得多，效率也会高得多。

(一)提纲的内容及格式

把深入研究和确立论点的思路用文字固定下来，这便是论文提纲。提纲是思维的外化，它使原先的一切变得可视而清晰。论点、论据、论证手段及段落、层次，甚至部分主题词、关键词都可用大小标题和文字展示出来。提纲的意义还在于它能进一步完善思路，经过反复修订，最终能对论文作通盘规划。

提纲要大体适应论文结构的基本型，就是要具备绪论、本论、结论这一外在的结构形式。同时提纲也要体现提出问题—分析问题—解决问题这一内部结构规律。

提纲除在绪论中交代文章宗旨，结论中重申论点外，在本论中还应包括中心论点、分论点和分论点所属的小论点，证明论点的事实或理论论据及每个段落、层次使用的论证方法等。论文提纲的形式主要有以下几种。

1. 标题式(目录式)提纲

标题式是最简单的一种提纲写法，也就是把拟写的论文题目和各个部分的大标题、小标题都列出来，形成论文目录，即是学术论文的目录。这些目录全面准确地反映了文章中的内容，是一个既简洁又明了的写作提纲。不足的是，标题式提纲所反映的信息量不大，只有作者自己明白，别人只能看个大概意思。当然，提纲只是给作者本人看的，只要能看明白就行。

2. 论点式提纲

论点式提纲即把中心论点和各分论点列出来。

3. 提要式提纲

如果在标题式提纲中，加入论点、论据，再插进主要材料和展开部分，以要点的形式概括写出各层次的基本内容，形成各部分的提要，便成了提要式提纲。这种提纲列起来比较复杂，但写作时就省事多了，因为它已经把论文的大框架做成，再加进一些材料，细化一下便成文章。

4. 短文式提纲

所谓短文式提纲，就是以段意的形式用句子表述出论文的结构层次、各部分主要内容。这种提纲的长处是具体、明确，可以比较详细地反映出论文的全貌，无论时间过多久都不会忘记内容，别人看了也能明白；缺点是没有标题式提纲那样简明。

提纲的写法有定式和无定式，主要根据自己的习惯和具体写作对象而定，只要能起到理清思路、深化主题、突出重点、帮助写作的作用即可。

论文的提纲并非一成不变的，编好一篇论文提纲，并不意味着就给论文的写作设定了一个框框。有时在写作过程中，局部需要做些调整或改动。作者完全可以按新的需要行文；有时随着行文的推进，作者对论证过程逻辑层次等有了新的认识，需要对提纲做一些修改和补充，这也是正常的。提纲的拟制是为了写作的方便，而不是行文的金科玉律，作者不要因提纲而束缚了自己的创造性思维。

(二)提纲的写作要求

1. 系统性、整体性

提纲是论文的框架结构，而不是论文的某个片段或部分。它也是一个相对独立的系统，只是相对论文来说，是一个简明的系统罢了。因此，论文提纲要从系统论的高度来把握和编写，把论点、论据、详略、轻重，合理布置，优化配合。所以，尽管系统内每一要素都有自身的特征和功能，都有其独立性，但作为系统的一个组成部分，它必须与其他部分、其他要素紧密配合，优势互补，相得益彰。整体性与系统性是相互联系的，都强调全局利益、整体功能。整体性要求编写提纲从大局着眼，从整体出发，宏观把握。既要纵观全局，调整布置各个要素，又要从小处着手，仔细考虑各部分之间的相互关系。全盘统筹，巧妙安排，使全篇论文匀称均衡，紧凑严密。

2. 简明原则

论文是一篇文章，而提纲只是论文的骨架，是剔去了血肉的简化形式。因此，提纲只能用简洁明了的语言概要地述其大略。如果文字过于繁复，干、枝、叶俱全，提纲就成了论文。因此，只有用概括的语言、简练的结构来设计提纲，才便于一目了然。

第三节　学术论文的写作过程

写初稿是论文写作过程中最为困难的工作。这要求对论文的形式和内容进行精心设计，是作者思想认识不断深化和规范的过程，也是形成论文定稿的基础。

一、学术论文初稿的写作过程

按写作顺序，初稿一般有以下两种写作顺序。

(一)按提纲的顺序依次写作

依据提纲顺序，按层次段落进行，由绪论写起，接着写本论，最后写结论。这是文章的一种普遍写法，也符合人的一般思维过程。

如果篇幅较短，可以选择一个适合的写作环境，不使思路中断，从头至尾，一气呵成。如果篇幅较长，可以分时间段、按层次段落完成，每一个时间段完成相对独立的一部分。每次开始写时，应大体阅读一遍已经写过的内容，必须承上启下，思路统一。

按顺序分段写，可以使论文的风格前后一致，论文思路连贯紧凑、衔接自然流畅，避免重复。但容易出现的困难是一旦遇上某个难点(包含语言组织和论证过程等)问题，可能使整个工作陷入停顿，难以为继。

(二)按思考成熟程度的次序分部分进行写作

按思考成熟程度的次序分部分进行写作一般适用于篇幅较长、涉及观点比较多的论文。它是根据作者对内容的思考程度，将论文分成几个部分，依据思考成熟程度，依次写作，最后再整体对应，组合成篇。

这种写法符合人们对现象、问题认识的规律。作者在策划一篇文章时，往往开始于一个灵感、一个问题、一个现象，逐步思考这个问题(现象)的前因后果，分析的理论工具、应用的分析方法，最后形成一篇论文的基本结构。先把思考成熟的部分写出来，还有利于发现写作过程中的问题，推动理论思考不断深入。

二、学术论文写作的论证方法

论证方法是论文写作中论证论点的逻辑方法。它有归纳论证法、演绎论证法、类比论证法三种形式。

(一)归纳论证法

归纳论证法是指按一般存在于个别中的原理，由已知的许多个别(特殊)事物推知(概括)同类事物共同本质、特征和规律的逻辑方法，即个别到一般。它包含以下两种方法。

(1)完全归纳法。在一定条件下，如果能够说明所有研究对象都具有同一性质，那么就能推导出这些研究对象具有共同的性质。如某班30名同学每天都保证有一定时间参加体育活动，可以推论该班同学都积极参加体育锻炼。这种归纳法必须对每个对象都进行考察，缺一不可，结论才可靠，否则，就不真实。

(2)不完全归纳法。指根据已知的部分研究对象的同一性质，推出全部研究对象可能具有共同的性质。这种归纳法，是在无法对所有对象逐一考察的情况下运用的，结论具有或然性，是不必然的。但因客观事物是无穷的，这样的推理结论仍有指导意义，科研与写作常用这样的推理。不完全归纳法又可分为简单枚举法、科学归纳法两种。简单枚举法通过列举部分对象具有某一属性,又无相反情况,推出该类所有对象都具有这一属性,其优点是使用方便,缺点是容易"以偏概全"。如人们曾认为"鸟都会飞",但发现鸵鸟后,该结论就被否定。科学归纳法是根据某类部分对象与某一属性之间的必然联系,推出该类对象都具有这一属性。

(二)演绎论证法

演绎论证法是指按照一般与个别相联系(蕴涵)的原理,由已知原理、共性推出个别事物本质、特征和规律的逻辑方法,即一般到个别。它的推理方向与归纳论证法的相反。其推理形式有多种。

(1)简单推理形式。它由一个前提与结论构成。如说笔都是书写工具,因而可以说圆珠笔是书写工具。

(2)三段论推理形式。它由两个前提与结论构成。三段论推理形式属于简单判断推理。

(3)复合判断推理形式。它分为联言、选言、假言推理。选言、假言推理运用最广泛。选言推理中的否定肯定式,又叫排除法,科学实验中用得较多。假言推理中的否定条件式,在论证中作为反证法,在反驳中作为归谬法,是最有力、最有效的推理方法,论文写作中运用较多。

(三)类比论证法

类比论证法是指根据两个或两类事物有许多真实而相同、相似的属性,推出它们其他属性也相同、相似的逻辑方法,即个别到个别。它以联想、比较为基础,结论是或然的,可靠性取决于相类比对象属性之间的相关度与数量。其相关度越大,数量越多,越趋近可靠。类比论证有其独特形式,即有前提和结论。

三、学术论文的修改

在论文写作中,修改是必不可少的一个环节,是完成初稿和最终定稿之前的中间环节,这个中间环节做好了,论文的质量就可能上升到一个更高的层次。"文不惮改",写论文也是这样。学术论文初稿出来之后,并不能算论文的完成。因为在大多数情况下,初稿是不完善的,只是半成品,只有经过反复推敲、修改,待到定稿后,才算是最后的完成。正如清代学者唐彪所言:"文章不能一作便佳,须频改方妙耳。此意学人必不可不知也。"修改文章实是撰写者必须了解和掌握的一项基本功。

(一)学术论文修改的范围

论文初稿完成,仔细检查,总会发现有不妥当之处,大至论点是否鲜明突出、是否具有独创性,结构层次是否严谨合理,论证是否有说服力;小至文字是否准确简练、语序是否条理清晰、引文注释是否规范等。针对论文不同的问题症结,需要对论文进行大改或小改。所谓大改,是指在初稿完成后变更部分论点,对结构进行调整,增删或重新组合材料，这是带有全局性的重大修改，称之为"动大手术"。而小改则是在原稿的论点、框架结构基本维持不变的情况下针对个别细节材料、段落的衔接转换以及引文注释上做点"小修小补"或对某些词句进行适当的调换、修饰和润色。究竟是大改还是小改，要根据论文中存在的实际问题进行选择。

修改论文没有一定的程式，一般说来，应从全局着眼，从大处入手，逐步修改。即首先要检查论文的论点，论点的修改常常会涉及论文各个环节的变动；接着要根据表达论点的需要，考虑是否要调整结构或增删材料；再进行局部的修改和语言上的加工润色。具体地说，论文修改应从以下几个方面进行。

1. 修正论点

中心论点是论文的灵魂，修改论文首先要考虑它。论文的中心论点是研究者从对材料的研究分析中，从对某种灵感的深入剖析中提炼而来的，并在提纲及正式行文中使之明确化。也就是说，论点并非在论文动笔写作之初就已经十分明确，而是在写作过程中，在具体的语言材料论证过程中逐步显露出来的。修改论文的过程，也是中心论点进一步提炼和深化的过程。常见的问题如下。

（1）基本观点错误。基本观点是指统帅全篇论文的基本论点或总结论。基本观点错了，其他一切论点、论据都不能成立，整篇论文也就站不住脚。尽管这篇论文在论证、语言等方面不无可取之处，但由于基本观点有误，全文也就缺乏科学性。

（2）观点主观、片面，缺乏准确性和真实性。有些论文的观点，作者往往只顾一头，缺少唯物辩证法所要求的全面性。例如，在研究某些中外古典文学名著时，只讲其民主性精华和艺术上的成就一面，而对作品思想内容方面明显存在的局限却一笔带过。

（3）观点不鲜明，重点不突出。

（4）前后论点有矛盾，中心论点与分论点有矛盾，或回避论题，或主观臆断，分析不客观。

（5）缺乏新颖性和创造性。

2. 增删材料

论文的材料是论点的来源，也是论点成立的基础，必须精心选择材料。对选用材料的基本要求：一是典型，即选用最能论证观点和理论的材料；二是正确，即选用准确可靠的材料，不能生搬硬套，歪曲原意；三是适当，即材料引用要符合少而精的原则，恰到好处。常见的问题如下。

（1）忽视"新颖性"的选材要求，材料陈旧，重复出现人们熟知的例子，缺乏新鲜感、吸引力。

（2）不能有选择地利用典型、精当的材料形成自己的观点，例子滥而散，没有从中整理出自己立论的角度和起笔的由头。

（3）论据缺乏典型性、必要性，仅凭在特定环境中极少发生的某些事实，而得出与该环境中大量发生事实所不同的结论，因而论证缺乏说服力。

（4）提出论点、罗列论据之后，不做深入分析甚至不做任何分析，没有论证过程，便用"由此可见""大量事实说明"等语句，转而扣合所提出的论点；

（5）以偏概全，以点代面，以小论据支撑大论点，论据不足，出现"推不出"的问题。

(6)论据和论点之间没有必要的联系,二者或互相脱节,或互相矛盾,出现"引论失据"的问题,其原因是对概念和事实并没有真正理解。

(7)假设不恰当或缺少论据,未经实践检验,便把假设当作结论。

(8)分析问题不是从实际情况出发,从对事实的分析中得出结论,而是用观点去套例子,用事实去印证观点。

(9)前后论点有矛盾,中心论点与分论点有矛盾,或回避论题,或主观臆断,分析不客观,没有进行必要和充分的论证。

(10)以形容、描绘、形象刻画等文艺笔法,来代替论文的论述手法。

如果出现了上述问题,就必须增删更改:材料堆砌得太多,淹没了观点的,就要勇于割爱,删去那些多余的、不典型的材料,突出观点;行文空泛抽象,材料不充分的,就要增添典型材料,有力支撑观点;材料不够准确、翔实的,也要做出修订……总之,材料的增删变动一定要服从中心论点的需要,要为论证论点服务。

3. 调整结构

论文的结构是论点的逻辑展开形式,是作者研究思路的语言表现形式。结构是否严谨,直接关系到论文内容的表达效果。调整结构的原则和要求,是有利于突出中心论点、服务于表现中心论点。所以,要对原稿结构进行审订和调整。

首先,要看全文结构是否完整,标题、摘要、关键词、导言、绪论、本论、结论、注释及参考文献等必要的部分是否齐备。然后,主要检查正文部分各层次、各段落是否围绕中心论点进行严密的逻辑论证,详略、主次是否得当,各部分的过渡、照应、衔接是否自然。对总体结构进行检查后,还要逐段检查文章局部结构是否妥当。

4. 锤炼语句

论点、结构、材料方面的调整修改涉及文章的全局,属大改动、大手术,而对论文语句包括标点符号的检查校订则属小动作、小修补,但不能轻视这些小动作、小修补。一篇论文要保证质量,不仅要做到论点明确、结构严密、材料翔实,还要做到语言精练、规范、文面工整。论文写作中容易出现标题过长、标题逻辑层次混乱、句子结构混乱、用词不当、标点符号使用不当、文字不精练等问题。

5. 订正注释

论文的注释是论文科学价值的重要标志,是论点及论证过程正确性的保证。在初稿阶段,由于头绪繁多,有可能出现注释上的疏漏或讹误,在修改过程中,一定要对照所引资料的原文,逐字核对,并严格按照论文写作要求做出准确的注释。

(二)学术论文修改的方法

修改论文的方法多种多样,常用的有以下几种。

1. 读改法

读改法,是指写完论文初稿之后,最好自己能默读或小声诵读一遍,边读边想边改。有些问题不易看出来,往往一读就会发现,特别是语言表述方面的问题,如语句不通顺、过渡不自然等,借助于读,就能知道语言是否妥当。

2. 热改法

热改法，是指在论文初稿写完后，趁热打铁，一气呵成，马上开始检查、修改，直至最后定稿为止。这样做有利于保持作者思考的一致性和兴奋状态，若有在初稿写作阶段就已经有所意识却无暇顾及的缺漏与错误可随手改定，及时做出补充与调整，因此容易在初稿基础上有所突破。

3. 冷改法

热改法由于时间相距太近，作者的思维很难摆脱固定思路的束缚，从新的视角对论文作冷静的观察。而冷改法正好针对这一弊端有所弥补。冷改法，是指先将论文初稿放上一段时间，进行"冷处理"，待作者头脑变得冷静、清醒后，再重新审看论文进行修改。由于此时作者已跳出初稿思路的封闭式圈子，有可能在一种开放的格局中以新的眼光重新审视自己的研究，容易发现一些潜在的问题。恰如唐彪在《读书作文谱》卷五中所说："古人虽云文章多做则疵病不待人指摘而能自知之，然当其甫做就时，疵病亦不能自见，惟过数月始能知之。若使当时即知，则亦不下笔矣。故当时能确见，当改则改之，不然且置之，俟迟数月，取出一观，妍丑了然于心，改之自易，亦惟斯时改之使确耳。"隔上三五天，一两个星期，甚至逾月再改，必能对论文进行创新性的修改和补充。

冷改法的缺点是，时隔一久，再进入写作初稿时的思考情境中不大容易，往往有一种隔膜之感，再者可能会忘掉某些临时闪现的思想火花。

4. 求教法

对于自己写的文章，思路陷得太深，往往不能发现它的缺点，为了能够更加客观、全面地评价论文，不妨向他人求教，请求别人的帮助。北齐颜之推在《颜氏家训·文章篇》中指出："学为文章，先谋亲友，得其评裁，知可施行，然后出手；慎勿师心自任，取笑旁人也。"作者可请师长、朋友、同学公开评鉴初稿，广泛听取他人意见，或者进一步与其讨论以后再改。向他人请教，一定要有谦虚诚恳的态度，对于他人提出的意见，不一定全盘接受，但一定要用心体会，认真研究，从中寻找新的思路和灵感触发点，在集思广益的基础上再对论文做出修改。

在论文修改中，可综合运用多种修改方法，取长补短，反复推敲，直至取得比较理想的修改效果。

第四节 学术论文的规范格式

《科学技术报告、学位论文和学术论文的编写格式》（GB 7713.2—2022）中对学术论文的写作格式做了明确的规定，结合国内外学术期刊的一般要求，刊发论文写作有一些应该遵循的格式。

一、前置部分

前置部分包括标题、作者及工作单位、摘要、关键词等。

(一)标题

标题也称为题名。学术论文的标题应该简洁、明确、新颖，能概括论文的中心内容，揭示其主题，恰当地反映科研课题的范围及达到的深度。标题所用的词语要考虑到有助于选定关键词和编制题录、索引等二次文献的需要，选用的词语都必须提供检索的特定信息，尽量包含关键词等。

简洁，即题目要短而贴切，一般不超过 20 个字，以简明为宜。题目偏长的可用副标题来补充。

明确，即要求标题能够准确地反映论文的内容、范围和深度，直接揭示主旨，使读者对论文的内容和写作意图一目了然。题目不要过大或过小，不要流于空泛。用字要朴实，实事求是，不要夸大。

新颖，即题目要体现论文的独到之处，要有吸引力。题目是给读者的"第一印象"，决定着读者的阅读兴趣，要精心设计，最好令人为之一振或产生好奇心。

1. 标题的一般写法

(1)提出问题。使用设问句方式，隐去回答的内容，蕴含论辩因素。

(2)揭示内容。标题是论文内容的高度概括。

(3)限定范围。将全文的内容加以限定，从小处着眼、大处着手的标题。

(4)判断性论点。用判断性语言或结论性语言表达文章的中心论点。

2. 论文标题常见的构成方式

(1)句子式标题。以一个描述或说明性的句子概括全文的中心论点，它可以是一个完整的句子，也可以是省略主语的句型，以"论"字开头。

(2)词组式标题。比句子式标题更为简明，以两三个词语的组合反映论文的中心论点。

(3)副标题。为了避免词组式标题过于简洁，容易流于空泛的缺点，可以在词组式主标题下附加一个限制式的，起补充、说明作用的副标题。

标题或用设问，或用短语，或用单行，或用双行，句式灵活，简洁精练，一般在题首或题尾加上谦辞，如《试论研究马克思主义与信仰马克思主义的关系》《诚信结构初探》，其中的"试论""初探""小议"就是谦辞。

(二)作者及工作单位

作者的署名既可以是实名，也可以是笔名，署名后面要注明作者所属的单位。

(三)摘要

摘要又称为内容提要，是对论文内容不加任何诠释和评论的简短陈述，是对论文内容的高度概括。摘要的主要内容有主要观点、研究方法及过程、获得的主要结论及意义等。摘要具有相对独立性，能使读者在阅览全文前获得必要的信息，可供读者确定是否需要阅读全文，也可供文摘等二次文献编辑时采用。摘要的文字要高度概括、准确精练，篇幅在 100～300 字即可。

(四)关键词

关键词是最能反映论文主题思想的几个词语或短语。

二、主体部分

主体部分包括前言、正文、结论等。

(一)前言

前言也称为导语或引言,是论文的开头部分。

1. 前言的基本内容

(1)问题的提出。这是前言的核心,提出问题要明确、具体,交代研究对象和范围,说明为什么选此论题,选题有何学术价值和实际意义,前人做了哪些研究,研究到什么程度。

(2)研究方法。论文中主要应用了哪些理论、采用了哪些研究方法等。

(3)论文的基本结构。论文的正文包括哪些部分,主要内容是什么。

(4)论文的贡献。论文的特色和创新是什么,这是论文的价值所在,必须明确以引起读者的格外注意。

前言只需交代上述内容,要写得少而精,一般几百字即可。

2. 前言的写作要求

前言的写作要开门见山,言简意赅,不要过多地重复文献资料,也不要阐释人所共知的基础知识、基本理论。还要注意的是,前言不能写得与摘要雷同,或写成摘要的注释或补充。

(二)正文

正文也称本论,是论文的主体部分,是作者研究成果的具体表述。

1. 正文的基本内容

社会科学论文正文部分的主要内容包括:立论及其依据、理论分析、论证方法与步骤。自然科学论文正文部分的主要内容包括:调查对象、实验和观测方法、仪器设备、材料原料、实验结果、计算方法和编程原理、图表、形成的论点和导出的结论等。

论文的价值主要体现在正文部分。前言中提出的问题,要在本论中经过严密的论证,给出科学的回答和解决。写好本论要注意以下问题。

(1)论题集中,重点突出。每篇论文都应该从一个学科理论出发深入讨论一个问题或者一个观点,要突出论文的主要观点或者主要思想,切忌面面俱到、贪大求全。

(2)合理安排论文的结构。一般论文的总论点要分成几个分论点进行论述,每个分论点就构成一个大的层次。本论部分层次之间的逻辑关系可以采用以下几种结构形式:分总式、并列式、递进式、对立式、综合式。为了明确标示本论部分各层次间的关系,可用一、二、三级标题和序号等形式来标明层次。这样有助于把握论文的整体思路,也有助于阅读。

(3)规范构段。每一段的意思统一、主旨明确、长度适中。

2. 正文的结构

正文的结构一般有三种：纵式结构、横式结构和纵横式结构。

纵式结构是以事物（问题）的发展顺序和层次为线索，层层深入，逐步推进，论证中心观点，得出结论。

横式结构是将论题展开，按内容的内在联系分解成若干彼此并列的二级论题进行论述，各论题之间呈现出一种横向的内在联系，并为中心论点服务。

纵横式结构是纵式结构和横式结构交叉使用，或纵中有横，或横中有纵，常用于容量较大、篇幅较长的学术论文。

3. 正文的写作要求

正文的写作，要详细地叙述作者的见解和观点，对论文提出的问题从各种角度、各个方面进行分析、论证和阐释，尤其要注意以下三点。

(1)中心论点要突出，要明确地展示新颖、独特的研究视角、研究方法和研究成果。

(2)观点与材料要统一，即材料为观点服务，观点建立在可靠的材料基础之上，二者不得相互矛盾。

(3)论证要严密，符合逻辑要求。论证的过程要清晰、有条理、符合学科规律，要体现出一种必然的联系。

(三)结论

结论是在论证的基础上得出的最终定论，也是对整个论文的总结。作者在前言中提出的问题，经过本论的分析论证，在最后做一个总的归纳和强调，得出此项研究的结果。

1. 结论的内容

(1)研究结果是什么，有什么规律，解决了什么问题。

(2)对前人的研究做了哪些检验、修正和发展。

(3)本文的不足之处，本文涉及但尚未深入研究的问题以及进一步研究的设想。

2. 结论的写作要求

(1)结论要准确、精练、公允。结论是在综合全文基础上做出的具有理论性质的科学概括。

(2)结论切忌主观和片面。结论不可对没有进行充分论证的问题做出绝对肯定或否定的定论，也不可不顾相互影响的各种因素而做出片面的结论。

(3)提出建议和设想。正文中没有充分讨论的问题可以不做结论，以建议和设想的形式提出建议，供大家思考和讨论。

三、后置部分

后置部分包括参考文献和英文摘要等。

(一)参考文献

在写作过程中阅读、学习、引用他人的文献，一般在文章的最后列出，便于读者了解资料来源并进行检索。录示参考文献是学术论文科学性的重要体现,也是作者学术品德的反映,是对被引用文献作者的尊重。参考文献应该注意相关学科(研究领域)权威学者文献的收集,以此佐证正文基础理论、分析角度、论证过程等方面的科学性。参考文献是作者直接阅读过或者学习的重要文献,一般不要从他人文献中转引,一般也不引用文摘类文献。参考文献主要应列出主要作者、文献题名、文献类型标识、出版地、出版单位、出版时间等。

(二)英文摘要

英文摘要是前置部分中文摘要的英文译稿,但不一定是将中文摘要逐字逐句翻译,应该使用正式英语,专业术语要标准,语法要符合英语要求,语言要流畅,准确地表达原文的信息。

【思考与练习】

(1)学术论文有哪些种类?

(2)学术论文写作前需要哪些准备?

(3)根据学术论文结构部分的知识,查阅某一学科的专业期刊,选择10篇相近主题的论文,进行比较分析。

(4)根据个人学习兴趣选择一个(或者多个)主题,进行文献资料收集工作,并进行整理归纳,将收集过程的主要步骤和感受记录下来。

(5)论文写作的论证方法有哪些?

(6)练习撰写一份学术论文的提纲。

第七章 国家级大学生创新创业训练计划项目申报指南

教学目标

通过本章的学习，使学生了解国家级大学生创新创业训练计划的基本情况；了解项目申请书注意事项，掌握国家级大学生创新创业训练计划申报书的写作要点和关键内容，知晓评价指标，能够撰写项目申报书。

教学重点和难点

- 国家级大学生创新创业训练计划申报意义
- 国家级大学生创新创业训练计划申报流程
- 国家级大学生创新创业训练计划申报要点
- 国家级大学生创新创业训练计划申报书撰写

实施国家级大学生创新创业训练计划，对于深化高等学校创新创业教育改革，提升大学生的创新精神、创业意识和创新创业能力，加快培养规模宏大、富有创新精神、勇于投身实践的创新创业人才队伍具有重要意义。通过国家级大学生创新创业训练计划项目立项和研究，一批符合条件的作品参加"挑战杯"全国大学生课外学术科技作品竞赛、"挑战杯"中国大学生创业计划竞赛和中国国际"互联网＋"大学生创新创业大赛等赛事并取得优异成绩。本章重点介绍国家级大学生创新创业训练计划项目申请书填写注意事项，希望能对同学们申报国家级大学生创新创业训练计划项目有所帮助。

第一节 国家级大学生创新创业训练计划简介

一、计划背景

根据《教育部 财政部关于"十二五"期间实施"高等学校本科教学质量与教学改革工程"的意见》（教高〔2011〕6号）和《教育部关于批准实施"十二五"期间"高等学校本科教学质量与教学改革工程"2012年建设项目的通知》（教高函〔2012〕2号），教育部决定从2012年开始实施国家级大学生创新创业训练计划。

二、计划内容

国家级大学生创新创业训练计划内容包括创新训练项目、创业训练项目和创业实践项目三类。

（1）创新训练项目是本科生个人或团队在导师指导下，自主完成创新性研究项目设计、研究项目实施、研究报告撰写、成果（学术）交流等工作。

（2）创业训练项目是本科生团队在导师指导下，完成商业计划书编制、可行性研究、企业模拟运行、创业报告撰写等工作。

（3）创业实践项目是学生团队在学校导师和企业导师共同指导下，基于前期创新创业训练项目的成果，开发具有市场前景的创新性产品或者服务，开展创业实践活动。

本章主要针对哲学社会科学类创新训练项目进行阐述。

三、计划目标

通过实施国家级大学生创新创业训练计划，促进高等学校转变教育思想观念，改革人才培养模式，强化创新创业能力训练，增强高校学生的创新能力和在创新基础上的创业能力，培养适应创新型国家建设需要的高水平创新人才。

四、经费支持

（1）国家级大学生创新创业训练计划面向中央部委所属高校和地方所属高校。中央部委所属高校直接参加，地方所属高校由地方教育行政部门推荐参加。

（2）国家级大学生创新创业训练计划由中央财政、地方财政共同支持，参与高校按照不低于1∶1的比例，自筹经费配套。中央部委所属高校参与国家级大学生创新创业训练计划，由中央财政按照平均一个项目1万元的资助数额，予以经费支持。地方所属高校参加国家级大学生创新创业训练计划，由地方财政参照中央财政经费支持标准予以支持。各高校可根据申报项目的具体情况适当增减单个项目资助经费。对中央部委所属高校创业实践项目，每个项目经费不少于10万元，其中，中央财政经费应资助5万元左右。

五、组织实施

教育部直属高校直接向教育部提交工作方案，非教育部直属的中央部委所属高校同时报送其所属部委教育司（局）。地方教育行政部门将推荐的地方所属高校的工作方案汇总后，一并提交教育部。教育部组织专家论证，通过论证后即可实施。

各高校制定本校大学生创新创业训练计划学生项目的管理办法。规范项目申请、项目实施、项目变更、项目结题等事项的管理，建立质量监控机制，对项目申报、实施过程中弄虚作假、工作无明显进展的学生要及时终止其项目运行。

各高校在公平、公开、公正的原则下，自行组织学生项目评审，报教育部备案并对外公布。项目结束后，由学校组织项目验收，并将验收结果报教育部。验收结果中，必需材料为各项目的总结报告，补充材料为论文、设计、专利以及相关支撑材料。教育部在指定网站公布项目的总结报告。

国家级大学生创新创业训练计划项目面向本科生申报，原则上要求项目负责人在毕业前完成项目。创业实践项目负责人毕业后可根据情况更换负责人，或是在能继续履行项目负责人职责的情况下，以大学生自主创业者的身份继续担任项目负责人。创业实践项目结束时，要按照有关法律法规和政策妥善处理各项事务。

第二节　国家级大学生创新训练项目申请书填写注意事项

一、项目选题

国家级大学生创新训练项目选题在很大程度上决定了项目能否申请成功，在整个项目申请中的比重占到 1/3 以上。因此，一定要高度重视项目选题。国家级大学生创新训练项目选题应注意以下几点。

(一)小题大做

国家级大学生创新训练项目建议选择社会关注，有一定理论意义和现实意义的题目。选题不宜过大，最好从比较小的角度切入，以小见大。例如，新生代农民工问题是近年来政府、社会和学术界都关注的一个社会热点问题，对新生代农民工相关问题开展研究，具有重要的理论意义和现实意义。但如果直接选择"新生代农民工问题研究"这个题目进行研究，则选题过大，本科生很难驾驭，也很难获得立项。可以缩小范围，选择"新生代农民工法律意识调查研究""新生代农民工政治信任调查研究""新生代农民工休闲生活调查研究""新生代农民工政治信仰调查研究"等比较具体的题目进行研究。

(二)根据自身实际选题

国家级大学生创新训练项目选题一定要符合本科生自身实际。首先，要根据本科生的研究基础和研究能力选题。不要选大而不当，超出本科生研究能力的题目。例如"重新认识马克思劳动价值论"等。其次，要根据项目组成员构成情况进行选题。例如，前几年有一个项目组申请了题为"新疆维吾尔族青少年社会主义核心价值观培育调查研究"的项目。这个项目选题不错，但项目组成员和指导教师都不是维吾尔族的，而且没有一位是新疆人。答辩时，评委了解到项目组成员都没去过新疆。所以，评委们认为项目组难以开展调查，研究该项目的条件不成熟，未予立项。

(三)最好选择调查研究的题目

本科生申请国家级大学生创新训练项目，尽量不要选纯理论问题的题目进行研究。因为研究纯理论问题，提出新的理论观点或填补理论空白，这对本科生来说难度很大。所以，选题的时候，最好能针对社会现实问题，开展调查研究。

二、项目组构成

(一)指导教师

国家级大学生创新创业训练计划项目(创新训练项目)申请书指导教师栏目中可以填两位指导教师,但明确规定含副教授及以上职称者。所以,最好选副教授及以上职称的老师做第一指导教师,中级或初级职称的老师可以作为第二指导教师。指导教师的专业最好和项目选题对口。在填写指导教师时,一定要征得老师的同意。同时,要考虑指导教师是否有足够的时间和精力投入项目指导。

(二)项目组成员

项目组成员结构要合理。首先,专业结构要合理。如果项目选题涉及学科交叉,项目组成员要覆盖相关专业。如果要开展社会调查,就要有懂得社会调查与统计方法的项目组成员。其次,年级结构要合理,最好是高年级和低年级同学组合。最后,由选题的特殊性决定成员的结构。如果项目研究涉及民族问题,成员当中就要有相关民族的成员。例如,关于彝族文化的研究,项目组中最好有彝族的成员。如果项目研究涉及特定地域,项目组中最好有该研究地域的成员。

三、项目概况

(一)项目简介

项目简介有明确的字数要求,不能超过 200 字,所以一定要简明扼要。简介中主要包括选题意义、研究思路、研究方法和主要内容。例如,"科技创新领域'两新'组织党建问题研究"项目简介可以这样写。

科技创新领域"两新"组织党建问题研究具有重要的理论意义和现实意义。本申请项目在文献研究的基础上,综合运用中共党史党建学、政治学、社会学等学科的基本理论和方法,通过设计调查问卷和访谈提纲,到相关单位开展调研和访谈。通过整理实地调研和访谈资料,统计分析调查问卷,对科技创新领域两新组织行业党建特点规律、运行模式、品牌塑造等开展研究,形成科技创新领域"两新"组织党建的政策建议和研究报告,为推动形成科技领域大党建工作格局提供参考。

(二)预期研究成果

预期研究成果一般是研究报告和学术论文。可以写成 1 份 10 000 字以上的研究报告。公开发表 1 或 2 篇学术论文。如果学校要求发表中文核心期刊论文才能结题,就要在预期成果中写明将发表中文核心期刊论文 1 篇。预期研究成果不能低于学校提出的国家级大学生创新创业训练计划项目(创新训练项目)结题要求。

四、项目设计论证

(一)项目研究现状述评

评委可以通过研究现状述评看出项目申请者的学术积累和文献梳理能力,一定要高度重视。首先,要注意不要把研究现状写成研究背景。有的申请书大段描写某问题是什么时候提出来的、发展历史如何、社会如何关注,甚至列出一长串新闻报道,却没有提到一篇研究文献,也没有提到一个学者对这个问题的研究观点。这就是把研究现状写成了研究背景。其次,要把国内外已有的研究成果分门别类地归纳出来,不能写得太零散。而且要特别注意对研究现状进行评价,指出不足之处,评价要中肯、客观,切忌在评价中否定前人的贡献。例如:"科技创新领域'两新'组织党建问题研究"的项目研究现状述评可以这样写。

国外现有的关于社会组织、非政府直属或者管理的经济组织理论与实践研究多以经济学、社会学为主要研究方向,主要涉及两者对社会所做的贡献、不同国家之间社会组织和经济组织发展情况的比较研究以及其与政府的关系研究等,较少涉及其与政党建设联系起来的研究。

国内"两新"组织党建问题研究主要包括:

第一,"两新"组织党建工作现状及问题研究。学者们认为,总体而言,"两新"组织党建尚处于探索阶段(林立公,2009;刘冀瑗,2010;周耀宏,2017;苏珂、高怀霞,2018;李晓壮,2021)。

第二,"两新"组织党建工作问题产生的原因研究。学者们认为,产生问题的原因主要有"两新"组织党的组织和工作覆盖薄弱,党建队伍建设滞后(黄一玲、焦连志,2015;何东升,2017;薛小荣,2018;李晓壮,2021)。

第三,"两新"组织党建工作创新路径研究。学者们主要从树立"大党建"工作理念,推进党的组织和党的工作在"两新"组织中的覆盖,加强党建队伍建设和党员管理,打造党建品牌等科技创新领域"两新"组织党建问题研究角度提出对策(王辉,2010;赵刚印,2014;李明伟,2018;佘爱红,2019;李潇,2020;臧组轩,2022)。

目前,国内理论界对"两新"组织特别是科技创新领域"两新"组织行业党建特点规律、运行模式、品牌塑造等从理论与实证角度开展研究并取得系统性的研究成果还很少。

(二)选题的意义

选题的意义一定要紧扣题目来写,不要写得太宽泛。研究意义一般分为理论意义和现实意义。理论意义可以写通过项目研究,验证某理论,或深化对某理论的认识,或完善现有理论,或提出新的理论观点等。现实意义可以写通过项目研究,产生的成果或提出的对策具备哪些现实借鉴意义或实际应用价值。

(三)项目研究的目的、基本思路、研究方法、进度计划、重难点、基本观点和主要参考文献

1. 研究的目的一定要明确

研究目的要写清楚为什么要申请这个项目,通过这个项目的研究最终能产生什么理

论成果或应用成果。

2. 基本思路一定要清晰

基本思路要写清晰，让别人看了以后就知道你如何开展项目研究以及你的项目研究的过程是怎样的。

例如："科技创新领域'两新'组织党建问题研究"的项目研究思路可以这样写：

本项目以习近平总书记关于党的建设的重要思想为指引，综合运用中共党史党建学、政治学、社会学等学科的基本理论和方法，通过理论与实证研究，探索科技创新领域"两新"组织行业党建特点规律；提出科技创新领域"两新"组织行业党建运行模式；探讨科技创新领域"两新"组织行业党建品牌塑造；完成具有科技创新领域"两新"组织时代特征、行业特色、科创特点的政策建议和研究报告。

3. 研究方法要全面、具体和可行

全面是指在项目研究中要用到的方法都要写出来。哲学社会科学类社会调查报告和学术论文的研究方法一般包括文献研究法、问卷调查法、深度访谈法、观察法、实验法、比较法等。具体是指研究方法不能写得太笼统，每一种方法都要有具体的内容描述。例如，研究方法中提到问卷调查法，就要写清楚如何抽样，在什么地方开展调查，调查多少对象，用什么软件统计分析问卷数据等。可行是指项目申请书中提到的研究方法都能够实施和操作。

例如："新生代农民工社会主义核心价值观认同研究"的项目研究方法可以这样写：

（1）问卷抽样调查法：对新生代农民工社会主义核心价值观认同现状进行较大规模的抽样问卷调查。拟抽取上海（长三角东部大城市），广州、深圳（珠三角东部大城市），长沙（中部大城市），成都（西部大城市）五地共2500名新生代农民工进行问卷调查，使本课题获取大量的、符合研究设计要求的第一手资料，并应用相关的统计软件，对这些数据资料进行定量的统计分析，从总体上把握新生代农民工社会主义核心价值观认同的状况、特征；分析其影响因素。

（2）深度访谈法：考虑到本课题的复杂性，我们在以定量方法为主要方法的同时，也根据需要适当采用定性研究的深度访谈来获得微观层面上的一些不适宜用问卷收集的资料。同时帮助研究者加深对所研究现象的直观感受和主观体验。本课题拟对50名新生代农民工进行深度访谈，获得定性资料，为进一步解释相关研究结论提供支撑。

（3）比较研究法：横向上，通过与城市青年和青年农民等群体的比较，揭示新生代农民工与其他青年群体社会主义核心价值观认同的差异性和独特性。课题负责人近年分别对大学生和青年农民等青年群体的社会主义核心价值观认同进行了抽样调查，具有较好的同类群体横向比较的基础和条件。纵向上，课题负责人近年对新生代农民工进行过多次抽样调查，收集到关于新生代农民工政治心理、政治参与等方面的原始数据资料，具有较好的纵向比较研究的基础和条件。

（4）文献研究法：对有关新生代农民工和社会主义核心价值观的文献资料（含论文、著作、文学性材料、电子资料）进行研读，为本课题的研究奠定理论基础。

4. 进度计划要合理

国家级大学生创新创业训练计划项目研究周期为1年。根据1年的研究时间合理安排每一个阶段的研究工作。例如，"新生代农民工政治信任研究"的进度计划是这样写的：①2022年3月～2022年4月，文献研究。通过文献研究揭示政治信任的内涵和结构。②2022年5月～2022年6月，制作调查问卷。③2022年7月～2022年9月，对广州、成都、长沙3地900名新生代农民工政治信任的现状进行调查，同时进行深度访谈。④2022年10月～2022年12月，统计分析调查问卷，撰写研究报告和相关学术论文。⑤2023年1月～2023年3月，修改研究报告和学术论文，进行项目结题。发表论文。

5. 重难点要突出

一般来说，问卷设计、问卷调查和分析、现存问题剖析、影响因素探讨和对策思考是重点。难点和重点有时会交叉。比如，研究重点中的问卷分析，以及影响因素探讨和对策思考往往也是难点。

6. 基本观点实际上就是研究假设

假设是"一种有关变量间关系的尝试性陈述，或者说是一种可用经验事实检验的命题"。基本观点要立足于前人研究的基础，针对前人研究的不足，结合可能的创新点来写，做到观点明确、层次清楚。

例如："西部地区社会主义新农村建设与留守妇女问题研究"的基本观点是这样写的：

(1)农村留守妇女处于生活艰难、劳动强度大、精神负担重、缺乏安全感的生活状态中。

(2)农村留守妇女婚姻质量低、家庭不够稳定。

(3)"留守"并没有提高妇女的家庭地位，她们为家庭承担了更多的责任与义务，但并没有获得更多的权利。丈夫更多的是把责任推给了妻子，权利却留给了自己。

(4)留守妇女虽然"丈夫缺席"，但"男主外，女主内"的社会性别分工仍制约着妇女参与村中公共事务。

(5)留守妇女的出现既是传统社会性别观念的结果，同时也将进一步强化这种社会性别观念。

(6)留守妇女的出现不是弱化而是进一步强化了两性之间的不平等，性别鸿沟进一步扩大。

(7)留守妇女面对较多的风险与安全隐患。

7. 主要参考文献要做到"经典＋前沿"

经典是指要选择相关领域最权威的文献，包括相关的国内外权威专著、发表在权威期刊的高被引论文和高被引的博、硕士学位论文等。前沿是指参考文献中应该有国内外最新的相关文献。可以将参考文献按照普通图书、论文集、会议录、科技报告、学位论文、专利文献、专著中析出的文献、期刊中析出的文献、报纸中析出的文献归类排序，然后再按照年份排序，同类文献按照外文文献在前、中文文献在后排序。参考文献要注意格式规范，可以参照《信息与文献　参考文献著录规则》(GB/T 7714—2015)编排格式。

(四)项目创新之处，以及实际应用价值和现实指导意义

1. 项目创新之处的写法

项目创新之处不外乎从研究对象、研究内容、研究方法、研究视角等方面来谈。创

新之处要呼应前面文献综述中指出的前人研究的不足。

例如："新生代农民工社会主义核心价值观认同研究"的创新点可以这样写：

(1)从研究对象来看，本研究并不局限于新生代农民工单一群体，而是通过与其他青年群体的比较来分析探讨新生代农民工社会主义核心价值观认同。

(2)从研究内容来看，在关于新生代农民工社会主义核心价值观认同的研究中，将新生代农民工个体性因素和政治、经济、文化、社会、科技(媒体)等结构性因素同时纳入进行分析，以便更为准确地揭示其影响因素。

(3)从研究方法来看，定量与定性方法的结合，突破了以往仅为调查或实地研究的局限；横向比较与纵向比较研究相结合，使得对新生代农民工社会主义核心价值观认同的探讨更为严格。尤其是问卷调查的地域范围和样本量都将突破以往的同类研究。

(4)从研究视角来看，本课题重视马克思主义理论、心理学和教育学等多学科的综合研究，突出新生代农民工社会主义核心价值观认同研究的理论性、综合性和多学科性。

2. 实际应用价值和现实指导意义的写法

实际应用价值和现实指导意义一定要具体，不要泛泛而谈。写清楚到底有哪些实际应用价值和现实指导意义。

总之，在整个申请书的填写过程中，都要注意前后呼应。如果说研究现状述评是研究的起点，那么后面的内容都要针对研究现状述评展开。例如，如果研究现状述评指出前人的研究内容不够全面，或者哪些方面没有研究，那么后续基本观点表述中就要指出本项目将在哪些方面进行完善。如果研究现状述评中提到，前人在研究方法上实证研究不足，那么在后续研究方法部分就要指出本项目将重视实证研究。如果在研究现状述评中提到前人在研究对象、研究内容、研究方法、研究视角等方面存在不足，那么在后续创新之处就要针对前人研究中存在的不足之处来写。这样写出来的申请书前后连贯、逻辑严密，能给人一气呵成的感觉。

五、经费预算

根据本章第一节中"经费支持"部分内容可知，国家级大学生创新创业训练计划经费，中央财政或地方财政资助数额是1万元。如果参与高校按照不低于1：1的比例配套的话，资助数额为2万元。根据各高校的实际情况，按照1万元或2万元进行经费预算。经费预算支出科目一般包括资料费、差旅费、数据采集费、印刷费、专家咨询费、论文发表费等。经费预算支出科目和金额要合理。

【思考与练习】

(1)国家级大学生创新训练项目申请书填写有哪些注意事项？

(2)根据所学知识，尝试选择一个研究题目。

(3)根据自己选择的研究题目，填写一份国家级大学生创新创业训练计划项目申请书。

第八章 "挑战杯"全国大学生课外学术科技作品竞赛

教学目标

通过本章的学习，使学生了解"挑战杯"全国大学生课外学术科技作品竞赛相关资料背景、意义；掌握参赛注意事项内容；结合获奖案例加强对该竞赛注意事项理解。

教学重点和难点

- "挑战杯"全国大学生课外学术科技作品竞赛申报意义
- "挑战杯"全国大学生课外学术科技作品竞赛申报流程
- "挑战杯"全国大学生课外学术科技作品竞赛申报要点
- "挑战杯"全国大学生课外学术科技作品竞赛申报书撰写

"挑战杯"全国大学生课外学术科技作品竞赛被誉为当代大学生科技创新的"奥林匹克"盛会。自1989年在清华大学举办首届竞赛以来，"挑战杯"全国大学生课外学术科技作品竞赛已经成为吸引广大高校学生共同参与的科技盛会，促进优秀青年人才脱颖而出的创新摇篮，引导高校学生推动现代化建设的重要渠道，深化高校素质教育的实践课堂和展示全体中华学子创新风采的亮丽舞台。本章重点对"挑战杯"全国大学生课外学术科技作品竞赛及其注意事项进行介绍，希望能为各位指导教师和同学们提供参考。

第一节 "挑战杯"全国大学生课外学术科技作品竞赛简介及历届回顾

一、"挑战杯"全国大学生课外学术科技作品竞赛简介

"挑战杯"是"挑战杯"全国大学生系列科技学术竞赛的简称，是由共青团中央、中国科学技术协会（简称中国科协）、教育部和中华全国学生联合会（简称全国学联）共同主办的全国性大学生课外学术实践竞赛，竞赛官方网站为 www.tiaozhanbei.net。"挑战杯"共有两个并列项目，一个是"挑战杯"中国大学生创业计划竞赛（"小挑"），另一个是"挑战杯"全国大学生课外学术科技作品竞赛（"大挑"）。这两个项目的全国竞赛交叉轮流开展，每个项目每两年举办一届。两者的侧重点不同，"大挑"注重学术科技发明创作带

来的实际意义与特点，而"小挑"更注重市场与技术服务的完美结合，商业性更强。"小挑"奖项设置为金奖、银奖、铜奖，而"大挑"奖项设置特等奖、一等奖、二等奖、三等奖。"大挑"发起高校可报六件作品，其中三件为高校直推作品，另外三件要与省赛组织方协商推荐，而"小挑"只能推荐三件作品进国赛。"大挑"有学历限制而"小挑"没有，"大挑"分专本科组、硕士组、博士组分开评审。"大挑"国赛最多可以报八人，而"小挑"最多可以报十人。"大挑"比赛证书盖共青团中央、中国科协、教育部、全国学联、举办地人民政府的章，而"小挑"证书只盖共青团中央、中国科协、教育部、全国学联的章。

本章主要针对"挑战杯"全国大学生课外学术科技作品竞赛（"大挑"）进行探讨。

"挑战杯"全国大学生课外学术科技作品竞赛（简称"挑战杯"竞赛）是由共青团中央、中国科协、教育部、全国学联和举办地人民政府共同主办，国内著名大学、新闻媒体联合发起的一项具有导向性、示范性和群众性的全国竞赛活动。自1989年首届竞赛举办以来，"挑战杯"竞赛始终坚持"崇尚科学、追求真知、勤奋学习、锐意创新、迎接挑战"的宗旨，在促进青年创新人才成长、深化高校素质教育、推动经济社会发展等方面发挥了积极作用，在广大高校乃至社会上产生了广泛而良好的影响，被誉为当代大学生科技创新的"奥林匹克"盛会。自1989年在清华大学举办首届竞赛，至今已举办17届竞赛。

"挑战杯"全国大学生课外学术科技作品竞赛项目类别分为自然科学类学术论文、哲学社会科学类社会调查报告和学术论文、科技发明制作A类（科技含量高、成本投入大）和科技发明制作B类（小发明、小制作）四类。对于参赛作品，论文类每篇在8000字以内，调查报告类每篇在15 000字以内。为党政部门、企事业单位所做的各类发展规划、工作方案和咨询报告，已被采用者也可申报参赛，同时附上原件和采用单位证明的复印件和鉴定材料等。

哲学社会科学类社会调查报告和学术论文作品所属领域分为哲学、经济、社会、法律、教育、管理。竞赛组委会不接受没有列为竞赛学科的作品参赛。

推荐的项目可分为个人作品和集体作品。申报个人作品的，申报者必须承担申报作品60%以上的研究工作，作品鉴定证书、专利证书及发表的有关作品上的署名均应为第一作者，合作者必须是学生且不得超过2人；凡作者超过3人的作品或者不超过3人但无法区分第一作者的作品，均须申报集体作品。集体作品的作者必须均为学生。凡有合作者的个人作品或集体作品，均按学历最高的作者划分至专本科生、硕士研究生或博士研究生类进行评审。

"挑战杯"全国大学生课外学术科技作品竞赛经过网络初评、集中复评、决赛问辩，竞赛评审委员会最终评出特等奖作品、一等奖作品、二等奖作品、三等奖作品。

二、"挑战杯"全国大学生课外学术科技作品竞赛历届回顾[①]

第一届竞赛于1989年在清华大学举行。1988年，清华大学首次设立校内"挑战杯"

---

① http://www.tiaozhanbei.net/review.

竞赛。次年，在国家教育委员会(简称国家教委)的支持下，清华大学等34所高校和全国学联、中国科协及部分媒体联合发起举办了首届"挑战杯"大学生课外科技活动成果展览暨技术交流会。李鹏、聂荣臻、薄一波等领导为首届竞赛题词。清华大学获得本届"挑战杯"。

第二届竞赛于1991年在浙江大学举行。时任本届竞赛由共青团中央、中国科协、全国学联主办。"挑战杯"全国大学生课外学术科技作品竞赛名称正式确定并沿用至今。这届竞赛初步建立了选拔、申报、评审的竞赛机制；确立组委会和评委会各自独立运作的竞赛机构；形成了两年一届、高校承办的组织方式。上海交通大学获得本届"挑战杯"。

第三届竞赛于1993年在上海交通大学举行。竞赛开幕前夕，江泽民同志亲笔为竞赛题写杯名，使竞赛影响更加广泛。通过本届竞赛的举办，"挑战杯"竞赛的各项机制得到进一步完善和加强。北京大学获得本届"挑战杯"。

第四届竞赛于1995年在武汉大学举行。时任国务院副总理李岚清为本届竞赛题词，周光召、朱光亚等100名著名科学家为大赛寄语勉励。复旦大学获得本届"挑战杯"。

第五届竞赛于1997年在南京理工大学举行。国务院副总理邹家华为本届"挑战杯"竞赛题词。香港地区大学生首次组团参与竞赛活动。清华大学获得本届"挑战杯"。

第六届竞赛于1999年在重庆大学举行。重庆市政府成为主办方之一，这是省级政府首次参与赛事主办。香港地区9所高校的40件作品直接进入终审决赛。竞赛协议项目43个，转让总金额超过1亿元，转让金额超过前五届的总和。复旦大学获得本届"挑战杯"。

第七届竞赛于2001年在西安交通大学举行。这是"挑战杯"竞赛首次在西北地区举行终审决赛。西安外事学院成为第一所参加"挑战杯"竞赛的民办高校。复旦大学、东南大学获得本届"挑战杯"。

第八届竞赛于2003年在华南理工大学举行。来自国内以及新加坡等地高校的师生代表及企业界、新闻界人士近万人参加了开幕式。共有18件"挑战杯"参赛作品成功转让，总成交额达到1300万元。其中单件作品最高成交额800万元。清华大学获得本届"挑战杯"。

第九届竞赛于2005年在复旦大学举行。本届"挑战杯"竞赛成为前九届竞赛中参赛高校最多、参赛作品最多的一届，共有1107件作品入围复赛。台湾地区高校首次正式组团参赛。设立飞利浦科技多米诺大赛，成为国内大学生校际首次多米诺正规赛事。首次以公开答辩的方式进行最后的评审。复旦大学获得本届"挑战杯"。

第十届竞赛于2007年在南开大学举办。来自国内外的300多所高校的3000多名师生参加了决赛。全体参赛学生向全国大学生发出"努力成为推动创新型国家建设的生力军"的倡议。决赛期间，举办了学生学术科技作品展、创新型人才培养系列论坛、天津滨海新区开发开放报告会、学生科技成果转化洽谈会、港澳台高校学生座谈会。包括109位两院院士在内的161位海内外知名人士为竞赛题词。东南大学获得本届"挑战杯"。

第十一届竞赛于2009年在北京航空航天大学举办。本届"挑战杯"有1106件作品（其中文科616件；理科490件）进入终审决赛，入围高校达432个。竞赛信息化是本届

"挑战杯"竞赛的特点之一，组委会邀请专家组开发竞赛官方网站、完善全国大学生科技成果信息服务平台，第一次在"挑战杯"引入网络申报、网络评审的机制，全程实现网络信息化服务。清华大学、北京航空航天大学获得本届"挑战杯"。

第十二届竞赛于 2011 年在大连理工大学举办。本届"挑战杯"首次采用了逐级报备制度。本届竞赛有 523 所高校 1402 件作品入围全国竞赛，经过前期资格审查、网评和复评，最终有 305 所学校的 637 件作品进入终审决赛。主宾国俄罗斯有 8 所高校的 14 名学生携作品参展，我国港澳地区 12 所大学也带来了 55 件作品来大连参加竞赛。主办单位还联合西安世园会设立了世园会专项竞赛。上海交通大学获得本届"挑战杯"。

第十三届竞赛于 2013 年由苏州大学、苏州工业园区承办。本届"挑战杯"竞赛开创了自 1989 年创办以来的多项新纪录：第一次由省属"211 工程"高校承办；第一次在地级市举办；第一次采用校地合作的承办模式，是产学研良性循环、高校与地方协同创新的一次有益尝试。此外，各高校推报的 200 件作品获得了首次单独设立的"累进创新奖"和"交叉创新奖"。上海交通大学、清华大学获得本届"挑战杯"。

第十四届竞赛于 2015 年由广东工业大学、香港科技大学联合承办。这是全国"挑战杯"竞赛首次走进香港，首次由内地高校和香港高校联合承办。本届赛事还在原有赛事的基础上首次举办了"挑战杯"香港地区选拔赛和"智慧城市"国际专项赛及系列创新创业交流活动。南京理工大学、清华大学、上海交通大学并列获得本届"挑战杯"。

第十五届竞赛于 2017 年在上海大学举办。为鼓励竞赛基础较为薄弱的省份和学校，本届"挑战杯"竞赛设立"进步显著奖"，颁给较上届竞赛进步显著的部分省份和学校。本届赛事首次举办"一带一路"国际专项赛系列活动，首次实现港澳与内地学生同台竞技，首次组织"挑战杯"宣讲团走进中小学，面向社会征集竞赛会徽、会歌、吉祥物，加上全媒体的立体宣传，有效提升了赛事的社会影响力。首次开辟了优秀项目创业绿色通道，终审决赛期间举办了创新型人才专场招聘会、创新成果交易会等活动。上海交通大学获得本届"挑战杯"。

第十六届竞赛于 2019 年在北京航空航天大学举行。本届"挑战杯"竞赛共有 1573 所高校举办校级赛事，近 300 万学生参与赛事，是"挑战杯"发展历程中，改革力度最大的赛届之一：特别增加了"优胜杯"的数量，僧多粥少的问题有所缓解，更多的高校能得偿夙愿；团体总分由"现场作品得分"和"校级赛事组织得分"两部分组成，不再单纯由决赛选手表现的"一锤子买卖"决定奖杯归属；学生和教师参与的比例、校级赛事参赛项目总数与在校生总数的比例，也被纳入考察的范畴，使得不同层级、不同体量的院校之间有了可比性。北京航空航天大学、清华大学获得本届"挑战杯"。

第十七届竞赛于 2021 年在四川大学举行。本届竞赛坚持围绕服务大局、与时俱进、守正创新，找准服务"国之大者"切入点，创新设计了由主体赛、红色专项活动、"揭榜挂帅"专项赛、"黑科技"专项赛组成的"1+3"赛制，实现了广泛参与、公正公平、协同发展的目的，累计 2500 多所高校的 2.2 万件作品参赛。参赛高校和辐射学生数均创历史新高，中西部省份、一般本科院校和职业院校参与热情和获奖数量双提升，赛事覆盖面、普遍性、公信力和权威性获得全国高校师生广泛认可。北京航空航天大学获得本届"挑战杯"。

"挑战杯"竞赛历届承办单位见表 8-1。

表 8-1 "挑战杯"全国大学生课外学术科技作品竞赛历届承办单位

届数	年份	承办单位
1	1989	清华大学
2	1991	浙江大学
3	1993	上海交通大学
4	1995	武汉大学
5	1997	南京理工大学
6	1999	重庆大学
7	2001	西安交通大学
8	2003	华南理工大学
9	2005	复旦大学
10	2007	南开大学
11	2009	北京航空航天大学
12	2011	大连理工大学
13	2013	苏州大学、苏州工业园区
14	2015	广东工业大学、香港科技大学
15	2017	上海大学
16	2019	北京航空航天大学
17	2021	四川大学

第二节 "挑战杯"全国大学生课外学术科技作品竞赛的注意事项

一、选题

"挑战杯"全国大学生课外学术科技作品选题至关重要。一个好的选题，能够让评委产生良好的第一印象。同时，选题也决定了研究的意义和价值。"挑战杯"全国大学生课外学术科技作品竞赛参赛作品的选题和一般的学位论文和公开发表的学术论文选题相比，具有一定的差异性。需要注意以下几点。

(一)选题角度小而新，小题大做

"挑战杯"全国大学生课外学术科技作品竞赛参赛作品的选题不宜过大，题目过大不好驾驭，而且在研究的过程中也很难深入。最好能从小处着手，选择一个比较小的切入点，小中见大，小题大做，深入研究。同时选题要有一定的新意，太常见的题目不容易引起评委的重视。获得第十二届至第十七届"挑战杯"全国大学生课外学术科技作品竞赛特等奖的79项文科作品中,以乡镇、村(社区)相关问题为研究对象的项目共15项,以市、县相关问题为研究对象的共15项,合计30项,占38%。这充分体现了"挑战杯"国赛文科作品选题以小见大、小题大做的特点。

(二)选题意义重要,价值较高

选题角度小并不意味着研究意义和研究价值小。恰恰相反,"挑战杯"全国大学生课外学术科技作品竞赛参赛作品最好能选择近年来社会关注度高、具有重要理论意义或现实意义和较高应用价值的题目。

(三)选题注重调查研究,解决社会现实问题

近年来,"挑战杯"全国大学生课外学术科技作品竞赛获得大奖的项目选题,大多注重调查研究。教育部社会科学司原司长、"挑战杯"竞赛评审委员会原副主任奚广庆教授指出:"人文社科类作品逐渐摆脱传统学术研究束缚,正向注重实践调查、走向社会的方向转变。""挑战杯"竞赛的目的在于引导青年参与实践,用自己的知识和能力解决社会问题。重点在于不仅要学会提出问题,更要"身体力行"地解决问题,将理论方案付诸实践。只有具有针对性的、经过深入实践调查的作品,才能深刻地反映社会问题。[①] 以下列出的获得第十二届至第十七届"挑战杯"全国大学生课外学术科技作品竞赛特等奖的79项文科作品,其中开展了社会调查的作品共68项,占86%。选题大多聚焦社会现实问题,如针对户籍制度改革、农村土地流转、地震灾后重建、新生代农民工社会融合、基层治理、环境治理、大学生就业、精准扶贫等开展研究。

2019年11月,第十六届"挑战杯"全国大学生课外学术科技作品竞赛(内地)共评出35个特等奖,其中哲学社会科学10项。

(1)上海大学:《百年风华,劳工神圣——有关"一战"华工文化记忆的调查研究》。

(2)北京航空航天大学:《建设生态文明背景下的电力行业效率改进与减排优化研究》。

(3)清华大学:《精准扶贫中的贫困识别:福利损失与解决办法——基于西部、东部、东北的调研与实证研究》。

(4)浙江工商大学:《"退之有道":兼顾农户利益与社会效益的宅基地退出模式优化研究——基于浙江省15个县市区调研》。

(5)浙江大学:《行动起来,向滥用抗生素说不!——中国13省市1345家零售药店无处方销售抗生素情况调查及应对研究》。

(6)温州医科大学:《生命的馈赠——器官捐献家庭意愿影响因素与对策研究》。

(7)上海大学:《基于供应链金融的"三维信用评价体系"助力中小微企业融资增信——对140家企业和40家金融机构的访谈调研》。

(8)东南大学:《护航"网生代"——Web3.0时代未成年人网络权益软性保护路径

[①] "挑战杯"访竞赛评审委员会常务副主任奚广庆[EB/OL]. http://www.tiaozhanbei.net/article/641/.

研究》。

(9)上海师范大学：《科学育孙万家行——祖辈教养"2+X"课程开发与推广》。

(10)福建师范大学：《网络舆情"体制归因"演化机制及防控策略研究——基于503个教育网络舆情案例分析》。

2021年11月，第十七届"挑战杯"全国大学生课外学术科技作品竞赛共评出49个特等奖，其中哲学社会科学19项。

(1)浙江师范大学：《"劳动开创未来"：新时代中国大学生劳动教育现状与路径优化研究——基于全国105所高校的实证调查》。

(2)北京航空航天大学：《融合大数据的疫情预测分析模型与平台》。

(3)华东交通大学：《川藏跨天堑，知产绣锦图——川藏铁路建设中的知识产权风险调查研究》。

(4)上海师范大学：《从"培育"到"铸牢"——大学生中华民族共同体意识的调查与教育实践研究》。

(5)天津理工大学：《基于对比自监督学习的复杂场景下中国手语实时翻译系统》。

(6)南京师范大学：《新时代劳动教育何以落地生根？——基于7省市初中生劳动素养及其培养现状的调查研究》。

(7)福州大学：《民心聚力，古厝新生：村落传统民居自助式保护模式的构建研究——基于福建永泰八村百厝调研》。

(8)南京大学：《探寻新中国工业化的精神动力——工业建设者劳动传统的形塑与传承》。

(9)南京师范大学：《自由贸易区何以助推数字经济发展？——基于中韩（盐城）产业园的调研》。

(10)华南师范大学：《新冠肺炎疫情下大学生心理危机的监测与防控——基于广东省22所高校的三阶段调研》。

(11)中国社会科学院大学：《新就业形态新在何处——基于实地访谈和CSS数据的新就业形态劳动者工作境况及收入差异研究》。

(12)南开大学：《中国市场营商环境调查与优化——基于义乌小商品市场4年4000余份调研问卷的分析》。

(13)西安建筑科技大学：《从"工业锈带"到"生活秀带"——以西安为例探寻融入城市演进的工业遗产活化新模式》。

(14)厦门大学嘉庚学院：《"微腐败"对乡村营商环境的影响及对策研究——基于甘肃、福建、河南、江西、贵州5省182村的调查与思考》。

(15)云南大学：《以"才"共治——20个"一带一路"合作国的在滇医学生调查研究》。

(16)烟台大学：《"小店虽小，风景甚好"——"双循环"战略背景下的小店经济"微循环"活力研究》。

(17)武汉大学：《APP隐私协议对个人信息保护制度的挑战与应对——基于1036份问卷和150款APP的实证分析》。

(18)中共上海市委党校：《"螺蛳壳"里如何做"道场"：城市更新中"留改拆"政策

推进路径研究——以上海市春阳里、承兴里、张园为例》

（19）湖南工商大学：《韧性视角下复合公共卫生风险多维协同治理策略研究》。

二、摘要和关键词

(一)摘要

摘要又称概要、内容提要。摘要是以提供文献内容梗概为目的，不加评论和补充解释，简明、确切地记述文献重要内容的短文。其基本要素包括研究目的、方法、结果和结论。具体地讲就是研究工作的主要对象和范围，采用的手段和方法，得出的结果和重要的结论，有时也包括具有价值的其他重要信息。摘要字数不要太多，一般不超过 300 字。"挑战杯"全国大学生课外学术科技作品竞赛调查报告类参赛作品要求 15 000 字，摘要字数可以适当增加，但不要超过 500 字。

摘要非常重要，要让别人看了作品的摘要，不看全文，就知道作品的主要内容，甚至可以通过摘要直接就判断作品的整体价值。例如：

当代大学生抑郁现状调查及防治对策研究

【摘　要】当代大学生处在一个特殊的生理、心理时期，其抑郁状况值得高度关注。本项目采用抑郁自评量表（SDS）和自制问卷，通过判断抽样和多阶段抽样相结合的方式对四川某高校 600 名在校本科生进行抽样调查，全部数据运用 SPSS17.0 软件包进行统计分析。根据 Zung 编制的 SDS 抑郁自评量表所规定的测试标准，在 486 个有效被试中，检测出抑郁的发生率为 27.6%。其中轻度抑郁的发生率为 18.7%，中度抑郁的发生率为 7%，重度抑郁的发生率为 1.9%。在有效被试中，抑郁总体水平上没有显著的性别、年级、专业及生源地差异，但在气质类型、学校满意度、个人满意度及社会满意度上存在显著差异。在数据分析的基础上，运用素质—应激理论模型对大学生心理抑郁发生的相关因素进行了深入探讨。最后借鉴理查德·格里格的抑郁预防三阶段理论提出了大学生抑郁的预防对策，并从自我认知疗法及外部支持两方面提出了大学生抑郁的治疗对策。

(二)关键词

关键词是从报告或论文的题目、摘要和正文中选取出来的，是对表述报告或论文的中心内容有实质意义的词汇。每篇报告、论文选取 3~8 个词作为关键词。关键词一定要关键。报告或论文的关键词是论文中出现频率最高，同时也是最为核心的词汇，不能随意安排几个词语作为关键词。论文关键词主要来自题目。题目是论文的中心所在，一般都包含了最为核心的关键词，其中可能只有一两个，还要到正文中选择几个最核心的词汇，一般来说，正文中的章节标题会包含这些词语。例如：

当代大学生抑郁现状调查及防治对策研究

【关键词】大学生抑郁；素质—应激理论模型；自我认知疗法；外部支持

三、国内外研究现状述评

国内外研究现状述评，即综述别人在相关课题研究中已经做了哪些工作，做得如何，以便为自己开展课题研究提供一个背景和起点。国内外研究现状述评有利于为自己的课题找到突破口和创新点。国内外研究现状述评是评委判断作者前期资料收集和文献梳理情况的主要依据，也是评委评价作者学术研究能力的重要依据。撰写国内外研究现状述评要注意以下几点。

(一)研究现状述评要全面深入，既要有研究现状概述，又要有评价

概述部分可以先简单描述与作品选题相关的研究开始、发展和现在的主要方向。对现有研究进行描述时，既要对重要观点进行阐述，又要指出相应的作者及其发表观点的年份。评价部分要指出现有研究的不足之处，即还有哪些方面没有涉及，是否有研究空白；或者研究不深入，还有哪些理论或技术问题没有解决；或者在研究方法上还有什么缺陷等。评价要中肯、客观，切忌全盘否定前人的贡献。

(二)研究现状述评不要简单罗列文献，而是对相关文献分门别类地进行梳理和评价

文献综述一般分为国外和国内两个方面来写。例如，"新生代农民工公民意识培育实证研究"现状述评，国外部分，首先对国外关于公民意识的研究开始、发展进行概述，然后从公民意识内容构成的研究、公民意识测评指标编制与现状调查、公民意识培育的研究三个方面对20世纪90年代以来国外关于公民意识的研究进行概述。国内部分，首先对国内关于公民意识研究开始、发展进行概述，然后从新生代农民工公民意识现存问题的分析、新生代农民工公民意识现存问题的原因分析、新生代农民工公民意识培养对策的探讨三个方面进行概述。最后从研究对象、研究内容、研究方法、研究视角四个方面指出了现有研究的不足。

(三)如果没有与作品选题直接相关的文献，就选择与作品选题相近的文献进行述评

例如，"新生代农民工政治信任调查研究"选题，国外没有"新生代农民工政治信任"方面的文献，则重点对国外"政治信任"方面的文献进行述评。

四、理论支撑与创新点

(一)理论支撑

理论支撑，要找到一两个与研究题目密切相关的重要理论来指导后续研究。理论支撑中提到的理论一定要和后续问题分析和对策思考直接相关，要贯穿问题与对策，不能与后续研究脱节。

(二)创新点

创新点可以从研究视角、研究对象、研究内容、研究方法等方面谈。如果有问卷调查，若能通过问卷分析发现新的问题或得出新的结果，也是很好的创新点。

五、现状、问题及原因分析

现状、问题及原因分析应紧扣研究题目，根据问卷调查统计数据和访谈记录等第一

手材料，结合文献研究来进行有针对性的深入分析，避免进行大而不当、蜻蜓点水式的分析。

六、对策思考

对策一定要有针对性，要么针对问题，要么针对问题产生的原因，或者既针对问题又针对问题产生的原因。对策部分不要太宏观，不要笼统地从政治、经济、社会、文化方面谈对策，要提出可操作性的具体对策。所提的几点对策之间最好有内在的联系。如果能提出前人没有提出的对策建议则更好。

七、作品写作

"挑战杯"全国大学生课外学术科技作品竞赛的作品写作，除了本书第五章和第六章中提到的调查报告和学术论文写作中要注意的相关要求和规范外，还要注意思路清晰，逻辑通顺，内容丰富，重点突出，行文流畅，语言简洁。

八、原始资料

"挑战杯"全国大学生课外学术科技作品竞赛现场布展时需要展出实物。在作品研究过程中，注意保存调查问卷、访谈记录、照片、图表和视频等原始资料。评委可以从展示的参赛作品原始资料考察作品研究过程中的实物工作量。

九、现场展示

入围"挑战杯"全国大学生课外学术科技作品竞赛终审决赛的作品都要参加现场展示。按竞赛组委会要求统一制作展板。现场展示包括作品展示和作品相关材料的展示。作品现场展示的展板一般应包括作品的选题依据、研究意义、研究目的、基本思路、研究方法、主要内容、对策、创新点和主要参考文献等内容。展板内容要简明扼要，突出特色和亮点。展板形式多样，做到图（表）文并茂。

"挑战杯"全国大学生课外学术科技作品竞赛不仅是大学生科技创新的"奥林匹克"盛会，还是宣传参赛作品和学校的重要窗口和平台。在现场展示时，应精心策划和准备，采取各种方式对参赛作品及学校进行宣传。例如，可以制作精美的宣传册或宣传报，内容可以包括学校简介、参赛作品简介等，向到现场问辩的评委和观摩的各界人士发放，扩大学校和参赛作品的社会影响。

十、指导教师

指导教师在"挑战杯"全国大学生课外学术科技作品竞赛中扮演着非常重要的角色，甚至在很大程度上决定了参赛作品的水平和质量。"挑战杯"全国大学生课外学术科技作品竞赛指导教师的研究领域应和申报作品所属领域一致，这样才能对作品进行专业的指导。最好找有丰富的研究经验、有奉献精神、愿意全身心投入作品指导的老师担任作品指导教师。指导教师当中至少有一位具有副教授及以上职称。在研究过程中多向相关领域的老师请教，善于博采众长，努力提高参赛作品的质量。

【思考与练习】

（1）"挑战杯"全国大学生课外学术科技作品竞赛有哪些注意事项？

（2）尝试完成一份"挑战杯"大学生课外学术科技作品。

第九章　中国国际"互联网+"大学生创新创业大赛

教学目标

通过本章的学习，使学生了解中国国际"互联网+"大学生创新创业大赛的基本情况；知晓如何寻找创新创业项目、组建比赛团队和寻找指导老师，掌握中国国际"互联网+"大学生创新创业大赛的申报流程与比赛技巧；积极参与大赛，提升创新能力。

教学重点和难点

- 寻找项目、队友与导师的途径和方法
- 计划书的撰写
- 申报的基本流程
- 答辩注意事项
- 评审规则

2015年在吉林大学举办首届以来，2020年第六届更名为"中国国际'互联网+'大学生创新创业大赛"，至今已经连续成功举办了九届，前八届累计共有943万个团队的3983万名大学生参赛，第八届参赛人数达到1450万，成为"百国千校万人"共同参与的创新创业盛事。本章简要介绍历届中国(国际)"互联网+"大学生创新创业大赛赛道、组别、申报流程和评比规则，帮助师生全面了解这一盛会的基本情况，希望为指导老师和参赛同学提供技术指导。

第一节　中国国际"互联网+"大学生创新创业大赛历届大数据

一、中国国际"互联网+"大学生创新创业大赛简介[①]

中国国际"互联网+"大学生创新创业大赛，曾用名中国"互联网+"大学生创新创业大赛(China College Students'' Internet+'' Innovation and Entrepreneurship Competition)(以下可简称"互联网+"大赛)，2015年起由教育部与政府、各高校共同主办中国(国

---

① 全国大学生创业服务网，https://cy.ncss.cn/.

际)"互联网+"大学生创新创业大赛。截至 2022 年我国已经成功举办八届大赛,主体赛道包括高教主赛道、"青年红色筑梦之旅"赛道、职教赛道和萌芽赛道以及依据具体情况增设的特色赛道。本节以第八届中国国际"互联网+"大学生创新创业大赛为例介绍大赛的赛道、组别、参赛要求和赛制[①]。

(一)赛道与组别

第八届中国国际"互联网+"大学生创新创业大赛的赛道包括高教主赛道、"青年红色筑梦之旅"赛道、职教赛道、萌芽赛道和产业命题赛道。

(二)参赛要求

参赛项目能够紧密结合社会经济各领域现实需求,充分体现高校在新工科、新医科、新农科、新文科建设方面取得的成果,培育新产品、新服务、新业态、新模式,促进制造业、农业、卫生、能源、环保战略性新兴产业等产业转型升级,促进数字技术与教育、医疗、交通、金融、消费生活、文化传播等深度融合。

参赛项目应弘扬正能量,践行社会主义核心价值观,真实、健康、合法。不得含有任何违反《中华人民共和国宪法》及其他法律法规的内容。所涉及的发明创造、专利技术、资源等必须拥有清晰合法的知识产权或物权。

参赛项目只能选择一个符合要求的赛道报名参赛,根据参赛团队负责人的学籍或学历确定参赛团队所代表的参赛学校,且代表的参赛学校具有唯一性。参赛团队须在报名系统中将项目所涉及的材料按时如实填写提交。已获本大赛往届总决赛各赛道金奖和银奖的项目,不可报名参加本届大赛。

参赛人员(不含产业命题赛道参赛项目成员中的教师)年龄不超过 35 岁。

各省级教育行政部门及各有关学校要严格开展参赛项目审查工作,确保参赛项目的合规性和真实性。审查主要包括参赛资格以及项目所涉及的科技成果、知识产权、财务状况、运营、荣誉奖项等方面。

(三)比赛赛制

大赛主要采用校级初赛、省级复赛、总决赛三级赛制(不含萌芽赛道以及国际参赛项目)。校级初赛由各院校负责组织,省级复赛由各地负责组织,总决赛由各地按照大赛组委会确定的配额择优遴选推荐项目。大赛组委会将综合考虑各地报名团队数(含邀请国际参赛项目数)、参赛院校数和创新创业教育工作情况等因素分配总决赛名额。

二、中国国际"互联网+"大学生创新创业大赛历届大赛回顾[②]

第一届大赛,以"'互联网+'成就梦想,创新创业开辟未来"为主题,在吉林大学举办。共设金奖 30 个,银奖 70 个,铜奖 200 个。全国共产生 300 个团队入围全国总决

---

① http://www.gov.cn/xinwen/2022-04/13/content_5684975.htm.
② https://zhuanlan.zhihu.com/p/455655308.

赛，其中创意组 100 个团队，实践组 200 个团队。大赛共吸引了 31 个省份及新疆生产建设兵团 1878 所高校的 57253 支团队报名参加，提交项目作品 36508 个，参与学生超过 20 万人。首届中国"互联网＋"大学生创新创业大赛评出大赛金奖项目 34 个[①]，其中与哲学社会科学有关的 13 项(表 9-1)。

表 9-1　第一届中国"互联网＋"大学生创新创业大赛金奖项目(哲学社会科学有关)

序号	参赛项目	学校
1	掘金三板	对外经济贸易大学
2	互联网＋汽车后市场——车内行实业股份有限公司	吉林大学
3	海风教育在线一对一学习平台	复旦大学
4	运策网—整车货运 O2O 平台	南京大学
5	微果驿站	南京信息工程大学
6	指尖上的陶艺	景德镇陶瓷学院
7	幕影春秋泰山皮影传播与推广系统	山东师范大学
8	农二代 O2O	河南大学
9	嘿设汇	中国地质大学(武汉)
10	I 尚漫—中国原创动漫全媒体出版平台	湖北大学
11	切糕王子	长沙理工大学
12	佳学—中国最好的生活技能在线教育平台	中山大学
13	互联网＋非物质文化遗产云南民族刺绣	云南大学滇池学院

第二届大赛，主题为拥抱"互联网＋"时代，共筑创新创业梦想，在华中科技大学举办。组别发展为创意组、初创组、成长组，参赛项目类型扩展为 6 个，共设金奖 30 个，银奖 90 个，铜奖 480 个。大赛吸引了全国 2110 所高校参与，占全国普通高校总数的 81%，报名项目数近 12 万个，参与学生超过 55 万人。最终评出大赛金奖项目 32 个[②]，其中与哲学社会科学有关的 9 项(表 9-2)。

表 9-2　第二届中国"互联网＋"大学生创新创业大赛金奖项目(哲学社会科学有关)

序号	参赛项目	学校
1	粉丝时代	华中科技大学
2	彩虹蜗牛教育	中国人民大学
3	北京新片场传媒股份有限公司	北京邮电大学
4	本溪满族自治县三阳大果榛子种植专业合作社	沈阳农业大学
5	59store 校园综合服务平台	上海交通大学
6	海得逻捷	东南大学

---

① 教育部关于公布首届中国"互联网＋"大学生创新创业大赛获奖名单的通知[EB/OL]. http://www.moe.gov.cn/srcsite/A08/s5672/201512/t20151218_225415.html.
② 教育部关于公布第二届中国"互联网＋"大学生创新创业大赛获奖名单的通知[EB/OL]. http://www.moe.gov.cn/srcsite/A08/s5672/201612/t20161219_292365.html.

续表

序号	参赛项目	学校
7	智能社交手套	福州大学
8	雨点公益社会服务中心	山东师范大学
9	粉丝时代	华中科技大学

第三届大赛，主题为搏击"互联网+"新时代，壮大创新创业主力军，在西安电子科技大学举办。本届比赛新增加就业型创业组参赛组别（主要面向高职高专院校创新创业项目），首设国际赛道。共设金奖 30 个，银奖 90 个，铜奖 480 个。最终评出大赛金奖项目 35 个①，其中与哲学社会科学有关的 9 项（表 9-3）。

表 9-3 第三届中国"互联网+"大学生创新创业大赛金奖项目（哲学社会科学有关）

序号	参赛项目	学校
1	罗小馒：目前云南最火的"罗三长红糖馒头"	云南大学滇池学院
2	果酱音乐	北京邮电大学
3	互联网+国风漫画创作源计划	吉林动画学院
4	如你所见全国领先的影视拍摄解决方案提供商	吉林动画学院
5	StepBeats——运动创作音乐 AI 平台	浙江大学
6	荔枝微课	华南理工大学
7	iClass 电子互动学习	香港大学

第四届大赛，以"勇立时代潮头敢闯会创，扎根中国大地书写人生华章"为主题，2018 年在厦门大学举办。新增"青年红色筑梦之旅"赛道，70 万名大学生，14 万个项目参加"青年红色筑梦之旅"活动，签订合作协议 4200 多项。举办"1+5"系列活动，"1"是主体赛事，"5"是五项同期活动："青年红色筑梦之旅"活动、"21 世纪海上丝绸之路"系列活动、"大学生创客秀"（大学生创新创业成果展）、改革开放 40 年优秀企业家对话大学生创业者（"互联网+"产学合作协同育人报告会）、大赛优秀项目对接巡展。最终评出主赛道金奖项目 58 个，"青年红色筑梦之旅"赛道金奖项目 18 个②，其中主赛道金奖与哲学社会科学有关 13 项（表 9-4、表 9-5）。

表 9-4 第四届中国"互联网+"大学生创新创业大赛主赛道金奖项目（哲学社会科学有关）

序号	参赛项目	学校
1	悉之教育	清华大学
2	90 后女孩有点"田"	扬州工业职业技术学院
3	情系民生热豆腐——壹明唐现做现卖豆制品连锁运营	常州轻工职业技术学院
4	"喝彩网"人工智能平面设计领军企业	浙江大学

---

① 教育部关于公布第三届中国"互联网+"大学生创新创业大赛获奖名单的通知[EB/OL]. http://www.moe.gov.cn/srcsite/A08/s5672/201711/t20171114_319143.html.

② 教育部关于公布第四届中国"互联网+"大学生创新创业大赛获奖名单的通知[EB/OL]. http://www.moe.gov.cn/srcsite/A08/s5672/201901/t20190110_366515.html.

续表

序号	参赛项目	学校
5	Mind Band——随心而动的音乐创作平台	浙江大学
6	星海赋能——打造中国孤独症家庭教育新模式	温州医科大学
7	贵在互联	厦门大学嘉庚学院
8	芒果青年——中国领先的新一代校园品质后勤生活服务提供商	江西师范大学
9	不空文化	山东财经大学
10	齐悟大脑	华南理工大学
11	趣弹音乐——轻乐器在线教育服务平台	广西师范大学
12	wowgo 我行专业户外服务平台项目	四川大学
13	蚁知未来	香港大学

表 9-5　第四届中国"互联网＋"大学生创新创业大赛红旅金奖

序号	参赛项目	学校
1	野生黑枸杞全产业链综合扶贫项目	天津商业大学
2	授粉熊蜂行业领跑者	南京大学
3	贵在植染——以植染技术革新助力贵州脱贫致富	常州大学
4	西北梦——千百万回民兄弟的致富助力器	宁波大学
5	木吉农创——农业爆品操盘"专家"	宁波大学科学技术学院
6	我知盘中餐：大数据精准助农新平台	厦门大学
7	果蔬卫士——科技扶贫，保鲜致富	厦门大学
8	引凤计划——全国领先的乡村人才振兴服务机构	福建农林大学
9	缘蜜——助力蜂产业精准扶贫	江西外语外贸职业学院
10	"草芝源"金银花精准扶贫：新品种与种植技术推广	山东中医药大学
11	一世花开：优质月季切花助力精准扶贫	山东农业大学
12	小康农民讲习所	河南科技大学
13	游鲜生——生鲜电商助力精准扶贫	湖南大学
14	橘友生物，助力科技扶贫——环保诱蝇球，解决果蔬虫害	湖南农业大学
15	珍稀濒危中药材种苗繁育及产业化扶贫	广西医科大学
16	飘向贫瘠土地的"彩云本草"——乌蒙山区种养殖领域的扶贫先锋	云南大学滇池学院
17	金刚模/高端热作模具——改善农村生态、带动农民再就业	西安交通大学
18	小满良仓	西安电子科技大学

第五届大赛，主题为"敢为人先放飞青春梦，勇立潮头建功新时代"，2019 年在浙江大学举办。新增面向职业院校学生的职教赛道和面向高中生的萌芽板块，举办"1＋6"系列活动，"1"是主体赛事，"6"是 6 项同期活动："青年红色筑梦之旅"活动、"大学生创客秀"（大学生创新创业成果展）、大赛优秀项目对接巡展、对话 2049 未来科技系列活动、浙商文化体验活动、联合国教科文组织创业教育国际会议。第五届"互联网＋"大赛共有来自全球五大洲 124 个国家和地区的 457 万名大学生、109 万个团队报名参赛，参赛项目和学生数接近前四届大赛的总和。最终评出主赛道金奖项目 67 个，"青年红色

筑梦之旅"赛道金奖项目18个[①]，其中主赛道金奖与哲学社会科学有关2项，"青年红色筑梦之旅"赛道金奖与哲学社会科学有关14项（表9-6、表9-7）。

表9-6　第五届中国"互联网+"大学生创新创业大赛主赛道金奖项目（哲学社会科学有关）

序号	参赛项目	学校
1	窝边优选——全国最大的校园会员制电商平台	江苏大学
2	银凤钗头——国家级非物质文化遗产"西江控拜苗银"的传承与创新	贵州民族大学人文科技学院

表9-7　第五届中国"互联网+"大学生创新创业大赛红旅赛道金奖项目（哲学社会科学有关）

序号	参赛项目	学校
1	夕阳再晨——全国最大的青年社区治理公益组织	北京邮电大学
2	"光明影院"无障碍电影制作与传播项目	中国传媒大学
3	高产优质刺嫩芽——照亮林区致富路	东北农业大学
4	远周——中国首家未成年公益关护基地	华东师范大学
5	红色筑梦三项赛	上海体育学院
6	甘草全值化技术助力治沙扶贫	南京大学
7	绿色浙江——坚守二十年的"多元共治"可持续发展模式推动先锋	浙江大学
8	水"稻"渠成——全球功能性彩稻产业化推广运用领军者	浙江大学
9	变渣为宝——农废果渣的资源化利用	浙江工业大学
10	高原红·川藏青光明行——眼健康救助公益项目	温州医科大学
11	博艾兴农——荒地变金山，艾草助增收	福州大学
12	绿草成纤：中国草变致富宝	华中科技大学
13	DR－TimeRing 全生命周期的糖网（DR）智能助手	湖南大学
14	小猪豪豪——中国边疆少数民族深度贫困地区脱贫攻坚路上最靓的崽	云南大学

第六届大赛，更名为"中国国际'互联网+'大学生创新创业大赛"，主题为"我敢闯、我会创"，在华南理工大学举办。大赛将原国际赛道并入高教主赛道，科技成果转化重新定位，较之第五届大赛，参赛项目与人数均增长25%。中国港澳台地区报名参赛项目已超过2019年的总数，达到256个。第六届大赛规则有较大变化：规定团队人数上限为15人；高校科技成果转化项目，除队长为专利第一持有人可以参加创意组，其余各组别（创意组、初创组、成长组）的高校科技成果转化项目都要参加师生共创组。最终评出主赛道金奖项目104个，"青年红色筑梦之旅"赛道金奖项目23个[②]，其中主赛道金奖与哲学社会科学有关2项，"青年红色筑梦之旅"赛道金奖与哲学社会科学有关14项（表9-8、表9-9）。

---

① 教育部关于公布第五届中国"互联网+"大学生创新创业大赛获奖名单的通知[EB/OL]. http://www.moe.gov.cn/srcsite/A08/s5672/202001/t20200102_414284.html.
② 教育部关于公布第六届中国国际"互联网+"大学生创新创业大赛获奖名单的通知[EB/OL]. http://www.moe.gov.cn/srcsite/A08/s5672/202101/t20210115_509932.html.

表9-8　第六届中国"互联网+"大学生创新创业大赛主赛道金奖项目(哲学社会科学有关)

序号	参赛项目	学校
1	NASH美育	山东师范大学
2	猫皮MAOPEA	华中科技大学
3	广州市格米网络科技有限公司——大数据智能心理服务平台	华南师范大学
4	小鹿萌妈——打造优质国学教育IP，传承中华优秀传统文化	广东外语外贸大学

表9-9　第六届中国"互联网+"大学生创新创业大赛红旅金奖项目(哲学社会科学有关)

序号	参赛项目	学校
1	金色燕麦，铸就精准扶贫产业链	天津师范大学
2	"成功人力"——更懂中国的人力资源专家	南京大学
3	渔米香——科学助力万千农民稻渔丰收	浙江大学
4	点"石"成金——石蛙规模化生态养殖精准扶贫领军者	浙江师范大学
5	红艺轻骑——中国原创红歌红剧走基层公益传播第一团	宁波大学
6	洪宇——涉罪未成年人一站式帮教服务助力社会治理	江西师范大学
7	郭牌西瓜	山东理工大学
8	点姜成金：黄姜皂素绿色制造	华中科技大学
9	"青春护航·成长相伴"	中南大学
10	动友公益，以"动"攻毒	华南理工大学
11	毕业后公益基金——关爱留守儿童，赋能乡村教育	广州大学
12	参芪草——助力西部乡村振兴的"神奇草"	广东工业大学
13	扶瑶织梦——瑶族扶贫之路的先行者	贺州学院
14	柑橘扶贫：四川云萃农业科技有限公司	西南大学
15	博士村长——贵州脱贫攻坚的一线战士	贵州大学
16	滇西北支教团——一份责任，两代传承，十三年坚持	云南大学旅游文化学院
17	蜂之蜜——打造蜂产业链升级变革与精准扶贫新模式	西北大学
18	蜂巢智慧——农村人居环境智慧管家	西安交通大学
19	星船——唱响长征路上的英雄赞歌	兰州大学

第七届大赛以"我敢闯、我会创"为主题，在南昌大学举办。本届大赛适当优化和调整了内容：一是优化了参赛项目类型与分组。高教主赛道原创意组分设为本科生创意组和研究生创意组；"青年红色筑梦之旅"赛道的参赛项目分组调整为公益组、创意组、创业组，强调聚焦乡村振兴战略开展创新创业实践；职教赛道的参赛项目类型调整为创新类、商业类和工匠类；二是新增参赛人员年龄限制。规定参赛人员年龄不超过35岁；三是增加入围总决赛的项目数。大赛最终评出主赛道金奖项目215个，"青年红色筑梦之旅"赛道金奖项目54个[①]，其中主赛道金奖哲学社会科学有关11项，"青年红色筑梦之

---

① 教育部关于公布第七届中国国际"互联网+"大学生创新创业大赛获奖名单的通知[EB/OL]. http://wap.moe.gov.cn/srcsite/A08/s5672/202202/t20220222_601209.html.

旅"赛道金奖大都与哲学社会科学有关（表 9-10）。

表 9-10　第七届中国"互联网＋"大学生创新创业大赛主赛道金奖项目（哲学社会科学有关）

序号	参赛项目	学校
1	熊猫叔叔素质教育集团	辽宁大学
2	童类人：世界一流童书创造者	复旦大学
3	黄金捕手——水中痕量贵金属回收专家	同济大学
4	跃动客体育——青少年体育教育的科学施教与规模运营	浙江大学
5	夏小满——文博历史新表达的创新者	宁波工程学院
6	夏绣——国内首创设计驱动型文化创意企业	江西师范大学
7	创造太阳——助推"中非命运共同体"的职业教育与培训服务平台	中国石油大学（华东）
8	前事新生——基于虚拟现实技术下的故事文化保护与传播	西藏大学
9	夺冠——开创体育精细化训练新时代	西安电子科技大学
10	丝路宁夏文创——中国西部文化旅游融合发展领跑者	宁夏大学
11	智慧猪业——基于声纹识别的生猪疾病预警解决方案	新疆大学

　　第八届大赛以"我敢闯，我会创"为主题，在重庆大学（虎溪校区）举办；共有来自国内外 111 个国家和地区，4554 所院校的 340 万个项目、1450 万名学生报名参赛，参赛人数首次突破千万。大赛回归和突出育人本质，加大教育分值所占比重，"引领教育"成为重要考察点。在评审过程中，更加聚焦学生在创新创业实践中的成长与发展，对项目的创意过程、专业知识运用情况、专业教育与创新创业教育结合情况、学科交叉融合情况等进行多维度考察。

　　本届大赛首次设置了产业命题赛道，允许跨校组建、师生共同参赛，通过产业出题、高校揭榜、同题共答、真题真做的方式，打通高校智力资源和企业发展需求，师生协同解决企业发展中所面临的技术、管理等现实问题（表 9-11）。

表 9-11　第八届中国"互联网＋"大学生创新创业大赛主赛道金奖项目（哲学社会科学有关）[①]

序号	参赛项目	学校
1	微纳动力科技：磁场控制技术攻克靶向医疗	北京航空航天大学
2	谓尔：你的数字孪生守护者	浙江大学
3	昆迈医疗——自主化高端脑功能影像设备引领者	北京大学
4	飞熊——医疗智能飞行器与空中急救车研发商	北京航空航天大学
5	弘润清源：面向洁净用水短缺的新材料空气集水解决方案	清华大学
6	免疫先锋——全国首创气雾免疫佐剂方案提供者	中国农业大学
7	数悦行者——AI 赋能商业设计开拓者	中国人民大学
8	林下黄金—国际领先育苗技术 打造菌根共生体系	内蒙古科技大学
9	吉临时——玉米无麸质健康饮食推动者	北华大学
10	传情达意——让机器手语翻译不再冰冷	黑龙江大学

---

① http://www.moe.gov.cn/jyb_xwfb/s5147/202304/t20230410_1055040.html.

续表

序号	参赛项目	学校
11	呼吸之检	上海大学
12	稻刈有道——全球首创再生稻收割机智能割台	江苏大学
13	怪零科技：Z世代人文餐饮"新物种"的缔造者	南京理工大学
14	云传星控——智能慧感一站式解决方案奋行者	杭州电子科技大学

2023年，第九届中国国际"互联网＋"大学生创新创业大赛申报流程可登录"全国大学生创业服务网"（网址：https://cy.ncss.cn/）详细了解。

第二节 中国国际"互联网＋"大学生创新创业大赛申报技巧

一、中国国际"互联网＋"大学生创新创业大赛选题原则

（一）项目具有创新性

创新性是创新创业竞赛第一个考量的方面。创新主要分为技术创新和模式创新。每项创新点均需有足够的材料佐证，常见的有受理或授权的专利、论文、重大奖项等。

（二）项目具有商业性

项目要能落地，获得盈利。需要进行行业市场分析和商业模式设计。合理的商业模式是初创项目落地的关键，需要结合项目自身特点，综合考虑产品服务的性质、公司发展规划等多个方面进行设计安排，体现商业逻辑。

（三）项目产学研用结合

参赛项目能够将移动互联网、大数据、人工智能等新一代信息技术与经济社会各领域紧密结合，服务新型基础设施建设，培育新产品、新服务、新业态、新模式。

（四）项目弘扬正能量

参赛项目须真实、健康、合法，无任何不良信息，项目立意应弘扬正能量，践行社会主义核心价值观。参赛项目不得侵犯他人知识产权；所涉及的发明创造、专利技术、资源等必须拥有清晰合法的知识产权或物权。

二、寻找选题、团队和导师

（一）寻找选题

选题项目主要有三类来源：符合市场需求的创业想法、实践中发现的市场痛点和教师科研成果转化。

第一，符合市场需求的创业想法。例如，摩拜单车的创始人胡玮炜最初的想法是"我曾经想，如果自己是机器猫，想用单车的时候能从口袋里掏出来，不想用的时候又放回袋子里那该多好啊"，这就是她的创业初心。

第二，在社会实践或教学实习活动中发现的市场痛点。例如，西北农林科技大学的学生田义在一次跟随老师下乡授课时，发现当地果农的水果滞销严重，她就产生了公益创业的想法，成立了杨凌农加电子商务有限公司，14个月累计销售1480万斤[①]苹果，实现销售收入2817万元，解决了果农的销售问题，项目也入围"互联网＋"大学生创新创业大赛全国总决赛。

第三，教师科研成果转化的科技创新项目。例如，安徽农业大学植物保护学院的"安徽省病虫害监测预警平台"，就是由丁克坚教授团队的科研项目成果转化而来，获得了"创青春"全国大学生创业大赛的国家银奖。

(二)寻找团队

基于纯粹友谊、方便联络、地缘因素搭建的团队，不一定是最佳团队。

第一，团队需要一个"思想家"指明方向、一个组织者协调工作。

第二，团队需要一群"实干家"：技术控、公关能手、美化大师、财务能手等。

第三，团队需要一个有情怀、有气度、有能力的队长，把大家组成一个有战斗力的团队。

第四，在团队的建设中，可以事实上有团队负责人和项目负责人。团队负责人主要负责任务的分配、协调各种关系等；项目负责人专门思考项目的发展方向以及对项目进行整体把握。

(三)寻找导师

可以寻找的指导老师也可以有三种类型：久经考验的指导大师、富有经验的指导老师、新入职场的青年老师。

久经考验的指导大师，曾经指导的项目获得过国家级奖励，指导针对性强，很有经验，但是这种指导老师数量极少，如果需要他们指导，一是可以考虑去找其教过的学生做队友，然后通过这个队友去联系这类老师；二是直接拿着自己的项目方案去找这类老师，老师可能接受也可能拒绝成为你的指导老师，但能为你的项目提供指导意见是肯定的。

富有经验的指导老师，指导过很多学生比赛，虽然不一定拿过大奖，但获奖数量还是比较多的。这类老师在学校比较容易找，可以在学校网站上查阅公开资料找到他们，他们往往对于指导学生竞赛是比较被动的，但只要学生找到还是乐意尽心指导的。

新入职场的青年老师，职称不高，经验不多，但是对于上进有特别强烈的欲望。他们对于指导学生项目非常尽心尽力，愿意贡献出自己的科研成果与学生一起奋斗。缺点是缺乏参赛经验，不太懂得竞赛包装的技巧，仅将重心集中在项目本身。

---

① 1斤＝0.5千克。

三、商业计划书的撰写

商业计划书的正文主要包括：创业项目的主体、创业项目做什么、提供什么样的产品或服务，以及如何将创业计划书中介绍的想法落地，如何去执行创业计划等。可以将创业计划书正文要展现的信息概括为：项目概述、公司介绍、行业市场分析、产品与服务、竞争分析、商业模式、市场营销策略、财务与融资、团队、风险对策。

(一)市场分析

用数据说明市场规模。首先论证整体的市场规模有多大；其次，所要进入的市场是否有准入限制；再次，描述这个行业与你有什么关系？哪部分是你的市场？用多少时间可以做到多少占有率。常见的分析方式有波特五力分析法、PEST 分析法以及 SWOT 分析法。

(二)竞争分析

展示出团队的优势。论述竞争对手的具体情况，建议从业务方向、产品、渠道、数据、技术等多维度进行比较分析；勿贬低、回避、忽视竞争对手；竞争优势尽可能拆分结构，分点分类，言简意赅地说明；解释如何持续地构建并保持你的竞争壁垒。

(三)产品定位

产品介绍、用户画像。包括生产什么产品和提供什么服务。如果是技术导向的项目，应该说明基础原理和关键技术，并做技术的可行性分析及后续研发计划等；注意核心是突出产品设计的构思和思路、产品能够运行的逻辑和原理，必要时需附上产品的辅助图片。

(四)盈利模式

如何让项目盈利。需要阐述如何通过独特的商业模式来创造利润，注意盈利模式应尽可能拆分结构，分点分类、言简意赅地说明；分阶段阐述：短期怎么活下来、中期怎么赚钱、长期怎么成为更有价值的企业；如果变现的路径比较长，最好有细致的说明或者提供参考案例。

(五)管理机制

如何保证公司的正常运转。包括管理结构和管理方式，即企业管理层的职务和人员构成，以及决策、授权、激励和管理办法的确定。注意：可以利用组织结构图来辅助说明，同时需要考虑管理层级及效能；需要充分展示重点职能岗位任职者与岗位的匹配度。

(六)营销策略

可行有效的营销策略。包括营销的主要方式与特色、营销计划、营销目的等。注意：合理使用理论依据，适当举例说明，增强说服力；利用数字对照说明，而且各种数字都要有可靠的出处；可运用图表来帮助理解，增强视觉效果，易于理解。

(七)资金规划

在计划书里需要写明筹划资金的来源、资金总额分配比例、资金在运营各个环节的分配比例等。建议用图表形式展示，效果更直观；注意分配比例的合理性。

(八)风险评估

需要对市场状况变化风险、资金链风险、管理风险等进行评估。尽可能罗列可能存在的风险；对风险的危害程度做初步预估，并提出预防方案。

【思考与练习】

(1)中国国际"互联网＋"大学生创新创业大赛的申报流程和申报技巧是什么？

(2)尝试完成一份中国国际"互联网＋"大学生创新创业大赛作品。

参 考 文 献

艾尔·巴比. 2009. 社会研究方法[M]. 11版. 邱泽奇, 译. 北京：华夏出版社.
奥尔特加·加塞特. 2004. 大众的反叛[M]. 刘训练, 佟德志, 译. 长春：吉林人民出版社.
毕润成. 2017. 科学研究方法与论文写作[M]. 北京：科学出版社.
陈道兰. 2010. 本科毕业论文的文献综述写作[J]. 中国西部科技, 9(10)：93-94, 73.
陈果安. 2014. 中文专业论文写作导论[M]. 3版. 长沙：中南大学出版社.
陈敬全, 孙柳燕. 2010. 创新意识[M]. 上海：上海科学技术出版社.
戴维·德沃斯. 2008. 社会研究中的研究设计[M]. 郝大海, 等译. 北京：中国人民大学出版社.
邓富民. 2010. 文献检索与论文写作[M]. 北京：经济管理出版社.
杜鹏, 1998. 北京市老年人居住方式的变化[J]. 中国人口科学(2)：36-41.
风笑天, 1993. 共处与分离：城市独生子女家庭养老形式调查[J]. 人口与经济(2)：38, 60-63.
风笑天. 2000. 独生子女青少年的社会化过程及其结果[J]. 中国社会科学(6)：118-131, 208.
风笑天. 2005. 简明社会学研究方法[M]. 北京：华文出版社.
风笑天, 2006. 第一代独生子女婚后居住方式：一项12城市的调查分析[J]. 人口研究, 30(5)：57-63.
风笑天, 2009a. 城市独生子女与父母的居住关系[J]. 学海(5)：24-30.
风笑天, 2009b. 独生子女父母的空巢期：何时开始？会有多长？[J]. 社会科学(1)：51-61, 189.
风笑天. 2013. 社会研究方法[M]. 4版. 北京：中国人民大学出版社.
风笑天. 2014a. 社会研究：设计与写作[M]. 北京：中国人民大学出版社.
风笑天. 2014b. 现代社会调查方法[M]. 5版. 武汉：华中科技大学出版社.
冯立杰, 冯奕程. 2016. 创新方法研究[M]. 北京：科学出版社.
高小和. 2006. 学术论文写作[M]. 南京：南京大学出版社.
葛怀东. 2010. 文献检索与利用[M]. 上海：上海交通大学出版社.
宫承波. 2016. 创新思维训练教程[M]. 2版. 北京：中国广播影视出版社.
何军. 2011. 研究设计与论文写作——经济管理类大学生科研训练指导[M]. 北京：科学出版社.
侯光明, 李存金, 王俊鹏. 2015. 十六种典型创新方法[M]. 北京：北京理工大学出版社.
胡荣. 2006. 社会资本与中国农村居民的地域性自主参与：影响村民在村级选举中参与的各因素分析[J]. 社会学研究, 21(2)：61-85, 244.
黄军左, 丁书江. 2018. 文献检索与科技论文写作[M]. 3版. 北京：中国石化出版社.
黄秀子, 房宪鹏. 2011. 经济法律文献信息检索与论文写作[M]. 北京：经济管理出版社.
吉久明, 孙济庆. 2013. 文献检索与知识发现指南[M]. 2版. 上海：格致出版社.
姜向群, 1997. 家庭养老在人口老龄化过程中的重要作用及其面临的挑战[J]. 人口学刊(2)：18-22.
劳伦斯·F. 洛柯, 维涅恩·瑞克·斯波多索, 斯蒂芬·J. 斯尔弗曼. 2009. 如何撰写研究计划书[M]. 朱光明, 李英武, 陈向明, 译. 重庆：重庆大学出版社.
劳伦斯·纽曼. 2007. 社会研究方法：定性和定量的取向[M]. 郝大海译. 5版. 北京：中国人民大学出版社.

李芳,顾江. 2007. 文献检索课互动式教学法探索[J]. 图书馆理论与实践(1):136-137.

李志,潘丽霞. 2012. 社会科学研究方法导论[M]. 重庆:重庆大学出版社.

梁广程. 2000. 思维技巧[J]. 科学(5):46-51.

林聚任,刘玉安. 2004. 社会科学研究方法[M]. 济南:山东人民出版社.

刘桂华. 2015. 学术论文写作[M]. 北京:经济管理出版社.

鲁晓霞,曹自立,兰利民. 2004. 学术论文写作[M]. 郑州:中州古籍出版社.

罗伯特·K. 殷. 2010. 案例研究:设计与方法[M]. 周海涛,李永贤,李虔,译. 重庆:重庆大学出版社.

罗德·贾金斯. 2017. 学会创新:创新思维的方法和技巧[M]. 肖璐然,译. 北京:中国人民大学出版社.

马克思,恩格斯. 1972. 马克思恩格斯全集(第二十三卷)[M]. 中共中央马克思恩格斯列宁斯大林著作编译局,译. 北京:人民出版社.

穆光宗,2007. 独生子女家庭非经济养老风险及其保障[J]. 浙江学刊(3):10-16.

仇立平. 2015. 社会研究方法[M]. 2版. 重庆:重庆大学出版社.

谭琳,2002. 新"空巢"家庭——一个值得关注的社会人口现象[J]. 人口研究(4):36-39.

谭深. 1998. 打工妹的内部话题——对深圳原致丽玩具厂百余封书信的分析[J]. 社会学研究(6):65-75.

特丽萨·M. 艾曼贝尔. 1987. 创造性社会心理学[M]. 方展画,胡文斌,文新华,译. 上海:上海社会科学院出版社.

王西梅,倪晓建. 1988. 文献检索与利用[M]. 北京:北京师范大学出版社.

王跃生,2015. 历史上家庭养老功能的维护研究——以法律和政策为中心[J]. 山东社会科学(5):5-14.

王竹立. 2017. 你没听过的创新思维课[M]. 2版. 北京:电子工业出版社.

吴斌,刘和文. 2010. 文献信息检索理论与实践[M]. 合肥:安徽大学出版社.

肖勇,蒋政,赵勇. 2018. 政法类专业论文写作教程[M]. 成都:西南交通大学出版社.

熊易寒. 2007. 文献综述与学术谱系[J]. 读书(4):82-84.

徐长发. 2014. 创新始于劳动 魅力源于技术:全国中小学劳动技术、通用技术教育优质课教学设计方案选编[M]. 北京:教育科学出版社.

鄢盛明,陈皆明,杨善华,2001. 居住安排对子女赡养行为的影响[J]. 中国社会科学(1):130-140,207-208.

杨玫. 2004. 文献检索课教学新模式初探[J]. 图书馆论坛,24(3):164-167.

姚远,2001. 中国家庭养老研究述评[J]. 人口与经济(1):33-43,11.

伊延波,张建设. 2013. 意象思维与创意表达[M]. 北京:北京大学出版社.

袁方,1987. 中国老年人在家庭、社会中的地位和作用[J]. 北京大学学报(哲学社会科学版)(3):1-8,118.

袁方. 1997. 社会研究方法教程[M]. 北京:北京大学出版社.

袁玉立. 2012. 问学与问题[M]. 合肥:安徽人民出版社.

约翰·W. 克雷斯威尔. 2007. 研究设计与写作指导:定性定量与混合研究的路径[M]. 崔延强,译. 重庆:重庆大学出版社.

约瑟夫·熊彼特. 1991. 经济发展概论[M]. 何畏,易家详,译. 北京:北京商务出版社.

张瑾,相金妮. 2010. 应用写作[M]. 2版. 西安:西安交通大学出版社.

张庆宗. 2008. 文献综述撰写的原则和方法[J]. 中国外语,5(4):77-79.

张伟刚. 2006. 科研方法论[M]. 天津：天津大学出版社.
张言彩. 2017. 文献检索与毕业论文写作[M]. 西安：西安电子科技大学出版社.
张子睿. 2013. 表达能力训练[M]. 北京：中国时代经济出版社.
支运波. 2015. 人文社会科学研究中的文献综述撰写[J]. 理论月刊(3)：79-83.
周广西. 2017. CNKI同句和同段检索功能在查新中文文献检索中的应用[J]. 图书馆工作与研究，1(4)：83-85.
周淑敏，周靖. 2018. 学术论文写作[M]. 北京：清华大学出版社.
诸彦含. 2016. 社会科学研究方法[M]. 重庆：西南师范大学出版社.
J·P·吉尔福德. 2006. 创造性才能：它们的性质、用途与培养[M]. 施良方，沈剑平，唐晓杰，译. 北京：人民教育出版社.
Matthew D，Sutton C D. 2008. 社会研究方法基础[M]. 陆汉文，译. 北京：高等教育出版社.
O'Leary Z. 1987. The essential guide to doing research[M]. London：Sage.